द माउंटेन इज़ यू

द माउंटेन इज़ यू

आत्म-विनाश का आत्म-निपुणता में रूपांतर

ब्रियाना वीस्ट

अनुवाद : यामिनी रामपल्लीवार

MANJUL

मंजुल पब्लिशिंग हाउस

MANJUL

मंजुल पब्लिशिंग हाउस

कॉरपोरेट एवं संपादकीय कार्यालय

• द्वितीय तल, उषा प्रीत कॉम्प्लेक्स, 42 मालवीय नगर, भोपाल-462 003

विक्रय एवं विपणन कार्यालय

• सी-16, सेक्टर 3, नोएडा, उत्तर प्रदेश, 201301

वेबसाइट : www.manjulindia.com

वितरण केन्द्र

अहमदाबाद, बेंगलुरू, कोच्चि, कोलकाता, चेन्नई,
हैदराबाद, मुम्बई, नई दिल्ली, पुणे

ब्रियाना वीस्ट द्वारा लिखित मूल अंग्रेजी पुस्तक द *माउंटेन इज़ यू*
का हिन्दी अनुवाद

The Mountain is You by Brianna Wiest – Hindi Edition

यह हिन्दी संस्करण 2024 में पहली बार प्रकाशित
द्वितीय आवृत्ति 2026

ISBN 978-93-5543-925-3

अनुवाद : यामिनी रामपल्लीवार

मुद्रण व जिल्दसाज़ी : थॉमसन प्रेस (इंडिया) प्राइवेट लिमिटेड

“ब्रियाना की किताब में उपचार को शानदार ढंग से अभिव्यक्त किया गया है। आत्म-विनाश, भावनात्मक बुद्धिमत्ता और गहन रूपांतर पर उनकी समझ अत्यंत उपयोगी है। वह मानती हैं कि परिवर्तन स्वयं से शुरू होता है, और उनकी किताब सभी के लिए एक उपहार है।”

– **डॉ. निकोल लेपेरा**, *‘होलिस्टिक साइकोलॉजिस्ट’*

“मेरा मानना है कि अपनी समस्त क्षमता को सफलतापूर्वक हासिल करते हुए परिणामों से पुरस्कार कम मिलते हैं, जबकि सबसे बड़ा पुरस्कार इस बात से मिलता है कि हमें वह बनना चाहिए, जो बनने में हम वास्तव में सक्षम हैं। ख़ूबसूरती से लिखी गई और आँखें खोलने वाली इस किताब में ब्रियाना वीस्ट हमें प्रभावशाली अंतर्दृष्टि के साथ अपने पर्वतों पर चढ़ने के लिए प्रेरित करती है, ताकि आपको आगे की चढ़ाई में मदद मिल सके। जो लोग पूर्णता, आश्चर्य और आनंद से भरा जीवन जीने के लिए आवश्यक आंतरिक कार्य करने को तैयार हैं, उनके लिए यह अवश्य पढ़ने योग्य किताब है!”

– **साइमन अलेक्ज़ैंडर ओंग**, *इंटरनैशनल लाइफ़ कोच और बिज़नेस स्ट्रैटेजिस्ट*

“*द माउंटेन इज़ यू* एक सजग और सचेत करने वाली किताब है, जो विपरीत परिस्थितियों में उम्मीद जगाती है। आपको अपने बारे में अब तक जो कुछ नियम सिखाए गए हैं, उन्हें ध्वस्त करने के लिए प्रेरित किया जाता है, ऐसा करके आप अपने भीतर के नायक को जगाते हैं और सचेत रूप से एक नया कथानक चुनते हैं, और अंततः, जिस जीवन की आप अपने भीतर से इच्छा करते हैं, और जिसके आप वास्तव में हक़दार हैं–उस जीवन को गढ़ते हैं। ब्रियाना व्यावहारिक उपायों और गहन आत्मिक परिवर्तनों की एक जादुई शक्ति प्रदान करती हैं, ताकि आप अपने व्यक्तिगत पर्वत पर चढ़ने के लिए आवश्यक साहस और स्पष्टता जुटा सकें – और अनिवार्यतः यह याद रखें कि आप यहाँ कौन बनने आए हैं। यह उन साधकों के लिए अद्भुत मार्गदर्शिका है, जिनके भीतर अपने जीवन की सच्ची दिशा को खोजने और अपनी शक्ति को वापस पाने का पर्याप्त साहस है।”

– **जेना ब्लैक**, *इंटरनैशनल कोच*

“ब्रियाना वीस्ट मेरी पसंदीदा लेखिकाओं में से एक हैं। वह जीवन बदलने वाली समझ को एक अनूठी वाक्पटुता के साथ जोड़ती हैं, जो अपनी शक्ति वापस पाने और जीवन को बेहतर बनाने में पाठकों की मदद करती है। द *माउंटेन इज़ यू* से कई लोगों को फ़ायदा होगा।”

— **युंग पुएब्लो**, *'इनवर्ड' के बेस्ट-सेलिंग राइटर*

“एक रहस्योद्घाटन। किताब के शब्दों ने मुझे भीतर तक झकझोर दिया, कई बार मुझे पढ़ना बंद करना पड़ा, क्योंकि मेरी आँखों में वास्तविकता के एहसास और स्वीकृति के आँसू भर आए।”

— **डॉन ज़ुलुएटा**, *फ़िल्म-टेलीविज़न एक्ट्रेस, होस्ट और मॉडल*

“ब्रियाना वीस्ट की उत्कृष्ट कृति यह समझने के लिए एकदम सही रोड-मैप है कि हम ख़ुद को क्यों नुक़सान पहुँचाते हैं, हम ऐसा कब करते हैं और इसे हमेशा के लिए कैसे रोकें।”

— **डॉ. स्टीवन ईसेनबर्ग**, *वेलबीइंग ऐंड कनेक्शन एक्सपर्ट, प्रसिद्ध इंटर्निस्ट और ऑन्कोलॉजिस्ट*

पुस्तक-परिचय

प्रकृति की तरह जीवन भी अक्सर हमारे पक्ष में काम करता है, तब भी जब ऐसा लगता है कि हम केवल प्रतिकूलता, असुविधा और बदलाव का ही सामना कर रहे हैं।

जिस तरह जंगल की आग पर्यावरण की पारिस्थितिकी के लिए आवश्यक है, नए बीजों को अंकुरित होने के लिए बीज-पत्रों को खोलने के लिए, पेड़ों की संख्या में वृद्धि के लिए ताप की आवश्यकता होती है, उसी तरह हमारे दिमाग़ भी समय-समय पर सकारात्मक विघटन के दौर से गुज़रते हैं, या एक ऐसी सफ़ाई होती है, जिसके माध्यम से हम आत्म-अवधारणा को मुक्त और नवीकृत करते हैं। हम जानते हैं कि जहाँ जलवायु का संगम होता है, प्रकृति अपनी परिधि पर सर्वाधिक उपजाऊ और विस्तृत होती है। हमारा भी तब रूपांतरण होता है, जब हम अपनी चरम अवस्थाओं पर पहुँचते हैं, वे बिंदु, जहाँ हमें अपने आराम क्षेत्र यानी कंफ़र्ट ज़ोन से बाहर निकलने और फिर से संगठित होने के लिए मजबूर होना पड़ता है। जब हम अपने जीवन में समस्याओं से ध्यान हटाने में मदद करने वाले अपने मुक़ाबला-तंत्र पर भरोसा नहीं कर पाते हैं, तो ऐसा महसूस हो सकता है कि हम रसातल में यानी बहुत बुरी स्थिति में पहुँच गए हैं। वास्तविकता यह है कि इस तरह की जागृति तब होती है, जब हम अंततः लंबे समय से मौजूद समस्याओं से निपट लेते हैं। हमारा टूटना अक्सर सिर्फ़ वह महत्त्वपूर्ण बिंदु होता है, जो सफलता से पहले हम महसूस करते हैं, वह क्षण जब किसी तारे में सुपरनोवा बनने से पहले विस्फोट होता है।

जिस तरह से धरती के दो हिस्सों को एक दूसरे के विरुद्ध धकेलने से पहाड़ बनता है, उसी तरह आपका पर्वत भी सह-अस्तित्व में रहने वाली, लेकिन परस्पर विरोधी ज़रूरतों से पैदा होगा। आपके पर्वत के लिए आपको

अपने दो हिस्सों में सामंजस्य बैठाना होगा: चेतन और अचेतन, आपका वह हिस्सा जो जानता है कि आप क्या चाहते हैं और आपका वह हिस्सा, जो नहीं जानता कि आप अभी भी अपने आपको क्यों रोके हुए हैं।

ऐतिहासिक रूप से, पहाड़ों का इस्तेमाल आध्यात्मिक जागृति, व्यक्तिगत विकास-यात्रा और निश्चित रूप से उन दुर्गम चुनौतियों के रूपकों के रूप में किया जाता रहा है, जिन्हें पार करना तब असंभव लगता है, जब हम किसी पहाड़ के नीचे खड़े होते हैं। प्रकृति के बहुत से हिस्सों की तरह पहाड़ भी हमें इस बारे में एक अंतर्निहित ज्ञान प्रदान करते हैं कि अपनी उच्चतम क्षमता तक पहुँचने के लिए क्या करना होगा।

मनुष्य होने का उद्देश्य है विकास करना। हम इसे जीवन के हर हिस्से में प्रतिबिंबित होते हुए देखते हैं। प्रजातियाँ प्रजनन करती हैं, *डीएनए* कुछ क़िस्मों को ख़त्म करने और नई को विकसित करने के लिए उन्नत होता है और ब्रह्मांड के छोर हमेशा बाहर की ओर प्रसारित होते रहते हैं। इसी तरह जीवन की गहराई और सुंदरता को महसूस करने की हमारी क्षमता हमेशा अंदर की ओर फैलने में सक्षम है, बशर्ते हम अपनी समस्याओं को उत्प्रेरक के रूप में देखने के लिए तैयार हैं। ऐसा करने के लिए जंगलों को आग की ज़रूरत होती है, ज्वालामुखियों में विस्फोट की ज़रूरत होती है, सितारों को ढहना होता है और मनुष्य को बदलने से पहले अक्सर बदलाव की चुनौती को स्वीकार करने के अलावा कोई अन्य विकल्प नहीं होता है।

आपके सामने पहाड़ यानी चुनौतियों के खड़े होने का मतलब यह नहीं है कि आप किसी तरह से बुनियादी रूप से टूटे हुए हैं। प्रकृति में सब कुछ अपूर्ण है और यह उस अपूर्णता के कारण है कि विकास संभव है। यदि सब कुछ एकरूपता में मौजूद होता, तो गुरुत्वाकर्षण का अस्तित्व ही नहीं होता, जिसने सितारों, ग्रहों और हमारी जानकारी में जितनी भी चीज़ें हैं, उनका अस्तित्व नहीं होता। बिना किसी बाधा, दोष और अंतराल के कुछ भी विकसित नहीं हो सकता और कुछ बन भी नहीं सकता। यदि आप अपूर्ण हैं, तो इस तथ्य का मतलब यह नहीं है कि आप विफल हो गए हैं, यह तो एक संकेत मात्र है कि आप इंसान हैं और इससे भी महत्त्वपूर्ण बात यह है कि यह इस बात का संकेत है कि आपके भीतर अभी भी विकसित होने की बहुत अधिक क्षमता है।

शायद आपको पता हो कि आपका पर्वत क्या है, यानी चुनौती या समस्याएँ क्या हैं। शायद यह कोई व्यसन हो, बढ़ा हुआ वज़न, रिश्तों में समस्या, नौकरी की दिक़्क़त, प्रेरणा की कमी या पैसों का अभाव हो सकता है। हो सकता है आपको पता भी न हो। शायद यह आपके भीतर की चिंता-व्यग्रता, आत्म-सम्मान में कमी, डर या किसी असंतोष की एक अस्पष्ट भावना है, जो आपके हर व्यवहार पर हावी होती दिखती है। पहाड़ अक्सर हमारे सामने एक चुनौती से ज़्यादा हमारे भीतर की एक समस्या बन जाता है, एक डाँवाडोल आधार, जो सतह पर तो साफ़-साफ़ दिखाई नहीं देता, लेकिन फिर भी हमारे जीवन के लगभग हर हिस्से को सरका रहा है।

आम तौर पर जब हमारे सामने परिस्थितिजन्य समस्या खड़ी होती है, तो हम जीवन की वास्तविकता का सामना कर रहे होते हैं। जब हमारे सामने कोई पुरानी समस्या होती है, तो हम स्वयं की वास्तविकता का सामना कर रहे होते हैं। हम अक्सर सोचते हैं कि पहाड़ का सामना करने का मतलब जीवन की कठिनाइयों का सामना करना है, लेकिन सच्चाई यह है कि ऐसा लगभग हमेशा उन वर्षों के कारण होता है, जो हमने छोटे-छोटे आघातों को सहन करने, ताल-मेल बैठाने और समस्याओं का सामना करने के तरीक़ों को खोजने-जमा करने में बिताए हैं, ये सभी समय के साथ इकट्ठा होते गए हैं।

आपका पहाड़, आपके और उस जीवन के बीच की बाधा है जिसे आप जीना चाहते हैं। इसका सामना करना ही आपकी स्वतंत्रता और कुछ बनने का एकमात्र उपाय है। आप इस स्थिति में इसलिए हैं, क्योंकि एक झटके ने आपको आपका घाव दिखा दिया और अब यही घाव आपको आगे का वह रास्ता दिखाएगा और जो आपको आपकी नियति तक ले जाएगा।

जब आप अत्यंत तनावग्रस्त स्थिति में पहुँचकर टूट के इस बिन्दु पर पहुँच जाते हैं-पहाड़ की तलहटी में पहुँच जाते हैं, आग की गर्माहट को महसूस करने लगते हैं, अंततः आपको जगाते रहने वाली रात आ पहुँचती है, आप टूटने को होते हैं और यदि ऐसे में भी आप काम करने के लिए तैयार हैं, तो

आप पाएँगे कि यह टूटन उस सफलता का प्रवेश–मार्ग है, जिसकी प्रतीक्षा में आपने अपना पूरा जीवन बिताया था। आपका पुराना स्व अब उस जीवन को बनाए नहीं रख सकता, जिसे आप जीने की कोशिश कर रहे हैं, यह पुन:आविष्कार और आपके पुनर्जन्म का समय है।

आपको अपने पुराने स्व को नष्ट करना होगा और उस तरह से सोचने के लिए तैयार होना चाहिए, जैसा आपने पहले कभी नहीं सोचा था। आपको अपने उस युवा स्व के खोने का शोक मनाना होगा, जिसने आपको यहाँ तक पहुँचाया है, लेकिन अब वह आपको आगे ले जाने के लिए तैयार नहीं है। आपको अपने भविष्य के स्व, अपने जीवन के नायक की कल्पना करनी होगी और उसके साथ एकाकार होना होगा, जो आपको यहाँ से आगे की यात्रा पर ले जाने वाला है। आपके सामने जो कार्य है, वह मौन, सरल और अति–महत्त्वपूर्ण है। यह एक ऐसा कार्य है, जिसे करने का प्रयास करने की स्थिति में अधिकतर लोग कभी पहुँच ही नहीं पाते। आपको अब चपलता, लचीलापन सीखना होगा और आत्म–समझ बढ़ानी होगी। आपको पूरी तरह से बदलना होगा, जैसे पहले थे, वैसे अब बिलकुल नहीं रहना है।

आपके सामने जो पहाड़ खड़ा है, उसे पार करना आपके जीवन का उद्देश्य है, आपके वर्तमान अस्तित्व का उद्देश्य है, और हर हाल में आपको इसे पूरा करना है। अंततः, आपका मार्ग स्पष्ट हो गया है। एक दिन, यह पहाड़ पीछे छूट जाएगा, लेकिन इसे पार करने की प्रक्रिया में आप जो बनेंगे, वह हमेशा आपके साथ रहेगा।

अंततः आपको पहाड़ पर नहीं, बल्कि स्वयं पर विजय प्राप्त करनी है।

1

पहाड़ आप स्वयं हैं

जीवन में आपको आपसे अधिक कोई चीज़ रोक नहीं सकती।

यदि आप जहाँ हैं, और जहाँ आप होना चाहते हैं, उनके बीच लगातार फ़ासला बना हुआ है और इसे पाटने के लिए आपके द्वारा किए जा रहे प्रयासों का सामना लगातार आपके स्वयं के प्रतिरोध, दर्द और असुविधा से होता है, तो इसका अर्थ है आत्म-विनाश काम कर रहा है।

सतही तौर पर, आत्म-विनाश स्वपीड़क प्रतीत होता है। ऐसा लगता है कि यह आत्म-घृणा, आत्म-विश्वास या इच्छा-शक्ति की कमी का परिणाम है। जबकि, आत्म-विनाश बस एक अचेतन आवश्यकता है जो इस आत्म-विंध्वसकारी व्यवहार द्वारा पूरी की जा रही है। इस पर क़ाबू पाने के लिए हमें गहन मनोवैज्ञानिक उत्खनन की प्रक्रिया से गुज़रना होगा। हमें घाव देने वाली कष्टदायक घटना को पहचानना होगा, अपरिष्कृत भावनाओं से छुटकारा पाना होगा, अपनी ज़रूरतों को पूरा करने के लिए स्वस्थ तरीक़े खोजने होंगे, आत्म-छवि को फिर से बनाना होगा और भावनात्मक बुद्धिमत्ता और लचीलेपन जैसे सिद्धांतों को विकसित करना होगा।

यह कोई छोटा काम नहीं है, फिर भी इसे हम सभी को किसी न किसी समय करना ही होगा।

आत्म-विनाश हमेशा शुरुआत में ज़ाहिर नहीं होता

बचपन में कार्ल युंग एक बार स्कूल में गिर गए और उनके सिर में चोट लग गई। जब उन्हें चोट लगी, तो उन्होंने मन ही मन सोचा: ''चलो अब शायद मुझे फिर से स्कूल नहीं जाना पड़ेगा।''

वैसे तो आज वह अपने व्यवहार ज्ञान संबंधित कार्य के लिए जाने जाते हैं, लेकिन असल में उन्हें स्कूल पसंद नहीं था और न ही वह अपने साथियों के साथ घुल-मिल पाते थे। दुर्घटना के कुछ समय बाद ही युंग को बेहोशी के छिट-पुट और अनियंत्रित दौरे पड़ने लगे। अनजाने में ही उनमें वह बीमारी विकसित हो गई, जिसे वह 'न्यूरोसिस' (मनोरोग) कहते थे और अंततः उन्हें एहसास हुआ कि सभी न्यूरोसिस 'उचित पीड़ा के विकल्प' हैं।

युंग के मामले में, उन्होंने बेहोशी और स्कूल से छुट्टी बीच एक अचेतन संबंध बनाया। उन्हें विश्वास हो गया कि बेहोशी के दौरे उस कक्षा से बाहर निकलने की उनकी अचेतन इच्छा का प्रकटीकरण थे, जहाँ वह असहज और दुखी महसूस करते थे। इसी तरह, कई लोगों के लिए उनके डर और आसक्तियाँ कुछ ऐसी गंभीर समस्याओं के लक्षण होते हैं, जिनसे निपटने के लिए उनके पास कोई बेहतर तरीक़ा नहीं होता है।

आत्म-विनाश एक मुक़ाबला तंत्र

आत्म-विनाश तब होता है, जब हम जान-बूझकर अपनी अंतरतम आवश्यकताओं को पूरा करने से इंकार करते हैं, ऐसा अक्सर इसलिए होता है, क्योंकि हमें विश्वास नहीं होता कि हम ऐसा कर पाने में सक्षम हैं।

कभी-कभी, हम अपने रिश्तों को नुक़सान पहुँचाते हैं, क्योंकि हम वास्तव में ख़ुद को पाना चाहते हैं, हालाँकि हमें अकेले होने से डर भी लगता है। कभी-कभी हम अपनी व्यावसायिक सफलता को नुक़सान पहुँचाते हैं, क्योंकि हम वास्तव में कला गढ़ना चाहते हैं, भले ही इसकी वजह से समाज के मानदंडों के अनुसार हम कम महत्वाकांक्षी दिखाई दें। कभी-कभी हम अपनी भावनाओं का मनोवैज्ञानिक विश्लेषण करके अपनी

उपचार यात्रा को नुक़सान पहुँचाते हैं, क्योंकि ऐसा करने से यह सुनिश्चित होता है कि हम वास्तव में उनका अनुभव करने से बचते हैं। कभी-कभी हम अपनी आत्म-चर्चा को नुक़सान पहुँचाते हैं, क्योंकि अगर हमें खुद पर विश्वास होता, तो हम दुनिया का सामना करने और जोखिम उठाने के लिए स्वतंत्र महसूस करते और यह हमें असुरक्षित बना देगा।

अंत में, आत्म-विनाश अक्सर केवल एक अनुपयुक्त मुक़ाबला तंत्र होता है। एक ऐसा तरीक़ा, जिससे हम अपने आपको वह देते हैं, जो हमें चाहिए, बिना यह जाने कि हमें ज़रूरत किसकी है, लेकिन किसी भी मुक़ाबला तंत्र की तरह, यह बस सामना करने का एक तरीक़ा ही है। यह कोई उत्तर नहीं है, यह कोई समाधान नहीं है, और यह कभी भी समस्या का सही समाधान नहीं करता है। हम सिर्फ़ अपनी इच्छाओं को दबा रहे हैं और अपने आपको थोड़ी-सी अस्थायी राहत दे रहे हैं।

आत्म-विनाश अतार्किक भय से आता है

कभी-कभी, हमारे बेहद विध्वंसकारी व्यवहार वास्तव में दुनिया और अपने आपके बारे में हमारे लंबे समय से चले आ रहे और बिना जाँचे-परखे डर का नतीजा होते हैं।

शायद इसका कारण आपका यह विचार है कि आप नासमझ, अनाकर्षक या लोगों को नापसंद हैं। शायद यह नौकरी खोने, लिफ़्ट में चढ़ने या किसी रिश्ते में बँधने का विचार हो सकता है। बाक़ी मामलों में आपका डर अधिक अमूर्त हो सकता है, जैसे कि किसी के हाथों आपको 'पकड़ लिए जाने' की अवधारणा, आपकी सीमाओं का उल्लंघन, 'पकड़ा जाना' या ग़लत तरीक़े से आरोपित होना।

ये मान्यताएँ समय के साथ आसक्तियाँ बन जाती हैं।

ज़्यादातर लोगों के लिए अमूर्त भय वास्तव में एक उचित भय का प्रतिनिधित्व करता है, क्योंकि असली भय पर वास्तव में विचार करना बहुत डरावना होगा, इसलिए हम उन भावनाओं को उन समस्याओं या परिस्थितियों को प्रोजेक्ट करते हैं, जिनके घटित होने की संभावना कम होती है। यदि किसी स्थिति के वास्तविकता में बदलने की संभावना बहुत

कम है, तो यह चिंता करने के लिए एक 'सुरक्षित' चीज़ बन जाती है, क्योंकि अवचेतन रूप से हम पहले से ही जानते हैं कि ऐसा नहीं होने वाला है। इसलिए, हमारे पास ख़ुद को वास्तव में ख़तरे में डाले बिना अपनी भावनाओं को व्यक्त करने का एक तरीक़ा होता है।

जैसे, अगर आपको कार में बैठकर सफ़र में डर लगता है, तो शायद आपका असली डर कार का नियंत्रण खोना है या आपमें यह डरावना विचार उठता हो कि कोई अन्य व्यक्ति या कोई चीज़ आपके जीवन को नियंत्रित कर रही है। शायद डर 'आगे बढ़ने' का है, और चलती हुई कार बस उसी का प्रतिनिधित्व करती है।

अगर आप असली समस्या के बारे में सजग हैं, तो आप इसका समाधान करने के लिए उपाय करना शुरू कर सकते हैं, शायद यह पहचान कर कि आप अपनी शक्ति को कैसे खो रहे हैं या बहुत निष्क्रिय हो रहे हैं, लेकिन, अगर आपको असली समस्या की जानकारी नहीं है, तो आप अपना समय ख़ुद को यह समझाने में बिताते रहेंगे कि कार में सवारी करते समय उत्तेजित और चिंतित नहीं होना है, और आप पाएँगे कि इस समझाइश से कोई फ़ायदा नहीं हो रहा, मामला और बदतर ही होता जा रहा है।

अगर आप समस्या को सतही तौर पर सुधारने करने की कोशिश करेंगे, तो यह दीवार से सिर टकराने जैसा होगा, क्योंकि आप घाव भरने की योजना बनाने से पहले ही बैंड-एड को उखाड़ने की कोशिश कर रहे हैं।

आत्म-विनाश अचेतन, नकारात्मक संगति से आता है

आत्म-विनाश वह पहला संकेत भी है, जो बताता है कि हम अपने आपको जो आख्यान सुनाते हैं, वह पुराने पड़ चुके हैं, पूरी तरह से ग़लत हैं और हमारी प्रगति को रोकने वाले हैं।

आपका जीवन न केवल इस बात से निर्धारित होता है कि आप इसके बारे में क्या सोचते हैं, बल्कि इस बात से भी कि आप अपने बारे में क्या सोचते हैं। आत्म-अवधारणा एक ऐसा विचार है, जिसे बनाने में आपने अपना पूरा जीवन लगा दिया है। इसे आपके आस-पास के लोगों से

मिले इन-पुट और प्रभावों को एक साथ जोड़कर बनाया गया था: आपके माता-पिता क्या मानते थे, आपके साथी क्या सोचते थे, व्यक्तिगत अनुभव के माध्यम से आप पर क्या ज़ाहिर हुआ, वग़ैरह। आपकी आत्म-छवि को एडजस्ट करना मुश्क़िल है, क्योंकि आपके मस्तिष्क का पुष्टिकरण पूर्वाग्रह (कन्फ़र्मेशन बायस) आपके बारे में आपकी पहले से मौजूद मान्यताओं की पुष्टि करने का काम करता है।

हम अपने आपको अक्सर नुक़सान इसलिए भी पहुँचाते हैं, क्योंकि हम जिस लक्ष्य की आकांक्षा रखते हैं, उसे प्राप्त करने वाले और उस तरह का व्यक्ति बनने के बीच एक नकारात्मक संबंध रखते हैं, जिसके पास वह चीज़ है या जो ऐसा करता है।

अगर आपकी समस्या यह है कि आप आर्थिक रूप से स्थिर होना चाहते हैं, और फिर भी आप वहाँ पहुँचने के लिए किए गए हर प्रयास को बर्बाद करते रहते हैं, तो आपको पैसे की अपनी पहली अवधारणा पर वापस जाना होगा।

अगर आपकी समस्या यह है कि आप आर्थिक रूप से स्थिर होना चाहते हैं, और फिर भी आपके वहाँ पहुँचने के लिए किए गए हर प्रयास को बर्बाद हो रहे हैं, तो आपको पैसे की अपनी पहली अवधारणा पर वापस जाना होगा। आपके माता-पिता ने अपने वित्त का प्रबंधन कैसे किया? इससे भी ज़रूरी बात यह कि उन्होंने आपको उन लोगों के बारे में क्या बताया, जिनके पास पैसा था, और जिनके पास नहीं था? बहुत से लोग जो आर्थिक रूप से संघर्ष कर रहे हैं, वे अपनी कमज़ोर स्थिति को पैसे के महत्त्व को पूरी तरह नकार कर सही साबित करने का प्रयास करेंगे। वे कहेंगे कि सभी अमीर लोग बुरे होते हैं। अगर आप ऐसे लोगों के साथ बड़े हुए हैं जिन्होंने आपको जीवन भर यही बताया कि पैसे वाले लोग बुरे होते हैं, तो अंदाज़ा लगाइए कि आप किस चीज़ को पाने से मना करेंगे?

आप स्वयं को नुक़सान पहुँचा रहे हैं, इस विषय पर आपकी व्यग्रता आमतौर पर आपकी सीमित या प्रतिबंधित करने वाली धारणा को दर्शाती है।

हो सकता है कि आप स्वस्थ होने को कमज़ोर होने से जोड़ते हों, क्योंकि आपके माता-पिता पूरी तरह स्वस्थ होने के बावजूद अचानक

बीमार पड़ गए। हो सकता है कि आप अपनी महान कृति इसलिए नहीं लिख रहे हैं, क्योंकि आप वास्तव में लिखना ही नहीं चाहते हैं, आप सिर्फ़ 'सफल' व्यक्ति के रूप में दिखना चाहते हैं, क्योंकि इससे आपको प्रशंसा मिलेगी, जो कि आम तौर पर लोग तब करते हैं, जब वे स्वीकृति चाहते हैं, लेकिन उन्हें वह नहीं मिलती। हो सकता है कि आप ग़लत तरह का खानपान करते हैं, क्योंकि ये आपको स्वादिष्ट लगता है, आपको सुकून मिलता है, लेकिन आप लगातार यह जानना चाहते हैं, उनमें ऐसा खानपान आपको किस बात का सुकून देते हैं। हो सकता है कि आप वास्तव में निराशावादी न हों, लेकिन यह नहीं जानते कि अपने जीवन में लोगों से शिकायत करने के अलावा उनसे कैसे जुड़ें।

इसको सुलझाने के लिए आपको इन पहले से मौजूद विचारों को चुनौती देना शुरू करना होगा और फिर नए विचारों को अपनाना होगा।

आपको यह मानना होगा कि पैसे वाला हर व्यक्ति भ्रष्ट नहीं होता, बिलकुल भी नहीं। इससे भी ज़्यादा महत्त्वपूर्ण बात यह है कि ऐसे कई लोग हैं, जो अपने पैसे का इस्तेमाल अपने स्वार्थ के लिए करते हैं, लेकिन यह और भी महत्त्वपूर्ण है कि अच्छे इरादे वाले अच्छे लोग इस ज़रूरी माध्यम को हासिल करने के लिए निडर होकर प्रयास करते हैं, ताकि वे अपने और दूसरों के लिए ज़्यादा समय, अवसर और सेहत उपलब्ध करा सकें। आपको यह स्वीकार करना होगा कि स्वस्थ रहने से आप कम कमज़ोर नहीं होते और आलोचना तब भी होती है, जब आप जनता की भलाई के लिए कुछ करते हैं, लेकिन आलोचना के भय से काम करना नहीं छोड़ा जा सकता। आपको स्वयं को यह दिखाना होगा कि अपने आपको शांत करने के कई अलग-अलग तरीक़े हैं, जो अस्वास्थ्यकर भोजन विकल्पों की तुलना में अधिक प्रभावी हैं और दूसरों से जुड़ने के लिए नकारात्मकता से कहीं बेहतर तरीक़े हैं।

एक बार जब आप वास्तव में इन पहले से मौजूद मान्यताओं पर प्रश्न उठाने लगते हैं और उनका अवलोकन करने लगते हैं, तो आप यह देखना शुरू कर देते हैं कि वे कितनी विकृत और अतार्किक थीं और यह तो बताने की आवश्यकता ही नहीं कि इनकी वजह से आप अपनी सर्वोच्च क्षमता को हासिल नहीं कर पा रहे थे।

आत्म-विनाश अपरिचितता से आता है

मनुष्य में अज्ञात के प्रति स्वाभाविक प्रतिरोध होता है, क्योंकि इससे पूरी तरह से नियंत्रण खोने का भय रहता है। यह तब भी सच है जब 'अज्ञात' हमारे लिए परोपकारी या लाभदायक होता है।

आत्म-विनाश अक्सर अपरिचितता के परिणामस्वरूप होता है, और ऐसा इसलिए होता है, क्योंकि कोई भी चीज़ जो बाहरी या अनजान है, चाहे वह कितनी भी अच्छी क्यों न हो, जब तक हम उसे ठीक से जान-समझ न लें, तब तक असहज भी बनी रहेगी। इससे अक्सर लोग अनजानी परेशानी को 'ग़लत', 'बुरा' या 'अशुभ' मानकर भ्रमित होते हैं, हालाँकि, यह केवल मनोवैज्ञानिक समायोजन (साइकोलॉजिकल एडजस्टमेंट) का मामला है।

गे हेंड्रिक्स इसे आपकी 'ऊपरी सीमा' या ख़ुशी के प्रति आपकी सहनशीलता कहते हैं। हर किसी की एक क्षमता होती है, जिसकी मदद से वह ख़ुशी महसूस करता है। यह उसी तरह है, जिसे अन्य मनोवैज्ञानिक किसी व्यक्ति की 'आधार रेखा' या उनकी निर्धारित पूर्वप्रवृत्ति के रूप में संदर्भित करते हैं, जिस पर व्यक्ति वापस लौट ही आता है, भले ही कुछ घटनाएँ या परिस्थितियाँ अस्थायी रूप से बदल जाएँ।

समय के साथ छोटे-छोटे बदलाव, स्थायी आधारभूत समायोजन का कारण बन सकते हैं, हालाँकि, वे अक्सर टिक नहीं पाते, क्योंकि हम अपनी ऊपरी सीमा पर पहुँच जाते हैं। हम उन बदलावों को आधारभूत रेखा नहीं बनने देते, क्योंकि जैसे ही हमारी परिस्थितियाँ ख़ुशी की उस सीमा से आगे बढ़ती हैं, जिसके हम आदी हैं, तो हम सचेत और अचेतन दोनों ही तरीक़े खोज लेते हैं, जिससे हम ख़ुद को उस भावना में वापस पहुँचा सकें, जिसके साथ हम सहज हैं।

हम वही पाने के लिए प्रोग्राम किए गए हैं, जो हम जानते हैं। भले ही हमें लगता है कि हम ख़ुशी की तलाश में हैं, लेकिन हम वास्तव में वही पाने की कोशिश कर रहे हैं, जिसकी हमें सबसे ज़्यादा आदत है।

आत्म–विनाश मान्यताओं से आता है

आप अपने जीवन के बारे में जो विश्वास करते हैं, उसी को अपने जीवन में सत्य बना लेंगे।

इसलिए अपने पुराने आख्यानों के प्रति जागरूक रहना और उन्हें बदलने का साहस रखना बहुत महत्त्वपूर्ण है।

हो सकता है कि आप अपने जीवन के अधिकांश समय में यह मानते रहे हों कि एक अच्छी कंपनी में हर साल 50 हज़ार डॉलर का मानक वेतन ही वह अधिकतम है, जो आपको हासिल हो सकता है। हो सकता है कि आपने अपने आपसे यह कहते हुए अनेक साल बिताए हों, ''मैं एक परेशान व्यक्ति हूँ,'' आपने वास्तव में इसे स्वीकार करना शुरू कर दिया। चिंता-व्यग्रता और भय को अपने विश्वास प्रणाली में अपना लिया कि आप मूल रूप से कौन हैं। हो सकता है कि आप एक कुंद सोच वाले सामाजिक दायरे या एक ईको–चेंबर (ऐसा वातावरण, जहाँ व्यक्ति को केवल वही जानकारी मिलती है, जो उसकी अपनी राय को दर्शाती है और उसे पुष्ट करती है) में पले–बढ़े हों। हो सकता है कि आपको पता न हो कि आप राजनीति या धर्म के बारे में सवाल कर सकते हैं या नए निष्कर्ष पर पहुँच सकते हैं। हो सकता है कि आपने कभी नहीं सोचा हो कि आप एक ऐसे व्यक्ति हैं, जो शानदार स्टाइल अपना सकते हैं, संतुष्ट महसूस कर सकते हैं या दुनिया की यात्रा कर सकते हैं।

अन्य मामलों में, आप सीमित मान्यताएँ इसलिए रख सकते हैं, क्योंकि आप अपने आपको सुरक्षित रखना चाहते हैं।

शायद यही कारण है कि आप जो जानते हैं, उसकी सहजता को, उस अरक्षितता से ज़्यादा पसंद करते हैं, जिसे आप नहीं जानते, आप उत्साह के बजाय उदासीनता को पसंद करते हैं, सोचते हैं कि दुख आपको अधिक योग्य बनाता है, या मानते हैं कि जीवन में हर अच्छी चीज़ के साथ एक 'बुराई' भी जुड़ी होती है।

वास्तव में स्वस्थ होने के लिए आपको अपने सोचने के तरीक़े को बदलना होगा। आपको नकारात्मक और झूठी मान्यताओं–विश्वासों के प्रति

बहुत सचेत होना होगा और ऐसी मानसिकता अपनानी होगी, जो वास्तव में आपके लिए लाभदायक हो।

अस्वीकृति से बाहर कैसे निकलें

हो सकता है कि आत्म-विनाश के बारे में यह प्रारंभिक जानकारी आपकी कहानी के साथ थोड़ी-बहुत मेल खाती हो, या हो सकता है कि बहुत अधिक साम्यता रखती हो।

दोनों ही स्थितियों में, अगर आप वाक़ई अपना जीवन बदलना चाहते हैं, तो आपको अपनी व्यक्तिगत स्थिति के बारे में इंकार करना बंद करना होगा। आपको ख़ुद के साथ ईमानदार रहना होगा। आपको यह तय करना होगा कि आप ख़ुद से इतना प्यार करते हैं कि आप जो चाहते हैं, उससे कम पर समझौता नहीं करेंगे। अगर आपको लगता है कि आप जीवन में बेहतर कर सकते हैं, तो आपका मानना सही हो सकता है।

यदि आप सोचते हैं कि आपका जन्म बहुत कुछ करने के लिए हुआ है, तो आप सही हो सकते हैं।

यदि आप सोचते हैं कि आप अपने वास्तविक स्वरूप में नहीं हैं, तो आप सही हो सकते हैं।

अपनी यात्रा में हम कहाँ पर हैं, इस बारे में अपनी सच्ची भावनाओं को संतुष्ट करने के लिए बहुत सारी पुष्टियों से कोई लाभ नहीं होगा। जब हम ऐसा करते हैं, तो हम कटने लगते हैं और अटक जाते हैं।

'स्वयं से प्यार करने' के प्रयास में हम अपने बारे में हर बात को मान्य करने की कोशिश करते हैं, लेकिन फिर भी वे गर्मजोश भावनाएँ पूरी तरह से टिकी नहीं रहती हैं, केवल अस्थायी रूप से हमारी बेचैनी को कम करती हैं। आख़िर, वे काम क्यों नहीं करतीं? क्योंकि हम भीतर से जानते हैं कि हम वह नहीं बन पा रहे हैं, जो हम बनना चाहते हैं, और जब तक हम इसे स्वीकार नहीं करते, हमें सुकून नहीं मिल सकेगा।

जब हम प्रतिवाद करते, खंडन करते हैं, तो हम 'दोष देने' का रुख़ अपना लेते हैं। हम किसी ऐसे व्यक्ति या स्थिति की तलाश करते हैं, जो यह

समझाए कि हम जैसे हैं, वैसे क्यों हैं, फिर हम औचित्य सिद्ध करना शुरू कर देते हैं। अगर आपको लगातार–लगभग हर रोज़–अपने जीवन से नाख़ुश होने के कारणों को तर्कसंगत बनाना पड़ता है, तो आप अपना भला नहीं कर रहे हैं। आप उस स्थायी बदलाव के क़रीब नहीं पहुँच रहे हैं, जिसकी आप पूरे मन से इच्छा रखते हैं।

किसी भी स्थिति को ठीक करने का पहला क़दम है पूरी तरह से ज़िम्मेदारी लेना। अपने जीवन और उसकी सच्चाई से इंकार करना इस क़दम में शामिल नहीं है। इससे कोई अंतर नहीं पड़ता कि आपका जीवन बाहर से कैसा दिखता है, मायने यह रखता है कि आप अंदर से अपने और अपने जीवन के बारे में कैसा महसूस करते हैं। लगातार तनावग्रस्त और घबराहट में जीना, दुखी रहना ठीक नहीं है। कुछ तो गड़बड़ है, और जितना अधिक आप इसे महसूस करने से बचने के लिए 'खुद से प्यार' करने की कोशिश करेंगे, उतना ही अधिक आप परेशान रहेंगे।

आत्म-प्रेम का अर्थ है आप उस जीवन को स्वीकार न करें, जिससे आप नाख़ुश हैं। आत्म-प्रेम जताने के लिए समस्या को स्पष्ट और सीधे तरीक़े से बताने में सक्षम होना होगा।

यही वह काम है, जो आपको अपने जीवन को सही मायनों में निर्मूल करने और उसे रूपांतरित करने के लिए करना चाहिए। यह वास्तविक बदलाव की दिशा में पहला क़दम है।

एक काग़ज़ और क़लम लें और हर उस बात-स्थिति को लिखें, जिससे आप ख़ुश नहीं हैं। अपनी हर समस्या को बहुत ही स्पष्ट रूप से लिखें। अगर आप वित्तीय समस्याओं से जूझ रहे हैं, तो आपको यह स्पष्ट रूप से पता होना चाहिए कि क्या ग़लत है। हर क़र्ज़, हर बिल, हर संपत्ति और हर आय को लिखें। अगर आप आत्म-छवि को लेकर परेशान हैं, तो ठीक वही लिखें, जो आपको अपने बारे में नापसंद है। अगर कोई चिंता है, तो वह सब कुछ लिखें, जो आपको व्यग्र या परेशान करता है।

सबसे पहले तो आपको इंकार से बाहर निकलना होगा और यह स्पष्टता प्राप्त होनी होगी कि क्या ग़लत है। यहाँ पर आपके पास एक विकल्प है: आप जो स्थिति है, उसे स्वीकार कर शांत रह सकते हैं, या

आप बदलाव के लिए प्रतिबद्ध हो सकते हैं। विलंब की वजह से ही आप अटके रह जाते हैं।

रास्ता वहीं से शुरू होता है, जहाँ पर आप अभी हैं

अगर आप जानते हैं कि आपके जीवन में बदलाव की ज़रूरत है, तो अगर आप अपने लक्ष्य से बहुत दूर हैं या अगर आप अभी तक यह नहीं समझ पा रहे हैं कि आप कैसे पहुँचेंगे, तो कोई बात नहीं।

अगर आप प्रारंभिक बिंदु से ही शुरुआत कर रहे हैं, तो कुछ ग़लत नहीं।

अगर आप एकदम निचले स्तर पर हैं और अभी तक अपना रास्ता नहीं देख पा रहे हैं, तो कोई बात नहीं।

अगर आप अपने पहाड़ की तलहटी में हैं और जब-जब आप इसे पार करने की कोशिश करते हैं, विफल हो जाते हैं, तो इसमें कुछ ग़लत नहीं।

बहुत बार हम अपनी उपचार यात्रा की शुरुआत बहुत नीचे से करते हैं। ऐसा इसलिए नहीं होता कि हमें वहाँ अचानक रोशनी दिखाई देती है, न ही इसलिए कि हमारे सबसे बुरे दिन जादुई तरीक़े से किसी ईशावतरण में बदल जाते हैं, और न ही इसलिए कि कोई हमें हमारे पाग़लपन से बचाता है। सबसे नीचे का स्तर एक टर्निंग पॉइंट इसलिए बन जाता है, क्योंकि यहीं पर अधिकतर लोग सोचते हैं, *'मैं फिर कभी ऐसा महसूस नहीं करना चाहता।'*

वह विचार सिर्फ़ एक धारणा नहीं है। यह एक घोषणा और संकल्प है। यह आपके जीवन को बदलने वाली सबसे बड़े विचारों में से एक है। यह विचार वह नींव बनाता है, जिस पर आप बाक़ी सब कुछ खड़ा करते हैं।

जब आप तय कर लेते हैं कि आप सचमुच कभी भी किसी ख़ास तरीक़े से महसूस नहीं करना चाहते, तो आप आत्म-जागरूकता, सीखने और विकास की यात्रा पर निकल पड़ते हैं। और यह यात्रा आपको यह समझने में मदद करती है कि आप कौन हैं।

उस पल में, भूल-चूक अप्रासंगिक हो जाती है। आप अब इस बात पर विचार नहीं कर रहे होते हैं कि किसने क्या किया या आपके साथ किस तरह से अन्याय हुआ। उस पल में केवल एक बात आपका मार्गदर्शन करती है, और वह यह है कि *चाहे कुछ भी हो जाए, मुझे अपने जीवन में फिर से इस निम्नतम बिंदु पर पहुँचना स्वीकार नहीं होगा।*

अत्यंत ख़राब स्थिति में होना कोई इतनी बड़ी चुनौती भी नहीं। यह संयोग से नहीं होता। हम केवल तब बुरी स्थिति में पहुँचते हैं, जब हमारी बुरी आदतें एक पर एक जुड़ने लगती हैं, जब हमारे मुक़ाबला करने के तरीक़े इतने बेक़ाबू हो जाते हैं कि हम उन भावनाओं का विरोध नहीं कर सकते, जिन्हें हम छिपाने की कोशिश कर रहे थे। अत्यंत ख़राब स्थिति तब होती है, जब हम आख़िरकार ख़ुद से सामना करते हैं, जब सब कुछ बुरी तरह से बिगड़ चुका होता है, हमें यह स्वीकार करने के अलावा कोई चारा नहीं बचता कि इन सबके बीच केवल एक ही सामान्य कारक है।

हमें ठीक होना होगा। हमें बदलना होगा। हमें पीछे मुड़ने का विकल्प चुनना होगा, ताकि हमें फिर कभी ऐसा महसूस न हो।

जब हमारा दिन ख़राब होता है, तो हम यह नहीं सोचते, *मैं फिर कभी ऐसा महसूस नहीं करना चाहता।* क्यों? क्योंकि यह मज़ेदार नहीं है, लेकिन यह असहनीय भी नहीं है, हालाँकि, ज़्यादातर हम इस बात से वाकिफ़ होते हैं कि छोटी-मोटी विफलताएँ जीवन का एक नियमित हिस्सा हैं, हम अपूर्ण अवश्य हैं, लेकिन अपना सर्वश्रेष्ठ प्रयास कर रहे हैं और यह बेचैनी अंततः दूर हो जाएगी।

हम एक या दो बातों के ग़लत होने या बिगड़ जाने से तनावग्रस्त होकर टूटने-बिखरने की स्थिति में नहीं पहुँचते। हम इस स्थिति में तब पहुँचते हैं, जब हम आख़िरकार स्वीकार कर लेते हैं कि समस्या यह नहीं है कि दुनिया कैसी है, समस्या तो यह है कि हम कैसे हैं। यह एक सुंदर परिकल्पना है। आयोडेजी आवोसीका इस तरह कहते हैं, ''आपको त्रस्त होने का सबसे शुद्ध, सबसे शुद्ध, सबसे शुद्ध रूप खोजना होगा। यह दर्दनाक होना चाहिए। मैं सचमुच चिल्लाया था, 'मैं अब इस तरह से जीने वाला नहीं हूँ'!''

मनुष्य आराम की खोज में रहते हैं। उन्हें जो परिचित और अपना-सा लगता है, उसके क़रीब रहते हैं और जिसे नहीं जानते, उसे अस्वीकार करते हैं, भले ही वह उनके लिए कितना ही बेहतर क्यों न हो।

यह सच है कि अधिकतर लोग तब तक अपना जीवन नहीं बदलते, जब तक वे आरामदायक स्थिति में रहते हैं, क्योंकि बदलाव न करना उनके लिए सुखद विकल्प होता है। इसका मतलब यह है कि वे अपनी आदतों को बदलने से होने वाली कठिनाई को वास्तव में तब तक स्वीकार नहीं करते, जब तक कि उनके पास कोई दूसरा विकल्प न हो। जहाँ वे हैं, वहाँ रहना जीवन के लिए व्यवहार्य नहीं रह जाता। वे अब यह दिखावा भी नहीं कर सकते कि यह किसी भी तरह से वांछनीय है। ईमानदारी से कहें, तो वे नीचे की ओर नहीं, बल्कि एक चट्टान के बीच फँसे हुए हैं, जो उन पर आघात कर रही है और उसके नीचे से बाहर निकलने के लिए एक कठिन चढ़ाई चढ़नी होगी।

अगर आप वाक़ई अपना जीवन बदलना चाहते हैं, तो अपने आप को क्रोध से भर दें, लेकिन दूसरों के प्रति नहीं, दुनिया के प्रति नहीं, बल्कि अपने भीतर क्रोध भरें।

क्रोधित हो जाइए, दृढ़ निश्चयी बन जाइए और अपने भीतर बस एक ही बात के प्रति सुरंग दृष्टि (दाएँ-बाएँ नहीं देखना है) विकसित कीजिए कि आप जैसे हैं, वैसे नहीं रहेंगे।

आमूलचूल परिवर्तन की तैयारी

लोग बेहद ज़रूरी आंतरिक कार्य करने से इसलिए बचते हैं, क्योंकि उन्हें लगता है कि अगर वे ख़ुद को ठीक कर लेंगे, तो उनका जीवन बदल जाएगा-हो सकता है बहुत ज़्यादा बदल जाए। यदि वे इस बात को स्वीकार कर लेते हैं कि वे कितने दुखी हैं, तो इसका अर्थ है कि उन्हें तब अस्थायी रूप से *अधिक* असहज, शर्मिंदा या भयभीत होना पड़ेगा, जब उन्हें सब कुछ नए सिरे से शुरू करना होगा।

आइए, एक बात स्पष्ट रूप से समझ लें:आत्म-विनाशकारी व्यवहार को समाप्त करने का अर्थ निश्चित रूप से यह है कि परिवर्तन निकट है।

आपके नए जीवन के लिए आपको अपने पुराने जीवन को दाँव पर लगाना होगा।

इससे आपको अपने आराम की स्थिति खोनी होगी और जिस दिशा में अभी चल रहे हैं, उसे बदलना होगा।

इससे आपको अपने रिश्तों और दोस्तों को खोना पड़ेगा।

लोग आपके पुराने रूप को पसंद करते हैं, समझते हैं, लेकिन अब आपको इसे खोना होगा।

इससे कोई फ़र्क़ नहीं पड़ता।

जो लोग आपके लिए बने हैं, वे आपको अवश्य मिलेंगे। इस समय आप आपको आगे बढ़ाने वाली परिस्थितियों के इर्द-गिर्द एक नया कंफ़र्ट जोन बनाने जा रहे हैं। इसके बाद आपको पसंद करने के बजाय, आपसे प्यार किया जाएगा। आपको समझने के बजाय आपको ध्यान से सुना जाएगा, माना जाएगा।

आप जो कुछ भी खोने जा रहे हैं, वह उस व्यक्ति के लिए बनाया गया था, जो अब आप नहीं हैं।

अपने पुराने जीवन से जुड़े रहना आत्म-विनाश की ओर बढ़ाया गया पहला और अंतिम क़दम होता है और इसे त्यागने के लिए हमें तत्पर रहना चाहिए, ताकि हम वास्तविक परिवर्तन देखने के लिए तैयार हो सकें।

2

आत्म-विनाश जैसा कुछ नहीं होता

जब आप अपने जीवन को आगे बढ़ाने वाले कामों को करने की आदत डाल लेते हैं, तो इन कामों को आप कौशल कहते हैं। जब आपके कार्य आपके जीवन को पीछे की ओर धकेलते हैं, तो आप उन्हें आत्म-विनाश कहते हैं। ये दोनों मूलतः एक सरीखा काम करते हैं।

कभी-कभी यह दुर्घटनावश होता है। कभी-कभी हम एक निश्चित तरीक़े से जीने के इतने आदी हो जाते हैं और यह समझ नहीं पाते कि जीवन को अलग ढंग से किस तरह जीया जा सकता है। कभी-कभी हम इस तरह का जीवन चुन लेते हैं, क्योंकि हम नहीं जानते कि बेहतर विकल्प कैसे चुनें या किसी और तरह से जीना भी संभव है। कभी-कभी हम जो कुछ भी हमें दिया जाता है, उससे संतुष्ट हो जाते हैं, क्योंकि हमें नहीं पता होता कि हम और अधिक की माँग भी कर सकते हैं। कभी-कभी हम अपने जीवन को इतने लंबे समय तक ऑटोपायलट पर चलाते हैं कि हमें लगने लगता है कि अब हमारे पास कोई विकल्प नहीं है।

हालाँकि, ज़्यादातर समय यह आकस्मिक बिलकुल भी नहीं होता है। वे आदतें और व्यवहार, जिन्हें आप अपनाना बंद नहीं कर सकते - चाहे वे कितने भी विनाशकारी या बाधा डालने वाले क्यों न हों - वे आपके अवचेतन द्वारा किसी अधूरी ज़रूरत, दरकिनार कर दी गई भावना या उपेक्षित इच्छा को पूरा करने के लिए डिज़ाइन किए गए हैं।

आत्म-विनाश पर क़ाबू पाने का मतलब यह पता लगाना नहीं है कि अपने आवेगों को कैसे नियंत्रित किया जाए, बल्कि इसका मतलब है, पहले यह निर्धारित किया जाए कि वे आवेग प्रमुखता के साथ मौजूद क्यों हैं।

आत्म-विनाश को अक्सर एक ऐसा तरीक़ा समझने की ग़लती की जाती है,जिसमें हम अपने आपको सज़ा देते हैं, उपहास करते हैं या जान-बूझकर ख़ुद को चोट पहुँचाते हैं। ऊपरी तौर पर तो यह काफ़ी हद तक सही लगता है। आत्म-विनाश एक स्वस्थ खान-पान के लिए प्रतिबद्ध होना और कुछ घंटों बाद ख़ुद को किसी *ड्राइव-थ्रू* (फ़ास्ट फूड सेंटर) पर रुकते हुए पाना है। बाज़ार की ज़रूरत को पहचानना, एक अपूर्व शानदार व्यावसायिक आइडिया की कल्पना करना, फिर 'विचलित' हो जाना और उस पर काम करना भूल जाना आत्म-विनाश है। अजीब और ख़तरनाक विचार रखना और उन्हें महत्त्वपूर्ण जीवन परिवर्तनों या महत्त्पवूर्ण पड़ावों पर आपको पंगु बनाने की अनुमति देना आत्म-विनाश है। यह जानते हुए भी कि आपके पास कृतज्ञ होने और उत्साहित होने के लिए बहुत कुछ है, चिंतित रहना आत्म-विनाश है।

हम अक्सर इन व्यवहारों ग़लत तरीक़े से समझते हैं, इन्हें बुद्धिमत्ता, इच्छाशक्ति या क्षमता की कमी मान लेते हैं। आम तौर पर ऐसा नहीं होता है। आत्म-विनाश से हम ख़ुद को चोट नहीं पहुँचाते हैं, बल्कि इस तरीक़े से हम अपने आपको बचाने की कोशिश करते हैं।

आत्म-विनाश क्या है?

आत्म-विनाश तब होता है, जब आपकी दो परस्पर विरोधी इच्छाएँ होती हैं। एक सचेत है, एक अचेतन में। आप जानते हैं कि आप अपने जीवन को किस तरह आगे बढ़ाना चाहते हैं, और फिर भी आप किसी कारण से अटके हुए हैं।

जब आपके जीवन में बड़ी, लगातार बनी रहने वाली, दुर्गम समस्याएँ हों - ख़ास कर तब, जब समाधान इतने सरल, आसान और फिर भी इतने

असंभव लगते हैं कि उन पर टिके रहना असंभव हो जाता है, तो इसका अर्थ है आपकी समस्याएँ नहीं, आपकी आसक्तियाँ बड़ी हैं।

लोग इस मामले में बड़े अद्भुत होते हैं, वे वही करते हैं, जो वे करना चाहते हैं।

यह बात मानव जीवन में हर परिस्थिति के लिए सच है। संभावित परिणामों की परवाह किए बिना, मानव स्वभाव अविश्वसनीय रूप से स्वार्थी साबित हुआ है। लोग जो कुछ भी करने के लिए बाध्य महसूस करते हैं, उसे करने का उनका तरीक़ा लगभग अलौकिक होता है, इससे उन्हें फ़र्क़ नहीं पड़ता कि इससे किसे नुक़सान हो रहा है, इसकी वजह से कौन-से युद्ध छिड़ सकते हैं, या भविष्य को किस तरह का ख़तरा हो सकता है। जब आप इस पर विचार करते हैं, तो आपको एहसास होने लगता है कि अगर आप अपने जीवन में कुछ बनाए-बचाए रखना चाहते हैं, तो उसके पीछे कोई कारण होना चाहिए। एकमात्र प्रश्न यह होना चाहिए- क्यों।

कुछ लोग यह नहीं समझ पाते कि आख़िर वे अपने आप को इतना प्रेरित क्यों नहीं कर पाते कि वे अपने लक्ष्य को प्राप्त करने के लिए कोई नया काम शुरू कर सकें, शायद उन्हें यह एहसास न हो कि उनके अवचेतन मन में यह धारणा बैठी हुई है कि अमीर होना अहंकारी होना है या नापसंद होना है या शायद वे वास्तव में बहुत अमीर नहीं बनना चाहते। हो सकता है कि यह सुरक्षित महसूस करने और 'परवाह' किए जाने की चाहत का एक आवरण हो, या उनकी असली इच्छा उनकी कला के लिए पहचाने जाने की हो, और जब कभी ऐसा होने की संभावना बहुत कम लगती है, तो वे एक दूसरे सपने पर वापस आ जाते हैं, जो वास्तव में उन्हें प्रेरित नहीं करता है।

कुछ लोग कहते हैं कि वे किसी भी क़ीमत पर सफल होना चाहते हैं और फिर भी वे उस काम को करने में जितना समय देना चाहिए, देते नहीं हैं। शायद ऐसा इसलिए होता है, क्योंकि वे किसी स्तर पर यह समझते हैं कि 'सफल' होने से वास्तव में आपको ख़ुशी नहीं मिलेगी और न ही लोगों की ओर से आपको पसंद किया जाएगा। वास्तव में, सच इसके विपरीत होता है। सफलता से आम तौर पर आप लोगों की ईर्ष्या और तहक़ीक़ात का निशाना बनते हैं। सफल लोगों को उस तरह से प्यार नहीं किया जाता है, जैसा हम कल्पना करते हैं, उन्हें आमतौर पर इसलिए अलग किया

जाता है, क्योंकि ईर्ष्यालु लोग उन्हें किसी तरह से मानवीय बनाना चाहते हैं। शायद 'सफल' होने के बजाय बहुत से लोग बस प्यार पाना चाहते हैं, और इसीलिए सफलता पाने की उनकी महत्वाकांक्षा सीधे उस पर ख़तरा पैदा करती है।

कुछ लोग यह नहीं समझ पाते कि वे 'ग़लत' रिश्ते क्यों चुन लेते रहते हैं, ऐसे लोगों को क्यों चुनते हैं, जिनके व्यवहार में लगातार अस्वीकृति, दुर्व्यवहार या अप्रतिबद्धता बनी रहती है। शायद उन्हें एहसास नहीं होता कि वे वास्तव में उन रिश्तों की गतिशीलता को फिर से बना रहे हैं, जो उन्होंने युवावस्था में अनुभव किए थे, क्योंकि वे प्यार को नुक़सान या त्याग से जोड़ते हैं। शायद वे उन पारिवारिक रिश्तों को नए सिरे से बनाना चाहते हैं ,जिनमें वे असहाय महसूस करते थे, लेकिन अब एक वयस्क के रूप में उन रिश्तों को फिर से जीना चाहते हैं, जहाँ वे नशेड़ी, झूठे या हारे हुए व्यक्ति की *मदद* कर सकते हैं।

जब आत्म-विनाशकारी व्यवहार की बात आती है, तो आपको यह समझना होगा कि कभी-कभी समस्याओं से जुड़ना आसान होता है।

सफल होने से आप कम पसंद किए जा सकते हैं।

प्यार पाना आपको अधिक कमज़ोर या संवेदनशील बना सकता है।

कम ध्यानाकर्षक होने से आप सुरक्षित रह सकते हैं।

छोटी-मोटी सफलता से आप लोगों की जाँच-पड़ताल से बच सकते हैं।

टाल-मटोल करने से आप फिर से कंफ़र्ट-ज़ोन में आ सकते हैं।

आप जिस तरह से अपने आपको नुक़सान पहुँचा रहे हैं, वास्तव में अपनी किसी ज़रूरत को पूरा करने के लिए ऐसे तरीक़े अपना रहे हैं, जिसके बारे में आपको शायद पता भी नहीं है। इस पर क़ाबू पाना न केवल अपने आपको बेहतर ढंग से समझने का विषय है, बल्कि यह समझना भी है कि आपकी समस्याएँ, समस्याएँ नहीं लक्षण हैं।

आप मुक़ाबला करने के तरीक़ों से छुटकारा नहीं पा सकते और यह नहीं सोच सकते कि आपने समस्या हल कर ली है।

आत्म-विनाश कैसा दिखता है?

आत्म-विनाश कैसा दिखता है, या कैसा नहीं दिखता है, निश्चित रूप से यह कहना असंभव है, क्योंकि जो आदतें और व्यवहार किस एक व्यक्ति के लिए फ़ायदेमंद होंगे, वे दूसरे संदर्भ में नुक़सानदायक हो सकते हैं।

इसी के साथ, निश्चित रूप से कुछ विशिष्ट व्यवहार और पैटर्न होते हैं, जो आम तौर पर आत्म-विनाश के संकेत देते हैं, और वे अक्सर इस तथ्य से संबंधित होते हैं कि आपको पता है कि आपके जीवन में कोई समस्या है, फिर भी आप उसे जारी रखने की ज़रूरत महसूस करते हैं।

यहाँ कुछ ऐसे मुख्य संकेत दिए गए हैं, जिनसे आप समझ सकेंगे कि आप शायद आत्म-विनाश के चक्र में फँसे हैं।

प्रतिरोध

प्रतिरोध तब होता है, जब हमारे पास कोई नया प्रोजेक्ट होता है और हमें उस पर काम करना ज़रूरी होता है, पर हम ऐसा नहीं कर पाते हैं। यह तब होता है, जब हम किसी नए रिश्ते में बँध जाते हैं और फिर अपनी योजनाओं से पीछे हट जाते हैं। यह तब भी होता है, जब हमारे दिमाग़ में बिज़नेस के लिए कोई शानदार आइडिया आता है और फिर जब बैठकर काम करने का समय आता है, तो हम तनावग्रस्त हो जाते हैं, हमें गुस्सा आने लगता है।

जीवन में जो *सही* चल रहा है, हम अक्सर उसका प्रतिरोध करते हैं, न कि जो ग़लत चल रहा है उसका। जब हमें कोई समस्या सुलझानी होती है, तो आमतौर पर प्रतिरोध नहीं होता है, लेकिन जब हमारे पास आनंद लेने, सृजन करने या निर्माण करने के लिए कुछ होता है, तो हम अपने उस हिस्से का उपयोग कर रहे होते हैं, जो केवल जीवित रहने के बजाय फलने-फूलने की कोशिश कर रहा होता है, और यह अनभिज्ञता चुनौतीपूर्ण हो सकती है।

इसका समाधान कैसे करें?

प्रतिरोध आपकी रफ़्तार को कम करता है और यह सुनिश्चित करता है कि जिस नई और महत्त्वपूर्ण चीज़ से आप जुड़ रहे हैं, वह सुरक्षित है। अन्य

मामलों में, यह एक चेतावनी का संकेत भी हो सकता है कि मामला ठीक नहीं है, और आपको पीछे हटना पड़ सकता है और फिर से व्यवस्थित ढंग से तैयार होना पड़ सकता है।

प्रतिरोध टाल-मटोल या उदासीनता जैसा नहीं है और उसके साथ इस तरह से निपटना भी नहीं चाहिए। जब हम प्रतिरोध का अनुभव कर रहे होते हैं, तो इसका हमेशा एक कारण होता है और हमें उस पर ध्यान देना चाहिए। यदि हम प्रतिरोध का सामना करने के लिए ख़ुद को मजबूर करते हैं, तो इससे आम तौर पर भावना तीव्र हो जाती है, क्योंकि ऐसा करके हम अपने आंतरिक संघर्ष को मजबूत कर रहे हैं और उस डर को सक्रिय कर रहे हैं, जो हमें काम करने से रोक रहा है।

प्रतिरोध को छोड़ने के लिए हमें फिर से ध्यान केंद्रित करना होगा। हमें यह स्पष्ट रूप से समझना होगा कि हम क्या चाहते हैं और साथ ही यह भी कि हम इसे कब और क्यों चाहते हैं। हमें उन अचेतन धारणाओं को पहचानना होगा, जो हमें आगे बढ़ने से रोक रही हैं, और फिर जब हम प्रेरित महसूस करने लगें, तो वापस काम पर लौटना होगा। प्रतिरोध के बाद काम करने की इच्छा करना प्रगति का प्रवेश-द्वार है।

अपनी ऊपरी सीमा तक पहुँचना

जैसा कि पहले चर्चा की गई है, हममें से ज़्यादातर लोग सिर्फ़ एक निश्चित हद तक ही ख़ुशी महसूस कर पाते हैं। गे हेंड्रिक्स इसे आपकी 'ऊपरी सीमा' कहते हैं।

आपकी ऊपरी सीमा 'अच्छाई' की वह मात्रा है, जिसे आप अपने जीवन में सहजता से महसूस करते हैं। यह सकारात्मक भावनाओं या सकारात्मक घटनाओं का अनुभव करने के लिए आपकी सहनशीलता और सीमा है।

जब आप अपनी ऊपरी सीमा को पार करना शुरू करते हैं, तो आप अनजाने में ही जो घट रहा है, उसे नुक़सान पहुँचाना शुरू कर देते हैं ताकि आप अपने आपको वापस उस स्थिति में ला सकें, जो आपके लिए आरामदायक है और जिससे परिचित हैं। कुछ लोगों में यह अक्सर

दर्द, पीड़ा, सिरदर्द या शारीरिक तनाव के रूप में प्रकट होता है, दूसरों में यह भावनात्मक रूप से प्रतिरोध, क्रोध, अपराध-बोध या भय के रूप में प्रकट होता है।

यह पूरी तरह से विरोधाभासी लग सकता है, लेकिन हम वाक़ई में ख़ुश रहने के लिए नहीं बने हैं, बल्कि हम तो आरामदायक रहने के लिए बने हैं। जो कुछ भी उस आराम के दायरे से बाहर होता है, वह हमें तब तक ख़तरनाक या डरावना लगता है, जब तक हम उससे परिचित नहीं हो जाते।

इसका समाधान कैसे करें?

अपनी ऊपरी सीमा को पार करना वाक़ई एक बहुत बढ़िया संकेत है। इसका मतलब है कि आप अपने जीवन के नए स्तरों के क़रीब पहुँच रहे हैं और उन्हें पार कर रहे हैं, और यह पहली सबसे महत्त्वपूर्ण बात है, जिसके लिए आपको ख़ुद को बधाई देनी चाहिए। ऊपरी सीमा की समस्या को हल करने का तरीक़ा है धीरे-धीरे खुद को अपने नए 'सामान्य' के अनुकूल बनाना।

ख़ुद को अचानक बड़े बदलावों में झोंकने के बजाय, धीरे-धीरे समायोजित और अनुकूल होने दें। धीरे-धीरे बढ़ने से आप अपने आप को क्रमशः एक नया कंफ़र्ट ज़ोन बनाने की अनुमति दे रहे हैं। समय के साथ आप अपनी बेस-लाइन को एक नए मानक पर ले जाते हैं।

जड़ से उखड़ना

व्यक्ति जड़ से तब उखड़ता है, जब वह ख़ुद को एक रिश्ते से दूसरे रिश्ते में ले जाता है या अपनी बिज़नेस वेबसाइट को बार-बार बदलता है, जबकि उसे वास्तव में रिश्तों से जुड़ी समस्याओं का सामना करने या अपने पहले से मौजूद ग्राहकों की परवाह करने पर ध्यान केंद्रित करना चाहिए। बार-बार जड़ से उखड़ने से आप ख़ुद को खिलने नहीं देते। आप केवल अंकुरित होने की प्रक्रिया के साथ सहज रहते हैं।

ऐसा लगातार एक 'नई शुरुआत' की आवश्यकता के कारण हो सकता है, जो अक्सर तनाव से निपटने के स्वस्थ तरीक़े न होने या संघर्ष समाधान के साथ टकराव करने का परिणाम होता है। जड़ से उखड़ना

जीवन में वास्तविक समस्याओं से ध्यान हटाने का एक तरीक़ा हो सकता है, क्योंकि निश्चित ही आपका ध्यान एक नई नौकरी या एक नए शहर में ख़ुद को फिर से स्थापित करने की ओर जाएगा।

अंततः, जड़ से उखड़ने का मतलब है कि आप हर बार अपना नया अध्याय शुरू तो करते हैं, लेकिन इसे कभी पूरा नहीं करते। आप आगे बढ़ते रहने के प्रयास तो करते हैं, पर फिर भी आप पहले से कहीं ज़्यादा उलझ जाते हैं।

इसका समाधान कैसे करें

सबसे पहले, पैटर्न को पहचानें।

जड़ से उखड़ने का एक प्राथमिक लक्षण यह है कि आपको एहसास ही नहीं होता कि आप ऐसा कर रहे हैं। इसलिए, सबसे महत्त्वपूर्ण क़दम इस बात के प्रति सजग रहना है कि क्या हो रहा है। पिछले कुछ सालों की अपनी गतिविधियों पर नज़र दौड़ाएँ: आप कितनी जगहों पर गए या कितने काम बदले? फिर पता लगाएँ कि आपको हर नए काम से दूर क्यों हो जाते हैं।

इसके बाद, आपको यह स्पष्ट रूप से जानना होगा कि आप वास्तव में क्या चाहते हैं। कभी-कभी हम इसलिए जड़ से उखड़ जाते हैं, क्योंकि हम यह सोचकर किसी ओर जल्दी से क़दम बढ़ा देते हैं कि हमें तो यही चाहिए, लेकिन बाद में पाते हैं कि हमने इसके बारे में ठीक से नहीं सोचा था और हम वास्तव में उस चीज़ को ज़्यादा नहीं चाहते। स्पष्टता बहुत ज़रूरी है, क्योंकि आप अब लंबे समय के लिए सोच रहे हैं। रहने के लिए एक जगह चुनना, फिर वहाँ नए संबंध बनाना कैसा रहेगा? उसी जगह पर रहकर काम करना और अपने पद पर आगे बढ़ना या अपना व्यवसाय बनाना कैसा रहेगा?

याद रखें कि जड़ से उखड़ने के पैटर्न से उबरने का मतलब यह नहीं है कि आप किसी ऐसी चीज से समझौता कर रहे हैं, जिसे आप नहीं चाहते हैं, न ही इसका मतलब यह है कि आपको किसी असुरक्षित या अस्वस्थ स्थिति में रहना होगा, क्योंकि आप फिर से जगह नहीं बदलना चाहते। इस पैटर्न से

उबरने का मतलब है अपने लिए सही रास्ता चुनने के लिए स्पष्ट और दृढ़ संकल्प लेना और फिर अपने लिए एक ऐसी योजना बनाना, जिसके सहारे आप केवल जीवित ही नहीं रहेंगे, बल्कि पनपेंगे भी। जब वह क्षण आए, जब आप आम तौर पर भागना चाहेंगे, तो कठिनाई का सामना करें और जहाँ हैं, वहीं बने रहें। पता लगाएँ कि आप किसी स्थिति या किसी अन्य स्थिति से जुड़ने में असहज *क्यों* हैं, और यह निर्धारित करें कि आपके लिए एक स्वस्थ लगाव किस तरह का होना चाहिए।

परिपूर्णतावाद

जब हम यह अपेक्षा करते हैं कि हमारा काम पहली बार में ही पूर्णतः परिपूर्ण हो, तो हम परिपूर्णतावाद के चक्र में फँस जाते हैं।

वास्तव में, परिपूर्णतावाद यह नहीं चाहता कि सब कुछ सही यानी परफ़ेक्ट हो। यह अच्छी बात नहीं है। सच कहें, तो यह एक तरह की बाधा है, क्योंकि यह इस बारे में अवास्तविक अपेक्षाएँ स्थापित करता है कि हम वास्तव में क्या करने में सक्षम हैं या हमारे जीवन के परिणाम क्या हो सकते हैं।

परिपूर्णतावाद हमें आगे बढ़ने और प्रयास करने, या हमारे जीवन के लिए ज़रूरी कार्य करने से रोकता है। ऐसा इसलिए होता है, क्योंकि जब हम विफल होने से डरते हैं, या कमज़ोर महसूस करते हैं, या उतने अच्छे नहीं होते,जितना हम चाहते हैं कि दूसरे हमें समझें, तो हम उस काम से बचते हैं जो वास्तव में हमें उतना अच्छा बनने के लिए आवश्यक है। हम ख़ुद को नुक़सान पहुँचाते हैं, क्योंकि बार-बार आगे बढ़कर *प्रयास करने* और उस काम करने की इच्छा ही अंततः हमें महारत दिलाती है।

इसका समाधान कैसे करें

काम को बहुत अच्छी तरह से करने की चिंता न करें, बस करें।

बेस्टसेलर लिखने की चिंता न करें, बस लिखें। ग्रैमी जीतने वाले हिट बनाने की चिंता न करें, बस संगीत का सृजन करें। विफल होने की चिंता न करें, बस आगे बढ़ते रहें और कोशिश करते रहें। सबसे पहले यह मायने

रखता है कि आप *वही करें*, जो आप वास्तव में करना चाहते हैं। वहाँ से आप अपनी ग़लतियों से सीख सकते हैं और समय के साथ उस स्थान पर पहुँच सकते हैं, जहाँ आप वास्तव में होना चाहते हैं।

सच बात तो यह है कि जब हम इस बात को लेकर चिंतित रहते हैं कि हम जो कर रहे हैं, वह वाक़ई प्रभावशाली और दुनिया को बदलने वाला होगा या नहीं, तो हम वास्तव में महान उपलब्धियाँ हासिल नहीं कर पाते। हम इस तरह की उपलब्धियाँ तब हासिल करते हैं, जब हम बस आगे बढ़कर कुछ ऐसा करते हैं, जो हमारे लिए सार्थक और महत्त्वपूर्ण हो।

परिपूर्णता की बजाय प्रगति पर ध्यान दें। किसी काम को बहुत अच्छी तरह से करने की बजाय, बस उसे पूरा करने पर ध्यान दें। वहीं से, आप इसे संपादित कर सकते हैं, सुधार सकते हैं, आगे बढ़ा सकते हैं और इसे ठीक उसी तरह विकसित कर सकते हैं, जैसा कि आप चाहते हैं, लेकिन अगर आप शुरुआत ही नहीं करेंगे, तो आप कभी वांछित जगह पर पहुँच भी नहीं पाएँगे।

भावनाओं को 'प्रोसेस' करने का सीमित कौशल

जीवन में परेशान करने वाले, चिढ़ाने और दुखी करने वाले और यहाँ तक कि क्रोधित करने वाले लोग होंगे, ऐसी स्थितियाँ और परिस्थितियाँ भी होंगी। इसी तरह ऐसे लोग, स्थितियाँ और परिस्थितियाँ भी होंगी, जो प्रेरणादायक, आशावान, मददगार होंगी और वास्तव में आपके जीवन में उद्देश्य और अर्थ प्रदान करेंगी।

जब आप अपनी केवल आधी ही भावनाओं को संसाधित कर पाते हैं, तो आप ख़ुद को रोक लेते हैं। आप किसी ऐसी स्थिति से बचने के लिए अपने रास्ते से हटना शुरू कर देते हैं, जो आपको कुछ निराश या असहज कर सकती है, क्योंकि वहाँ पर आपकी उस भावना को सँभालने के लिए कोई उपाय नहीं है। इसका मतलब है कि आप उन जोखिमों और कार्यों से बचना शुरू कर देते हैं, जो अंततः आपके जीवन को बदलकर बेहतर बना देंगे।

इसके अलावा, अपनी भावनाओं को संसाधित करने में असमर्थता का मतलब है कि आप उनमें उलझ जाते हैं। आप थककर बैठ जाते हैं

और अपने गुस्से और उदासी पर विचार करते हैं, क्योंकि आप नहीं जानते कि उन्हें कैसे दूर किया जाए। जब हम अपनी केवल आधी ही भावनाओं को संसाधित कर पाते हैं, तो हम अंततः जो जीवन जीना चाहते हैं, उसका वास्तव में केवल आधा ही हिस्सा जी पाते हैं।

इसका समाधान कैसे करें?

स्वस्थ भावनात्मक प्रक्रिया हर किसी के लिए अलग-अलग होती है, लेकिन इसमें आम तौर पर ये चरण शामिल होते हैं:

- जो हुआ, उसे स्पष्ट रूप से जानें।
- अपनी भावनाओं को मान्य करें।
- सुधार का रास्ता तय करें।

सबसे पहले, आपको यह समझने की ज़रूरत है कि आप क्यों परेशान हैं या कोई बात या स्थिति आपको इतना परेशान क्यों कर रही है। इसे स्पष्ट रूप से जाने बिना आप विवरणों पर विचार करते हुए अपना समय बर्बाद करते रहेंगे, आप यह समझ ही नहीं पाएँगे कि आख़िर आपको दुख क्यों हो रहा है।

इसके बाद, आपको यह मान्य करना होगा कि आप कैसा महसूस कर रहे हैं। इस तथ्य को भी स्वीकार करें कि आप अकेले नहीं हैं, आपकी स्थिति में कोई भी व्यक्ति संभवतः ऐसा ही महसूस करेगा (और करता भी है) और जो आप महसूस कर रहे हैं, उसमें कुछ भी ग़लत नहीं है। ऐसा महसूस करते समय आप ख़ुद को रो-धोकर शारीरिक रूप से मुक्त कर सकते हैं, जो आप महसूस करते हैं, उसके बारे में जर्नलिंग करना या किसी भरोसेमंद दोस्त से बात करना भी अच्छा उपाय है।

जैसे ही आप स्पष्ट रूप समझ जाते हैं कि क्या ग़लत है और आपने स्वयं को अपनी भावनाओं की सीमा तक पूरी तरह से व्यक्त करने की अनुमति दे दी है, तो अब आप यह निर्धारित कर सकते हैं कि आप अपने व्यवहार या विचार प्रक्रिया को किस तरह बदलेंगे, ताकि आपको भविष्य में मनवांछित परिणाम मिले।

बहाने बनाना, सफ़ाई देना

अंततः, आपके जीवन को आपके इरादों से नहीं, बल्कि आपके परिणामों से मापा जाता है। यह कुछ ऐसा नहीं है कि आप क्या करना चाहते थे, या आप क्या कर सकते थे, लेकिन आपके पास समय नहीं था। यह ऐसा भी नहीं है कि आपको क्यों लगा कि आप ऐसा नहीं कर सकते। जीवन का अर्थ यह है कि आपने आख़िरकार ऐसा किया या नहीं किया। जब आप आत्म-विनाशकारी व्यवहार के पैटर्न के अनुसार चलते हैं, तो आप अक्सर उन बहानों के साथ उसी तरह व्यवहार करते हैं, जिस तरह से आप मापने योग्य परिणामों को देखते हैं: आप उनका उपयोग ख़ुद को क्षणिक रूप से संतुष्ट करने के लिए करते हैं, उनका उपयोग उपलब्धि के विकल्प के रूप में करते हैं।

जब हमारे पास कोई लक्ष्य, सपना या योजना होती है, तो इरादे का कोई मापदंड नहीं होता। बात सिर्फ़ इतनी होती है कि आपने इसे किया या नहीं किया। काम न करने के लिए आप जितने भी अन्य कारण बताते हैं, वह तो बस यह है कि आप उन कारणों को अपनी परम महत्वाकांक्षा से ज़्यादा प्राथमिकता देते हैं, जिसका मतलब है कि यह कारण हमेशा आपके जीवन में प्राथमिकता लेगा।

आप उन असहज या परेशान करने वाली भावनाओं से दूर रहने के लिए भी बहाने बना सकते हैं, जो अंततः आपके विकास के लिए ज़रूरी हैं।

आप इसका समाधान कैसे करें

अपने परिणामों को मापना शुरू करें और हर दिन कम से कम एक उत्पादक कार्य करने पर ध्यान केंद्रित करें।

बात यह नहीं है कि आप कितने दिन जिम जाना चाहते थे, बल्कि यह है कि आप कितने दिन जिम गए। बात सिर्फ़ दोस्तों से मिलने की इच्छा की नहीं है, मुद्दा यह है कि आप गए या नहीं। बात यह नहीं है कि आपके पास अपने बिज़नेस को बदलने के बारे में कौन-से शानदार आइडिया थे, मुद्दा यह है कि आपने उन आइडिया पर काम किया या नहीं।

अपने स्वयं के बहानों को स्वीकार करना बंद करें। अपने स्वयं की सफ़ाइयों के साथ संतुष्ट होना बंद करें। अपने हर एक दिन मूल्यांकन इस आधार करना शुरू करें कि आपने कितनी स्वस्थ, सकारात्मक चीज़ें हासिल की हैं, और आप देखेंगे कि आप कितनी जल्दी प्रगति करना शुरू कर देते हैं।

अस्त–व्यस्तता

अपने जीवन और कार्य–स्थानों को अव्यवस्थित छोड़कर, हम न केवल अपने आस–पास की चीज़ों का ध्यान रखना भूल जाते हैं, बल्कि हम अक्सर अपना ध्यान भटकाते हैं और एक ऐसी अव्यवस्था पैदा करते हैं, जो एक अचेतन उद्देश्य की पूर्ति करती है।

एक साफ़–सुथरी, व्यवस्थित जगह – काम और रहने दोनों के लिए, सुख–संपन्नता के लिए ज़रूरी है। इसका मतलब है एक साफ़–सुथरा घर और ऐसे कपड़े, जो सुबह आसानी से हाथ में आ सकें, एक साफ़–सुथरी रसोई और एक व्यवस्थित डेस्क। काग़ज़ात एक जगह पर रखे जाने चाहिए, आपका बेडरूम शांत होना चाहिए और हर चीज़ का एक 'घर' होना चाहिए जहाँ वह दिन समाप्त होने पर वापस रखी जा सके।

साफ़–सफ़ाई न हो, तो हमारे लिए कम अवसर तैयार होते हैं। अव्यवस्था से कुछ भी सकारात्मक या सुंदर नहीं उपजता। हमें यह बात अच्छी तरह से जानते हैं। अक्सर, जब भी हमें अव्यवस्था के कारण नुक़सान होता है, तो ऐसा इसलिए होता है, क्योंकि जब हम बहुत साफ़–सुथरे या व्यवस्थित होते हैं, तो हमें बेचैनी महसूस होती है। वह बेचैनी ही वह भावना है, जिससे हम बचने की कोशिश कर रहे हैं, क्योंकि यह स्वीकृति है कि अब जब सब कुछ व्यवस्थित है, तो हमें उस काम में लग जाना चाहिए, जो हम करना चाहते हैं, या जो हम बनना चाहते हैं।

जब हम अपने स्थान को अव्यवस्थित छोड़ देते हैं, तो हम हमेशा आगे बढ़कर कुछ कार्यों या प्राथमिकताओं को पूरा करने से कुछ क़दम दूर रह जाते हैं।

इसका समाधान कैसे करें?

किसी भी अन्य काम की तरह आपको धीरे-धीरे शुरू करना होगा और समय के साथ ख़ुद को समायोजित करना होगा। अव्यवस्था को दूर करने और पुनर्व्यवस्थित करने के लिए, एक कमरे से शुरू करें, और यदि यह भी बहुत अधिक लग रहा हो, तो एक कोने, दराज़ या अलमारी से शुरू करें। उसी जगह को ठीक करें, और केवल उसी पर काम करें, और फिर व्यवस्था को बनाए रखने के लिए एक दिनचर्या लागू करें।

और इसके बाद अपने स्थान को इस तरह व्यवस्थित करना शुरू करें कि यह आपके फ़ायदे के लिए काम करे, आपके ख़िलाफ़ नहीं। अपने बेडसाइड टेबल पर डिफ्यूज़र (प्रकाशीय उपकरण, जो लैंप के प्रकाश को समान रूप से वितरित करता ह) जैसी कोई आरामदायक चीज़ रखें, या रसोई में एक व्यवस्थित फैमिली कैलेंडर बनाएँ, ताकि अपॉइंटमेंट और शेड्यूल दूसरों को दिखाई दें। अगर आपको मेल अव्यवस्थित रहने से परेशानी होती है, तो मेल को रखने के लिए जगह बना दें, हर दिन की मेल वहीं रखी जाए। अगर आपको कपड़े धोने की समस्या है, तो उन्हें धोने के लिए सप्ताह के कोई दिन तय करें और कपड़ों को इकट्ठा धोएँ।

आपको धीरे-धीरे साफ़-सुथरी डेस्क पर काम करने की आदत डालनी चाहिए, और अंततः यह आपकी आदत बन जाएगी। आपको एहसास होने लगेगा कि अब आप बहुत कम तनाव हो रहा है और आपका अपने जीवन पर अच्छा नियंत्रण है।

जब आप ऐसे वातावरण से घिरे होते हैं, जो आपको उस व्यक्ति जैसा महसूस कराता है, जिस तरह आप नहीं हैं, तो आपके लिए वह व्यक्ति बन पाना बहुत कठिन है, जो आप बनना चाहते हैं।

जो आप नहीं चाहते, उससे जुड़ाव

कभी-कभी, आप अपने जीवन के सपने दूसरे लोगों की पसंद से अपनाते हैं। कभी-कभी ऐसा भी होता है कि आपको क्या चाहिए, ये आप स्वयं तय करते हैं और फिर आप अपनी पुरानी महत्वाकांक्षाओं से आगे निकल जाते हैं।

कभी-कभी, हम ख़ुद को किसी ऐसी चीज़ को पाने के लिए बेइंतहा मजबूर कर देते हैं, जो हम मन से चाहते ही नहीं हैं, और इससे हमें हमेशा निराशा ही हाथ लगती है, क्योंकि यह एक सच्ची इच्छा नहीं होती। यह प्रेरणा की कमी या प्रतिरोध का अनुभव करने से अलग स्थिति है। हमारी प्रदर्शन करने में असमर्थता भय या कौशल की कमी के कारण नहीं है, यह इस भीतरी अनुभूति पर आधारित है कि हम अपने जीवन के लिए जो चाहते हैं, वह यह नहीं है और शायद हम असमंजस में पड़ गए हैं या अपना रास्ता बदलने में असमर्थ हैं।

जब आप अपने आपको किसी स्थिति से जूझते हुए पाते हैं, तो आपको ख़ुद से पूछना चाहिए: *क्या मैं वास्तव में यह करना चाहता हूँ?* क्या आप नौकरी चाहते हैं, या आपको सिर्फ़ यह पद अच्छा लगता है? क्या आप उस व्यक्ति से प्यार करते हैं, या आपको रिलेशनशिप में रहने का आइडिया पसंद है? क्या आप अभी भी अपनी सबसे बड़ी सफलता को लेकर पुराने विचार पर ही टिके हुए हैं और यदि ऐसा है, तो इसे छोड़ देना कैसा होगा?

अंततः, आत्म-विनाश हमें यह दिखाता है कि हम अभी भी सही रास्ते पर चल नहीं रहे हैं, और हमें यह निर्धारित करने के लिए पुनर्मूल्यांकन करना होगा कि हमारे जीवन के लिए सबसे अच्छा क्या होगा, भले ही इसका मतलब यह हो कि हम कुछ लोगों या यहाँ तक कि अपने युवा स्व को भी निराश करना पड़ेगा।

हमें अपनी बाक़ी की ज़िंदगी उस सफलता को पाने की कोशिश में नहीं बितानी है, जिसे हम अपने बचपन में आदर्श मानते थे और हमें इस बात की समझ नहीं थी कि हम कौन हैं। हमारी एकमात्र ज़िम्मेदारी है कि हम उस व्यक्ति के हित में निर्णय लें, जो हम अब हैं।

इसका समाधान कैसे करें?

यह स्वीकार करने के लिए तैयार रहें कि शायद आपकी 'सफलता की कहानी' वैसी नहीं है, जैसा आपने कभी सोचा था।

हो सकता है कि आप वास्तव में जिस तरह की सफलता चाहते हैं, वह हर दिन शांति महसूस करना हो, या अपने जीवन में काम करने के

बजाय यात्रा करना हो। हो सकता है कि सफलता का अर्थ आपके लिए समृद्ध दोस्ती या ख़ुशहाल रिश्ते हों। हो सकता है कि 10 साल पहले आपने जिस बिज़नेस को करना शुरू किया था, वह दरअसल वह बिज़नेस ही न हो, जिसमें आप बने रहना चाहते हों। हो सकता है कि जिस काम के बारे में आपने सोचा था कि वह आपको पसंद आएगा, उसे आप उतनी सहजता से नहीं कर पा रहे हैं, जितनी आपने उम्मीद की थी।

हमारे लिए जो सही नहीं है, जब हम उसे छोड़ देते हैं, तो हम यह जानने के लिए जगह बनाते हैं कि सही क्या है, हालाँकि, ऐसा करने के लिए हमें अपने घमंड को दरकिनार करने और स्थितियों को उनकी असलियत के हिसाब से देखने के लिए बहुत हिम्मत दिखाने ज़रूरत होती है।

दूसरों को आँकना

हम सभी जानते हैं कि गॉसिप करना या दूसरों के जीवन और विकल्पों को अपनी नज़र से आँकना, लोगों से जुड़ने का स्वस्थ या सकारात्मक तरीक़ा नहीं है। जितना हम समझते हैं, यह उससे कहीं ज़्यादा हमारा नुक़सान करता है, क्योंकि यह हमारी अपनी सफलता में बाधा बनता है।

अगर हमें किसी अन्य व्यक्ति की तरह सफल न होने पर बुरा लगता है, तो हो सकता है कि हम ख़ुद को बेहतर महसूस कराने के लिए उनके बारे में कुछ नकारात्मक बातें खोजने लग जाएँ। अगर हम हर बार हमसे ज़्यादा सफल व्यक्ति से मिलने पर ऐसा करते हैं, तो हम उस सफलता के स्तर को अपनी नापसंदगी से जोड़ना शुरू कर देते हैं। जब हमें अपने जीवन को आगे बढ़ाने के लिए क़दम उठाने का समय आता है, तो हम ऐसा करने से बचते हैं, क्योंकि ज़्यादा सफल होने से हमारी आत्म-संकल्पना में दरार पैदा होगी।

दूसरे मामलों में, आपने अपने आस-पास के लोगों को दूसरों को बुरा-भला कहते सुना होगा, जिनके पास पैसे होते हैं। उन्होंने शायद कुछ ऐसा कहा होगा, "अरे, अमीर लोग सबसे बुरे होते हैं।" हो सकता है कि उन्होंने सभी अमीर लोगों को नैतिक रूप से भ्रष्ट बताया हो। यह व्यापक चरित्र-चित्रण आपके अवचेतन में ख़ुद को सील कर लेता है, और अब आप पाते हैं कि आप ख़ुद को आर्थिक रूप से स्वस्थ होने के अपने प्रयासों

को विफल कर रहे हैं, क्योंकि आप इसे अपराधबोध और नापसंद किए जाने से जोड़ते हैं।

अन्य मामलों की बात करें तो, आपने शायद अपने आस-पास के लोगों को पैसे वाले लोगों को भला-बुरा कहते सुना होगा। उन्होंने शायद कुछ ऐसा कहा होगा, "अरे, अमीर लोग बहुत बुरे होते हैं।" हो सकता है कि उन्होंने सभी अमीर लोगों को नैतिक रूप से भ्रष्ट बताया हो। यह व्यापक चरित्र-चित्रण आपके अवचेतन में बैठ जाता है, और अब आर्थिक रूप से मज़बूत बनने के प्रयासों को विफल हो रहे हैं, क्योंकि आप इसे अपराध-बोध और नापसंद किए जाने से जोड़ते हैं।

जब हम दूसरों के लिए के लिए कोई व्यक्तिगत निर्णय दे देते हैं, तो वे नियम बन जाते हैं, जिनका हमें भी पालन करना होता है। हमारे पास जो नहीं है, उस आधार पर दूसरों को आँकने या उनसे ईर्ष्या करने से हम किसी और को कम, लेकिन अपने आपको अधिक नुक़सान पहुँचाते हैं।

इसका समाधान कैसे करें?

बहुत से लोग कहते हैं कि दूसरों से प्यार करने से पहले आपको ख़ुद से प्यार करना होगा, लेकिन सच बात तो यह है कि अगर आप दूसरों से प्यार करना सीख जाते हैं, तो आप अपने आपसे भी प्यार करने लगेंगे।

किसी के प्रति कोई धारणा न बनाते हुए दूसरों के लिए व्यक्तिगत निर्णय न देने का अभ्यास करें। किसी व्यक्ति के बारे में आपके पास जो सीमित जानकारी है, उसके आधार पर उसके बारे में निष्कर्ष पर पहुँचने के बजाय, इस बात पर विचार करें कि आप उस व्यक्ति की पूरी तसवीर नहीं देख रहे हैं और उसकी पूरी कहानी भी नहीं जानते हैं।

जब आप दूसरों के जीवन को सहानुभूतिपूर्वक देखते हैं, तो आप अपने जीवन के प्रति भी अधिक दयालु हो जाते हैं। जब आप किसी ऐसे व्यक्ति को देखते हैं, जिसके पास वह चीज़ है, जो आप चाहते हैं, तो उसे बधाई दें, भले ही यह पहले-पहले कठिन लगे। यह आपको वापस अतीत में ले जाएगा और आपको भी उस चीज़ प्राप्त करने के रास्ते खोल देगा।

घमंड

हमारे कई निहायत ख़राब निर्णयों में अक्सर हमारा घमंड शामिल होता है।

कभी-कभी, हम जानते हैं कि यह रिलेशनशिप ग़लत है, लेकिन उसे छोड़ने की शर्मिंदगी उस रिलेशनशिप में बने रहने से भी बदतर महसूस होती है। कभी-कभी हम कोई बिज़नेस शुरू करते हैं और फिर हमें लगने लगता है कि हमें यह बहुत पसंद नहीं है या हम यह स्वीकार ही नहीं करना चाहते कि हमें इसमें बदलाव करने या मदद माँगने की ज़रूरत है। इन मामलों में हमारा अहंकार आड़े आ रहा है। हम वास्तव में कैसे हैं, हम उस आधार पर निर्णय लेने की बजाय इस कल्पना के आधार पर फ़ैसला करते हैं कि लोग हमारे जीवन को किस तरह से देखते हैं। यह न केवल ग़लत है, बल्कि यह बहुत नुक़सानदायक भी है।

इसका समाधान कैसे करें?

अपने अहंकार या घमंड पर क़ाबू पाने के लिए हमें स्वयं को अधिक समग्रता और ईमानदारी से देखना शुरू करना होगा।

हमें यह नहीं सोचना है कि हमें अपने आस-पास के सभी लोगों को यह साबित करने की ज़रूरत है कि हम कितने परिपूर्ण और दोषरहित हैं, बल्कि हम अपने बारे में अधिक यथार्थवादी तरीक़े से कल्पना कर कर सकते हैं: ऐसे व्यक्ति के रूप में, जो अपनी कमज़ोरियों के बावजूद अपना सर्वश्रेष्ठ प्रयास कर रहा है। अंत में, जो ग़लत है, उसे पकड़कर रखना कहीं ज़्यादा बुरा लगता है, क्योंकि आप इस बात की परवाह करते हैं कि दूसरे क्या सोचते हैं, जबकि आपको उसे छोड़ देना चाहिए, क्योंकि ऐसा करना ही आपके लिए सही है। अगर आप यह स्वीकार कर सकते हैं कि आप एक अपूर्ण व्यक्ति हैं - हर किसी की तरह - तो लोग आपको सीखते हुए, अनुकूलन करते हुए, और अपना सर्वश्रेष्ठ प्रयास करते हुए देखकर आपका बहुत अधिक सम्मान करेंगे।

इस मानसिकता को अपनाने से आप ख़ुद को सीखने के लिए भी खोलते हैं। आप सब कुछ जानते हैं या आपको परिपूर्ण दिखने की ज़रूरत है, यह सोचना छोड़कर आप स्वीकार कर सकते हैं कि आप कहाँ ग़लत

हो रहे हैं और फिर सहायता भी माँग सकते हैं, और कभी-कभी दूसरों पर निर्भर भी हो सकते हैं। ऐसा करके आप अपने आपको फिर से प्रगति के लिए खोलते हैं और इससे आपका जीवन आगे चलकर बेहतर होता है।

सफल होने का अपराध-बोध

इतने दर्द, भय और दुर्भाग्य से भरी दुनिया में, हम कौन होते हैं, जो ख़ुशहाल और समृद्ध जीवन जी सकें?

यही वह विचार प्रक्रिया है, जिससे बहुत से लोग गुज़रते हैं। लोगों के सामने सबसे बड़ी मानसिक बाधाओं में से एक है अपराध-बोध, जो पर्याप्त या ज़रूरत से ज़्यादा चीज़ें मिलने पर आता है। यह कई अलग-अलग स्रोतों से आ सकता है, लेकिन अंततः यह इस भावना पर आकर ख़त्म होता है कि आप इसे पाने के 'हक़दार नहीं हैं'।

यह भावना अक्सर तब आती है, जब हम ज़्यादा पैसे कमाने लगते हैं या हमारे पास अच्छी चीज़ें आने लगती हैं। अक्सर, लोग अपनी ज़्यादा आय को बिना सोचे-समझे मनमाने ढंग से ख़र्च करके या अपने ग्राहकों या कार्य-भार के बारे में लापरवाह बनकर नुक़सान पहुँचाते हैं, क्योंकि वे बुनियादी ज़रूरतों से ज़्यादा पाने में सहज नहीं होते हैं, और इसीलिए वे ख़ुद को फिर से अभाव की आरामदायक भावना में डाल देते हैं।

जब सफलता की बात आती है, तो दुर्भाग्यवश अपराध-बोध एक आम भावना है, ख़ासकर अच्छे नेकदिल लोगों के लिए, जो सही काम करना चाहते हैं और प्रामाणिक जीवन जीना चाहते हैं।

इसका समाधान कैसे करें?

कृपया समझें कि अधिकतर अत्यधिक सफल लोगों में किसी भी तरह का अपराध-बोध नहीं होता। सच कहा जाए तो, यह भावना आम तौर पर तभी आती है, जब आप अपर्याप्तता और आख़िरकार पर्याप्त होने के बीच क़दम रख रहे होते हैं।

आपको यह समझना होगा कि पैसा और सफलता साधन हैं। वे आपको समय वापस देते हैं और आपको दूसरों की मदद करने, उन्हें रोज़गार

देने, प्रभावित करने और उनके जीवन को बदलने का अवसर प्रदान करते हैं। अपनी सफलता को एक स्थिति विभेदक (स्टेटस डिफ़रेंशिएटर) के रूप में देखने की बजाय एक साधन के रूप में देखें, जिसके साथ आप दुनिया और अपने जीवन में महत्त्वपूर्ण और सकारात्मक परिवर्तन ला सकते हैं, क्योंकि सफलता को स्टेटस डिफ़रेंशिएटर समझने से आपको हमेशा बुरा और असहज महसूस होता रहेगा।

विफल होने का डर

हम कितनी ही बार कुछ करने की कोशिश भी नहीं करते, क्योंकि हमें शर्मिंदा होने या तुरंत विफल होने का डर होता है?

विफल होने का डर अक्सर कुछ ऐसा होता है, जो लोगों को किसी विशिष्ट काम में वास्तव में बड़ा बनने के लिए आवश्यक प्रयास करने से रोकता है, लेकिन यह एक और, अधिक धूर्त रूप भी धर सकता है। एक बार जब हम अपने जीवन में कुछ नया स्थापित कर लेते हैं, तो यह डर एक निरंतर तर्कहीन चिंता के रूप में सामने आ सकता है। हमें यह चिंता सता सकता है, हम 'कुछ खो रहे हैं', कि हमारा साथी बेवफ़ा हो रहा है, या कि हम सब कुछ खोने से बस एक क़दम दूर हैं।

ये भयावह विचार तब आते हैं, जब हम खुद को संभावित नुक़सान से बचाना चाहते हैं। ये विचार तभी आते हैं, जब हमारे पास आख़िरकार कुछ ऐसा होता है, जिसकी हमें परवाह है और जिसे हम वाक़ई अपने पास बनाए रखना चाहते हैं।

इसका समाधान कैसे करें?

कुछ नया और साहसी काम करने की कोशिश करते हुए विफल होना और काम करने के लिए आगे न बढ़ने, ज़िम्मेदारी न लेने के कारण विफल होने में अंतर है।

ये दो बहुत अलग अनुभव हैं और इन्हें आपके दिमाग़ में अलग-अलग रखना चाहिए।

शुरुआत में किसी काम में अच्छा प्रदर्शन न कर पाना या शायद हार का सामना करना जितना डरावना हो सकता है, कभी कोशिश न करने और जोखिम उठाने से हमेशा बचते रहने के कारण विफल होना उससे भी बदतर है। विफलता अपरिहार्य है, लेकिन आपको यह सुनिश्चित करना होगा कि ऐसा सही कारणों से हो।

जब हम अपनी लापरवाही के कारण विफल होते हैं, तो हम एक क़दम पीछे हो जाते हैं। जब हम इसलिए विफल होते हैं, क्योंकि हम कुछ नया करने की कोशिश कर रहे होते हैं, तो हम उस काम के एक क़दम और क़रीब पहुँच जाते हैं, जो कारगर साबित होगा।

कम महत्त्व देना

जब हम जीवन में अपनी सफलताओं को कम आँकते हैं, तो हम या तो ख़ुद को कम प्रभावशाली दिखाने की कोशिश कर रहे होते हैं, ताकि दूसरों को ख़तरा महसूस न हो और इसलिए वे हमें अधिक पसंद करें, या हम इस भावना से बचने की कोशिश कर रहे होते हैं कि हमने 'सफलता प्राप्त कर ली है', क्योंकि हम शिखर पर पहुँचने से डरते हैं।

हालाँकि, हममें से बहुत से लोग उस पल का इंतज़ार करते हैं, जब हमें लगे कि हम अंततः मनचाहे मक़ाम पर पहुँच गए हैं और सफलता के उन स्तरों को हासिल कर लिया है, जिन्हें हम मन से चाहते थे, लेकिन अक्सर हम उन्हें पाने के बाद महसूस करते हैं कि वे उतने शानदार या आकर्षक नहीं हैं या वे हमें उतना अच्छा महसूस नहीं कराते, जितना हमने सोचा था।

ऐसा कम करके आँकने के कारण होता है। 'इसे हासिल कर लिया' का विचार हमें डराता है कि अब हम शिखर पर पहुँच रहे हैं और इसलिए यहाँ से नीचे गिर जाएँगे। अगर हम स्वीकार करते हैं कि हम पहुँच गए हैं, तो अब हमारे क्या लक्ष्य बचे हैं? यह मृत्यु के समान भावना है, इसलिए हम काम करने के लिए कोई दूसरा साधन ढूँढते हैं।

इसी तरह, जब हम दूसरे लोगों के आस-पास होते हैं, तो हम अपने गर्वपूर्वक दृढ़ता से खड़े नहीं होते, क्योंकि हमें सिखाया जाता है कि यह एक बुरी बात है (और जब ख़राब तरीक़े से इसका प्रदर्शन किया जाए, तो यह

वास्तव में बुरा होता है)। हम जो महसूस कर रहे हैं, वह दूसरों से 'बेहतर' होने की भावना है, क्योंकि हमने कुछ हासिल किया है। यह हमें असहज बनाता है, क्योंकि हम जानते हैं कि यह असत्य और विद्वेषपूर्ण- दोनों है।

इसका समाधान कैसे करें?

हम अपनी उपलब्धियों और प्रतिभाओं से ख़ुश होते हुए भी दूसरों की विविध उपलब्धियों और प्रतिभाओं को स्वीकार कर सकते हैं और उनकी सराहना कर सकते हैं। तारीफ़ को नज़रअंदाज़ करने की बजाय, हम यह कहकर जवाब दे सकते हैं: "धन्यवाद, मैंने बहुत मेहनत की है, और मैं यहाँ आकर ख़ुश हूँ।"

अगर डर यह है कि हम बहुत जल्दी 'चरम' पर पहुँच रहे हैं, तो हमें प्रगति के अपने विचार को सुधारना होगा। हम बेहतर स्थिति में इसलिए नहीं पहुँचते हैं कि फिर से ख़राब स्थिति में गिर जाएँ। हम किसी चीज़ को सिर्फ़ इसलिए हासिल नहीं करते कि उसे खो दें और वापस उसी स्थिति में आ जाएँ, जिसमें हम पहले थे। यह प्रवृत्ति आत्म-विनाशकारी व्यवहार है, जो हमें हमारे पुराने कंफ़र्ट-ज़ोन में ही रखना चाहता है।

इसके बजाय, हम यह स्वीकार कर सकते हैं कि जब हमारे जीवन का एक हिस्सा बेहतर होता है, तो यह बाक़ी सभी बातों पर भी असर डालता है। जब हम एक चीज़ हासिल करते हैं, तो हम भविष्य का सामना करने के लिए बेहतर तरीक़े से तैयार होते हैं। जैसे-जैसे हम उस पर काम करते रहते हैं, जीवन धीरे-धीरे बेहतर होता जाता है, स्थिति तब और भी ख़राब हो जाती है, जब हम कुछ हासिल करने के बाद अपनी शक्ति से भयभीत होकर उस काम को करना बंद कर देते हैं।

ख़राब आदतें

यह सबसे आम तरीक़ा है, जिससे लोग अपनी सफलता को नुक़सान पहुँचाते हैं। वे ऐसी आदतें बनाए रखते हैं, जो उन्हें लक्ष्यों से दूर रखती हैं।

यह तब होता है, जब कोई व्यक्ति यह घोषित करता है कि वह बेहतर आकार में रहना चाहता है, लेकिन इसके लिए वह हर दिन कोई प्रयास

नहीं करता, अपने भीतर कुछ भी बदलाव नहीं लाता या जब वह पेशेवर रूप से बदलाव करना चाहता है, लेकिन ऐसा करने के लिए ऐसे उपाय तलाशता है, जिससे वास्तविक बदलाव असंभव नहीं, तो कठिन ज़रूर हो जाता है।

इन सभी व्यवहारों के मूल में यह तथ्य है कि हमारे मानस का एक हिस्सा समझता है कि हमें अपने जीवन में आगे बढ़ना चाहिए और प्रगति करनी चाहिए, जबकि दूसरा हिस्सा संभावित असुविधा से भयभीत रहता है। इसके कारण आम तौर पर इतना आंतरिक तनाव और हताशा होने लगती है कि व्यक्ति के लिए ब्रेकिंग पॉइंट आ जाता है और वहाँ से बदलाव शुरू होता है।

तो लक्ष्य यह है कि इससे पहले कि आप उन तरीक़ों के बारे में जागरूक हों, जो आपको शांतिपूर्वक और आराम से जीवन जीने से रोक रहे हैं, आप अपने जीवन में किसी संकट के बिंदु पर *न* पहुँचें।

इसका समाधान कैसे करें?

अपने स्वास्थ्य को अपने हिसाब से निर्धारित करें। आपके लिए स्वस्थ जीवन कैसा होना चाहिए? इससे आपको कैसा महसूस होगा और इसके लिए आप क्या करेंगे?

केवल किसी अन्य की सेहतमंदी की परिभाषा पर भरोसा करना ठीक नहीं है, ख़ासकर इसलिए, क्योंकि हम सभी अलग-अलग व्यक्ति हैं, हम सबकी ज़रूरतें, प्राथमिकताएँ और दिनचर्या अलग-अलग हैं।

इसके बजाय, यह पता लगाएँ कि आपको सबसे अच्छा क्या लगता है। तय करें कि स्वस्थ भोजन, व्यायाम और नींद का कौन सा संयोजन आपके लिए सही है, और उस पर टिके रहें। बहुत सी चीज़ों की तरह, स्वस्थ आदतें धीरे-धीरे ही बनती और बनी रहती हैं। सुबह 6 बजे जिम में एक घंटा बिताने के लिए ख़ुद को मजबूर करने के बजाय, 15 मिनट जिम करने की कोशिश करें, या किसी ऐसी क्लास में जाएँ, जिसे आप वास्तव में पसंद करते हैं, या ऐसे समय पर जाएँ, जो आपके शेड्यूल के हिसाब से बेहतर हो।

अपने लिए सफल होना आसान बनाएँ। अपना भोजन स्वयं बनाएँ या अपने डेस्क के पास पानी रखें, ताकि आप दिनभर उसे पी सकें। धीरे-धीरे ख़ुद को स्वस्थ आदतों को प्राथमिकता देने के लिए तैयार करें, जिससे आपकी जीवन-शैली को लाभ होगा।

'व्यस्त' रहना

एक और बहुत ही आम तरीक़ा, जिससे लोग अपना नुक़सान करते हैं, वह है अपने जीवन से कटने की हद तक अपने ध्यान को भटकाना।

जो लोग लगातार 'व्यस्त' रहते हैं, वे अपने आपसे भाग रहे होते हैं।

कोई भी व्यक्ति तब तक 'व्यस्त' नहीं होता, जब तक कि वह व्यस्त रहना न चाहे, और आप यह जानते होंगे बहुत से लोग, जिनके शेड्यूल बहुत व्यस्त होते हैं, वे कभी भी अपने बारे में इस तरह कहना-सुनना नहीं चाहते, क्योंकि 'व्यस्त' रहना कोई गुण नहीं है, यह केवल दूसरों को संकेत देता है कि आप अपने समय या अपने कार्यों का प्रबंधन करना नहीं जानते हैं।

व्यस्त रहना अहमियत को दर्शाता है, इससे अक्सर आप दूसरों के लिए थोड़ा अछूत बन जाते हैं। यह शरीर पर भी इतना दबाव डालता है कि वह केवल अपने कामों पर ही ध्यान केंद्रित कर पाता है। व्यस्त रहना, जो वास्तव में ग़लत है, उससे अपना ध्यान हटाने का एक बढ़िया तरीक़ा है।

इसका समाधान कैसे करें?

अगर आपका शेड्यूल मैनेज नहीं हो पा रहा है, तो आप कभी भी उतने प्रभावी या उत्पादक नहीं हो पाएँगे, जितने आप हो सकते हैं। अगर ऐसा है, तो आपका पहला काम अपने कामों को महत्व के हिसाब प्राथमिकता देना होगा, उन्हें व्यवस्थित करना होगा, बाक़ी के कामों को दूसरों को सौंपना होगा और फिर बाक़ी सब कुछ छोड़ देना होगा।

अगर आपकी समस्या यह है कि आप जान-बूझकर, बेवजह अपने दिन को अव्यवस्थित और व्यस्ततापूर्ण बनाते हैं, तो आपको अपनी दिनचर्या के साथ सहज होना होगा, इसे सरल बनाना होगा। अपने उन शीर्ष 5 कार्यों

को लिखना शुरू करें, जिन्हें हर दिन करना ज़रूरी है, और फिर उन्हें और केवल उन्हें ही पूरा करने पर ध्यान केंद्रित करें।

आपको व्यस्त रहने से मिलने वाली 'सुरक्षा' की भावना का सामना करना पड़ सकता है। क्या व्यस्त रहना आपको दूसरों की तुलना में अधिक महत्त्वपूर्ण महसूस कराता है? क्या यह आपको विभिन्न योजनाओं को 'नहीं' कहने या कुछ लोगों से बचने का बहाना देता है? आपको इन भावनाओं से निपटने के लिए स्वस्थ और अधिक उत्पादक तरीक़े खोजने की आवश्यकता है, जैसे कि आप जो करते हैं, उसमें आत्मविश्वास प्राप्त करना, कुछ ऐसा करना, जिस पर आपको गर्व हो, या रिश्तों में अपनी सीमाओं और ज़रूरतों को शांति से, लेकिन स्पष्ट रूप से ज़ाहिर करना।

ग़लत लोगों के साथ समय बिताना

यह सच है कि हमारे जीवन के बहुत बड़े हिस्से को वे लोग आकार देते हैं, जिनके साथ हम इसे बिताते हैं, और जिन लोगों के साथ आप अपना समय बिताते हैं, वह भी आत्म-विनाश का एक कारण हो सकता है।

निश्चित रूप से आप ऐसे लोगों के बारे विचार कर सकते हैं, जो आपको तनाव देते हैं, आपको असुरक्षित महसूस कराते हैं, और फिर भी वे आपके पास पलट के आते रहते हैं। ये रिश्ते विषाक्तता वर्णक्रम (टॉक्सिसिटी स्पैक्ट्रम) के कम हानिकारक छोर पर मौजूद हैं, लेकिन फिर भी वे आत्म-विनाशक तो हैं ही।

अगर आप ख़ुद को किसी ख़ास दोस्ती या रिश्ते में उलझा हुआ पाते हैं, जो आपको 'कमतर' या 'ईर्ष्या' की भावना का आदी बना रहा है, तो आपको धीरे-धीरे इससे बाहर निकलना होगा। आपको मतलबी, असभ्य या किसी को भी अपने जीवन से बाहर निकालने की ज़रूरत नहीं है।

पर, आपको यह समझना होगा कि जिन लोगों के साथ आप सबसे ज़्यादा समय बिताते हैं, वे आपके भविष्य को ऐसा आकार देंगे, जिसे बदला नहीं जा सकेगा और इसलिए आपको उन्हें बुद्धिमानी से चुनना चाहिए।

इसका समाधान कैसे करें?

ऐसे लोगों का समूह बनाने पर काम करें, जो आपका समर्थन करते हैं, सहयोग करते हैं और आपको प्रेरित करते हैं, जिनके लक्ष्य आपके जैसे हैं और जो आपके साथ समय बिताना पसंद करते हैं। किसी भी मिलन समारोह से जब आप बाहर निकलें, तो आपको ऊर्जावान और प्रेरित महसूस होना चाहिए, न कि थकावट और नाराज़गी होनी चाहिए।

अपने दोस्तों का समूह ढूँढने-बनाने में समय लगता है, और हो सकता है कि आप इसे एक ही बार में न कर पाएँ। इसकी शुरुआत किसी ऐसे व्यक्ति को कॉफ़ी पर ले जाने से हो सकती है, जिसे आप पसंद करते हैं, या किसी ऐसे व्यक्ति के साथ कुछ करने की कोशिश करनी होगी, जिससे आप फिर से जुड़ना चाहते हैं। धीरे-धीरे, लेकिन ईमानदारी से अपने संबंधों को फिर से बनाएँ और फिर जितना हो सके, उन्हें बढ़ावा दें और उनकी परवाह करें।

अतार्किक भय और कम संभावित परिस्थितियों के बारे में चिंता करना

एक और बहुत ही आम तरीक़ा, जिससे लोग अनजाने में ही अपना नुक़सान करते हैं, वह है अपने आपको अत्यंत बुरी स्थिति होने के डर से घेर लेना।

आप शायद इससे परिचित होंगे, कम से कम कुछ हद तक: आपके पास एक अजीब या बेहद असंभव विचार है, जो आपके दिमाग़ में भय, आतंक और 'कयामत' के परिदृश्यों की एक श्रंखला बनाता है, फिर आप इस हद तक उस विचार पर बार-बार लौटते हैं कि यह आपके जीवन के कुछ हिस्से को भी नियंत्रित करने लगता है।

तर्कहीन, ख़ासतौर पर वे भय, जिनकी वास्तविकता में परिवर्तित होने की बहुत कम संभावना होती है, अक्सर वही होते हैं, जिन पर हम वास्तविक भय को आरोपित करते हैं। ये तर्कहीन भय सुरक्षित होते हैं, क्योंकि हम बहुत अच्छी तरह से जानते हैं कि वे घटित नहीं होने वाले हैं। वे प्लेसहोल्डर हैं, हमारे लिए उस भावना को व्यक्त करने का एक तरीक़ा

है, जो हम वास्तव में किसी ऐसी चीज़ पर रखते हैं, जिसके बारे में हम जानते हैं कि वह घटित नहीं होने वाली है।

जब आप स्वयं को भय के चक्र में पाते हैं तथा लगातार किसी अजीब, बेतरतीब या महत्त्वहीन परिस्थिति या स्थिति को दोहराते रहते हैं, जिसकी वास्तविकता बनने की बहुत कम संभावना होती है, तो स्वयं से पूछें कि क्या आपके मन में इससे संबंधित ऐसी ही किसी स्थिति के बारे में कोई भावना है, जो वास्तव सच है, तर्कसंगत है।

उदाहरण के लिए, अगर आप कार में पेसैंजर बनकर सफ़र करने से चिंतित होते हैं, तो विचार करें कि क्या आपका डर 'आगे बढ़ते जाने' का है या 'नियंत्रण से बाहर' होने का या, अगर आपको अपनी नौकरी से निकाले जाने की चिंता है, तो डर वास्तव में यह विचार हो सकता है कि आप दूसरी नौकरी के लायक़ नहीं हैं या किसी उच्च अधिकारी द्वारा अपमानित किए जाने का।

इसका समाधान कैसे करें?

किसी बहुत बुरी स्थिति को नियंत्रित करने की कोशिश में अपनी सारी ऊर्जा बर्बाद करने के बजाय, इस बात पर विचार करें कि इस भय का संदेश क्या हो सकता है और यह आपको आख़िर क्या बता रहा है कि आपको जीवन में क्या चाहिए।

अगर डर एक अमूर्त रूपक होता, तो इसका क्या मतलब होता? क्या आय का अचानक ख़त्म हो जाना आपकी सुरक्षित रहने की इच्छा का प्रतीक है? क्या भविष्य का डर इस बात का प्रतीक है कि आप अभी पूरी तरह से नहीं जी पा रहे हैं? क्या निर्णय लेने को लेकर होने वाली चिंता इस बात का प्रतीक है कि आप वास्तव में जो चाहते हैं, उसे चुनने से डरते हैं?

जिन बातों से हम सबसे ज़्यादा डरते हैं, उनके मूल में वह संदेश है, जिसके माध्यम से हम ख़ुद को उस स्थिति के बारे में बताने की कोशिश कर रहे हैं, जिसकी हमें वास्तव में परवाह है। अगर हम पहचान सकें कि हम क्या सुरक्षित रखना चाहते हैं, तो उसके बचाए रखने के लिए स्वस्थ और अधिक सुरक्षित तरीक़े खोज सकते हैं।

कैसे पता करें कि आप आत्म–विनाश के चक्र में फँसे हैं?

भले ही आप आत्म–विनाशकारी व्यवहारों को संज्ञानात्मक रूप से समझ सकते हों, लेकिन कभी–कभी अपना दृष्टिकोण बदलना बहुत कठिन होता है कि हम उनमें शामिल हैं।

वास्तव में, कभी–कभी संकेत इतने सूक्ष्म होते हैं कि उन्हें पहचान पाना कठिन होता है और अक्सर तब तक हमारा ध्यान उन पर नहीं जाता, जब तक कि वे अत्यधिक समस्याकारक न हो जाएँ या कोई और उनकी ओर इशारा न करे। आत्म–विनाश के कुछ सबसे प्रमुख लक्षण इस प्रकार हैं :

आप जो चाहते हैं, उससे ज़्यादा जो नहीं चाहते, उसके बारे में सचेत रहते हैं।

आप अपना अधिकतर समय चिंता करने, चिंतन करने और जो घटित नहीं होने देना चाहते , उस पर अपना ध्यान केंद्रित करते हैं, जो घटित कराना चाहते हैं उसकी कल्पना करने, रणनीति और योजना बनाने पर आपका ध्यान नहीं होता।

जो लोग आपको प्यार करते हैं, और आप जैसे हैं, वैसे ही आपको स्वीकार करते हैं उन लोगों के साथ समय बिताने के बजाय जो आपको पसंद नहीं करते, ऐसे लोगों को प्रभावित करने में आप अपना समय बिताते हैं।

आप एक ऐसे व्यक्ति के रूप में प्रगति करने पर अधिक ध्यान केंद्रित कर रहे हैं, जो आपके कथित दुश्मनों में ईर्ष्या जगाए, आपका ध्यान एक ऐसा व्यक्ति बनने पर नहीं है, जो अपने परिवार और दोस्तों का प्रिय हो और चाहे कुछ भी हो जाए, उन्हें प्राथमिकता दे।

सच्चाई से मुँह मोड़ना

आप अपने जीवन के बारे में बुनियादी तथ्य नहीं जानते, जैसे कि आप पर कितना क़र्ज़ है या आपके कार्य–क्षेत्र के अन्य लोगों को इसी तरह के काम के लिए कितना भुगतान किया जा रहा है। जब आप किसी बहस में पड़

जाते हैं, तो ग़लती को स्वीकार करके उसका समाधान निकालने की बजाय उससे पीछा छुड़ाते हुआ भागते फिरते हैं। दूसरे शब्दों में, आप वस्तुस्थिति को अस्वीकार करते हैं, और इसलिए ठीक होने की कोई भी उम्मीद व्यर्थ है

आप वास्तव में ठीक होने की अपेक्षा अन्य लोगों को यह विश्वास दिलाने में अधिक रुचि रखते हैं कि आप ठीक हैं।

आप ऐसी तसवीरें पोस्ट करना पसंद करेंगे, जिससे लगे कि आपने बहुत अच्छा समय बिताया, वास्तव में आपको इस बात पर ध्यान देना चाहिए कि आपने अच्छा समय बिताया या नहीं। जो लोग आपकी मदद करना चाहते हैं, आप ईमानदार बनकर उन लोगों से जुड़ने की बजाय सभी को यह समझाने की कोशिश में अधिक प्रयास करते हैं कि आपके साथ सब कुछ अच्छा चल रहा है।

जीवन में आपकी मुख्य प्राथमिकता यह है कि आपको पसंद किया जाए, भले ही इसके लिए आपको ख़ुश रहने की क़ीमत ही क्यों न चुकानी पड़े।

आप इस बारे में अधिक सोचते हैं कि क्या आपके कार्यों को 'लोगों' (वैसे ये 'लोग' कौन हैं?) की मंज़ूरी मिलेगी या नहीं, बजाय इसके कि क्या वे वास्तव में आपको संतुष्ट महसूस कराएँगे या नहीं।

आपको अपनी भावनाओं से बहुत डर लगता है।

यदि आप जीवन के सबसे बिंदु पर पहुँच गए हैं, जहाँ पर आपको इस बात का डर लगता है कि आप बेहद डरावनी और नुक़सानदायक स्थितियों में अपनी भावनाओं को सँभाल नहीं पाएँगे या नहीं, तो आप स्वयं अपनी राह में रोड़ा अटका रहे हैं, और कुछ नहीं।

आप अपने लक्ष्य के पीछे आँखें मूँदकर भाग रहे हैं, बिना अपने आपसे यह पूछे कि आप उन चीज़ों को क्यों चाहते हैं।

यदि आप 'वह सब कुछ कर रहे हैं, जो आपको करना चाहिए' और फिर भी दिन बीतते-बीतते आप ख़ालीपन और उदासी महसूस करते हैं, तो समस्या

शायद यह है कि आप वास्तव में वह नहीं कर रहे हैं, जो आप करना चाहते हैं, आपने ख़ुशी के लिए किसी अन्य की स्क्रिप्ट अपना ली है।

आप अपनी समस्या से निपटने वाली प्रणाली को ही समस्या मान रहे हैं।

ज़रूरत से ज़्यादा खाने, ख़र्च करने, शराब पीने, सेक्स करने जैसी जिस भी आदत को आप सुधारना चाहते हैं, उसके लिए इन सबको नियंत्रित करने के लिए अपने आपसे युद्ध करने की बजाय ख़ुद से पूछें कि यह आदत आपकी किस भावनात्मक ज़रूरत को पूरा कर रही है। जब तक आप ऐसा नहीं करेंगे, तब तक आप हमेशा संघर्ष ही करते रहेंगे।

आप अपनी क्षमता से अधिक अपने संदेह को महत्त्व देते हैं।

नकारात्मकता का पूर्वाग्रह हमें यह विश्वास दिलाता है कि 'बुरी' चीज़ें अच्छी चीज़ों के मुक़ाबले अधिक वास्तविक हैं, और जब तक हम इस प्रवृत्ति पर नियंत्रण नहीं रखते, तब तक हम यह मानते रहते हैं कि हम जिस चीज़ के सच होने से डरते हैं, वह वास्तव में सच होने वाली अच्छी चीज़ों से ज़्यादा वास्तविक है।

आप हर चीज़ की परवाह करने की कोशिश कर रहे हैं।

आपकी इच्छाशक्ति एक सीमित संसाधन है। आपके पास एक दिन में यह सीमित ही होती है। हर बात में अच्छा बनने की कोशिश करने के लिए अपनी इच्छाशक्ति का इस्तेमाल करने की बजाय, तय करें कि आपके लिए सबसे ज़्यादा क्या मायने रखता है। अपना ध्यान उसी पर केंद्रित करें और बाक़ी सब चीज़ों को छोड़ दें।

आप किसी अन्य का इंतज़ार कर रहे हैं, जो आपके लिए अवसर बनाए, मंज़ूरी दे, या आपको आपका मनवांछित जीवन सौंपे।

हम इस भ्रम के साथ बड़े होते हैं कि सफलता वही होती है, जो सबसे योग्य, प्रतिभाशाली या विशेषाधिकार प्राप्त लोगों को मिलती है, हालाँकि, जब हम सफल होते हैं, तो हमें पता चलता है कि सफलता उन लोगों द्वारा

निर्मित होती है, जो अपनी रुचियों, जुनून, कौशल और मार्केट-गैप को अच्छी तरह समझ पाते हैं। थोड़ी सी दृढ़ता दिखाइए, हार मान लेना विफल होने का एकमात्र तरीक़ा है।

आपको एहसास नहीं है कि आपने कितनी प्रगति कर ली है।

आज आप वह व्यक्ति नहीं हैं, जो आप पाँच साल पहले थे। आप आत्म-छवि के अनुसार विकसित होते हैं, इसलिए सुनिश्चित करें कि यह वह छवि सटीक हो। अपने आप को उन सभी बाधाओं का श्रेय दें, जिन्हें आपने कभी नहीं सोचा था कि आप पार कर लेंगे। जिस सफलता के बारे में आपने सोचा भी नहीं था, उसे हासिल कर लेने पर भी अपने आपको श्रेय दें। आप जितना सोच रहे हैं, उससे कहीं ज़्यादा आगे आ गए हैं, और आप जितना समझ रहे हैं, उससे कहीं ज़्यादा मंज़िल के क़रीब पहुँच गए हैं।

अपनी अवचेतन प्रतिबद्धताओं को पहचानें

हम अक्सर तीव्र आंतरिक संघर्ष या आत्म-विनाश का अनुभव करते हैं, इसका एक कारण हमारी प्रमुख प्रतिबद्धताएँ (कोर कमिटमेंट्स) होती हैं, जो आपके जीवन का प्राथमिक उद्देश्य या इरादा है।

आपकी अवचेतन प्रतिबद्धताएँ मूल रूप से वही हैं, जो आप सबसे अधिक चाहते हैं और अक्सर आपको उनके बारे में पता भी नहीं होता। आप अपनी मुख्य प्रतिबद्धताओं की पहचान उन चीज़ों को देखकर कर सकते हैं, जिनसे आपको सबसे ज़्यादा संघर्ष करना पड़ता है और जिन चीज़ों से आप सबसे ज़्यादा प्रेरित होते हैं। यदि आप प्रत्येक के प्रति अपनी प्रेरणाओं की परतों को हटा सकते हैं, तो आपको एक मूल कारण मिलेगा। जब आपको हर चीज़ के लिए एक ही मूल कारण मिल जाता है, तो आपको एक अपनी मूल प्रतिबद्धता मिल जाती है।

लोग तभी तक तर्कहीन और मनमौज़ी लगते हैं, जब तक आप यह नहीं समझते कि वे मूलतः किसके प्रति प्रतिबद्ध हैं।

उदाहरण के लिए, अगर किसी की मुख्य प्रतिबद्धता आज़ाद महसूस करने की है, तो वह व्यक्ति आज़ादी पाने के लिए काम के अवसरों को ठुकरा सकता है, अपने काम को नुक़सान पहुँचा सकता है। अगर किसी की मुख्य प्रतिबद्धता यह है कि उसे चाहा जाए, तो वह ख़ुद को ऐसे रिश्तों की श्रंखला में बाँधेगा, जिसमें उसके गहरे संबंध हैं, लेकिन वह इस डर से प्रतिबद्धताएँ जताने से इंकार करता है कि कहीं रिश्तों का जोश 'ठंडा' न पड़ जाए। अगर किसी की मुख्य प्रतिबद्धता अपने जीवन पर नियंत्रण रखना है, तो ऐसे लोगों को उन बातों या स्थितियों को लेकर बेवजह चिंता हो सकती है, जो नियंत्रण खोने को *दर्शाती* हैं। अगर किसी की मुख्य प्रतिबद्धता दूसरों से प्यार पाना है, तो वे लोग जीवन के कुछ क्षेत्रों में असहाय होने का दिखावा कर सकते हैं, क्योंकि अगर दूसरों को उनकी *ज़रूरत* नहीं है, तो उन्हें *छोड़ा* जा सकता है।

लेकिन यह समझना ज़रूरी है कि आपकी मूल प्रतिबद्धताएँ वास्तव में मूल ज़रूरतों को छिपाने का एक तरीक़ा हैं। आपकी मूल ज़रूरत आपकी मूल प्रतिबद्धता से उलट है। आपकी मूल ज़रूरत से आपका *उद्देश्य* भी पहचाना जा सकता है। उदाहरण के लिए, यदि आपकी अवचेतन मूल प्रतिबद्धता नियंत्रण में रहना है, तो आपकी मूल ज़रूरत भरोसा है। यदि आपकी अवचेतन मूल प्रतिबद्धता यह है कि दूसरों को आपकी ज़रूरत बनी है, तो आपकी मूल ज़रूरत यह जानना है कि आपको चाहा जाता है। यदि आपकी अवचेतन मूल प्रतिबद्धता यह है कि दूसरे आपसे प्यार करें, तो आपकी ज़रूरत है आत्म-प्रेम।

आप अपनी मूल ज़रूरत को जितना कम पूरा करेंगे, आपकी मूल प्रतिबद्धता के लक्षण उतने ही 'उभरेंगे'।

यदि आप एक ऐसे व्यक्ति हैं, जिसे भरोसा चाहिए और इसलिए नियंत्रण में रहने के लिए प्रतिबद्ध हैं, तो जितना कम आपको महसूस होता है कि आपको सहयोग मिल रहा है, उतना ही अधिक आपके नकारात्मक मुक़ाबला तंत्र भड़कने वाले हैं। शायद यह नुक़सानदायक खाने के पैटर्न, ख़ुद को अलग-थलग करने या शारीरिक रूप-रंग पर अत्यधिक ध्यान केंद्रित करने के रूप में सामने आ सकता है। यदि आप आज़ाद रहने के

लिए प्रतिबद्ध हैं और इसलिए स्वायत्तता की भावना की आवश्यकता है, तो जितना कम आप अपनी शर्तों के अनुसार जीवन बनाएँगे, उतना ही आप अवसरों को नुक़सान पहुँचाएँगे और जब आपको ख़ुश महसूस करना 'चाहिए', तब आप थका-हारा हुआ महसूस करेंगे।

जितना अधिक आप अपनी मूल आवश्यकताओं को पूरा करने में जुटेंगे, उतने ही अधिक आपके प्रतिबद्धता के लक्षण ग़ायब होते जाएँगे।

एक बार जब आप समझ जाते हैं कि कोई व्यक्ति वास्तव में क्या चाहता है, तो आप उनकी आदतों और व्यवहारों की पेचीदगियों को समझा पाएँगे। आप इस बात का सटीक अनुमान लगा पाएँगे कि अमुक स्थिति में वे क्या करेंगे। सबसे महत्त्वपूर्ण बात यह है कि एक बार जब आप ख़ुद से पूछना शुरू कर देते हैं कि आप वास्तव में क्या चाहते हैं, तो आप लक्षणों से जूझना बंद कर सकेंगे और अपने जीवन में मौजूद एकमात्र समस्या को संबोधित करना शुरू कर सकेंगे, जो कि आपकी मूल आवश्यकताओं के संरेखण (अलाइनमेंट) से बाहर है और इसीलिए आपके मूल उद्देश्य से भी बाहर है।

दबी हुई भावनाओं का मुक़ाबला करना और कार्रवाई करना

हम आत्म-विनाश क्यों करते हैं और आत्म-विनाश के कार्य क्यों नहीं करते हैं। यह समझने में अंतर है।

इसका मतलब यह है कि एक बार, जब हम व्यवहार के मूल कारण और उद्देश्य को समझ लेते हैं, तो हम उसे समायोजित कर लेते हैं। हम अनुकूलन करते हैं। आत्म-विनाश पर क़ाबू पाना सिर्फ़ यह समझने की बात नहीं है कि आप ख़ुद को क्यों रोक रहे हैं, यह उस दिशा में कार्रवाई करने में सक्षम होना है, जो आप चाहते हैं और जिसकी आपको ज़रूरत है, भले ही यह शुरू में असहज या ट्रिगर करने वाला हो।

यह प्रक्रिया का बहुत ही महत्त्वपूर्ण हिस्सा है, क्योंकि आप उन भावनाओं का सामना करने जा रहे हैं, जिनसे आप बचने की कोशिश कर रहे थे।

जब आप आत्म-विनाशकारी व्यवहार करना बंद कर देते हैं, तो आपके मन में ऐसी भावनाएँ फिर से उभरने लगती हैं, जिनके बारे में आपको पता भी नहीं था, और आप पहले से भी ज़्यादा बुरा महसूस कर सकते हैं।

आत्म-विनाश पर क़ाबू पाते समय हमें अक्सर यह बताने की ज़रूरत नहीं होती कि हमें क्या करना है। हम जानते हैं कि हम क्या करना चाहते हैं, और हम जानते हैं कि हमें क्या करने की ज़रूरत है। बात बस इतनी होती है कि हम भावनाओं के डर से पीछे हट जाते हैं। इस भावनात्मक जकड़न वाले पैटर्न को सुलझाने के वास्ते हम अपने जीवन को बदलते समय अधिक सहजता, स्थान और स्वतंत्रता पाने के लिए नीचे दिए गए कुछ उपाय कर सकते हैं।

आत्म-विनाशक व्यवहार को तोड़ते समय उपजने वाली सबसे आम भावनाएँ

आपके मन में सबसे पहली भावना प्रतिरोध की आएगी, जिसका आपको सामना करना पड़ सकता है। यह 'अटक जाने' या आपके शरीर में बहुत अधिक तनाव महसूस होने का सामान्य भाव है, जो इतनी 'कठोर' है, मानो आप किसी दीवार से टकरा रहे हों। यह भावना आमतौर पर एक छिपी हुई भावना होती है, जो आपको वास्तव में इसके नीचे दबी हुई अत्यधिक तीव्र संवेदनाओं के बारे में जागरूक होने से रोकती है।

जब आप प्रतिरोध महसूस करना शुरू करते हैं, तो आप बस 'इसे पार करना' नहीं चाहते।, वास्तव में, ऐसा करने का मतलब है कि आप उसी दीवार से टकराते रहेंगे, जिसके सामने आप पहले से ही खड़े हैं। आप आत्म-विनाशकारी व्यवहार को मज़बूत करने जा रहे हैं, क्योंकि आप वास्तव में इसे पार करने की कोशिश करके समस्या का समाधान नहीं कर रहे हैं।

ऐसा करने के बजाय, सही सवाल पूछना शुरू करें।

मैं इस तरह क्यों महसूस कर रहा हूँ?

यह भावना मुझे उस कार्य के बारे में क्या बताने की कोशिश कर रही है, जो मैं करने की कोशिश कर रहा हूँ?

क्या मुझे यहाँ कुछ सीखने की ज़रूरत है?

मुझे अभी अपनी ज़रूरतों को पूरा करने के लिए क्या करना चाहिए?

फिर आपको अपनी प्रेरणा या जीवन के लिए अपने दृष्टिकोण से फिर से जुड़ना होगा। इस बात पर स्पष्ट हो जाएँ कि आप यह क़दम क्यों उठाना चाहते हैं और बदलाव क्यों करना चाहते हैं। जब आपकी प्रेरणा यह तथ्य है कि आप एक अलग और बेहतर अस्तित्व जीना चाहते हैं, तो आप पाएँगे कि बहुत सारे प्रतिरोध कमज़ोर पड़ जाते हैं, क्योंकि आप एक ऐसे दृष्टिकोण से प्रेरित हो रहे हैं, जो आपके डर से कहीं ज़्यादा बड़ा है।

ऐसा भी हो सकता है कि आपके भीतर क्रोध, उदासी या अपर्याप्तता जैसी अन्य भावनाएँ उमड़ने लगें। जब ये भावनाएँ सामने आती हैं, तो उनके लिए जगह बनाना बहुत ज़रूरी है। इसका मतलब है कि उन्हें अपने शरीर में उभरने दें और उनका निरीक्षण करें। देखें कि वे आपको कहाँ तनावग्रस्त या संकुचित करती हैं। महसूस करें कि वे आपको क्या महसूस कराना चाहती हैं। भावना को महसूस करने के डर से बुरा कुछ नहीं है, क्योंकि अनुभव अपने आप में अक्सर सिर्फ़ कुछ शारीरिक तनाव होता है, जिसके इर्द-गिर्द हमने एक कहानी गढ़ी है।

याद रखें कि इनमें से बहुत सी भावनाओं की जड़ आत्म-विनाशकारी व्यवहार से जुड़ी किसी स्थिति में हो सकती है। अगर आप अपने माता-पिता में से किसी के किसी व्यवहार से नाराज़ हैं, तो यदि आप अपने रिश्तों को ख़राब कर रहे हैं, तो शायद इसमें आश्चर्य नहीं होना चाहिए, क्योंकि इसकी मूल भावना क्रोध और अविश्वास है। आत्म-विनाश से जुड़ी भावनाएँ आमतौर पर बेतरतीब नहीं होती हैं। वे हमें इस बारे में गहरी अंतर्दृष्टि प्रदान कर सकती हैं कि हमें वास्तव में क्या चाहिए और हमारे भीतर कौन-सी समस्याएँ अभी भी अनसुलझी हैं।

जब आप उन भावनाओं से अवगत हो जाते हैं, तो उन्हें पूरी तरह से मुक्त करने के लिए अपने आपको एक पत्र लिखने का प्रयास करें। अपने युवा स्व को या अपने भविष्य के स्व के दृष्टिकोण से कुछ लिखें। एक मंत्र या संकल्प-पत्र लिखें। ख़ुद को याद दिलाएँ कि आप अपने आपसे

बहुत प्यार करते हैं और कम से संतुष्ट नहीं हो सकते, या यह कि अनुचित या निराशाजनक परिस्थितियों में गुस्सा होना ठीक है। अपनी भावनाओं की गहराई का अनुभव करने के लिए ख़ुद को जगह दें, ताकि वे आपके व्यवहार को नियंत्रित न करें।

अलग होने की क्रिया और भावनाएँ

आत्म-विनाश पर क़ाबू पाने के लिए अंतिम और सबसे महत्त्वपूर्ण सबक़ यह है कि क्रिया को भावना से अलग करना सीखें।

हम जीवन में किसी स्थिति को रोक नहीं सकते, क्योंकि हम बदलाव करने में असमर्थ हैं। हम पीछे रह जाते हैं, क्योंकि हमें बदलाव करने का *मन नहीं होता* और इसीलिए हम बदलाव नहीं करते।

सच्चाई यह है कि आप जो चाहते हैं, हो सकता है कि उसके बारे में आपके पास एक नज़रिया हो, आप यह जान सकते हैं कि यह निःस्संदेह आपके लिए सही है, पर बस उस रास्ते पर चलने के लिए आवश्यक कार्रवाई करने का मन नहीं करता।

ऐसा इसलिए है, क्योंकि हमारी भावनाएँ मुख्य रूप से आराम प्रणाली के रूप में बनी हुई हैं। जब हम वही करते हैं, जो हम हमेशा से करते आए हैं। परिचितता में रहने से हमारे भीतर एक 'अच्छा' एहसास पैदा होता है। यह हमारे शरीर के लिए 'सुरक्षा' के रूप में दर्ज होता है। अन्य मामलों में, जिन उपलब्धियों या बदलावों से हम अत्यंत ख़ुश होते हैं, वे ऐसे होते हैं, जिनके बारे में हम भी समझते हैं कि वे हमें अधिक सुरक्षा प्रदान करते हैं। यदि उपलब्धि हमें किसी भी तरह से जोखिम में डालती है या हमें किसी अपरिचित स्थिति के संपर्क में लाती है, तो हम शुरू में इसके बारे में ख़ुश नहीं होंगे, भले ही यह हमारे जीवन के लिए सकारात्मक हो।

हालाँकि, वास्तव में हम, हमारे लिए अच्छे व्यवहारों को प्राथमिकता देने के लिए ख़ुद को प्रशिक्षित कर सकते हैं। इस तरह हम अपने कंफ़र्ट-ज़ोन को दोबारा तैयार कर सकते हैं। हम जो बार-बार करते हैं, उसके लिए हम उत्सुक रहने लगते हैं, लेकिन पहली बार जब हम ऐसा करते हैं, तो हम अक्सर असहज महसूस करते हैं। तरक़ीब यह है कि हम उस शुरुआती

झिझक को दूर करने में सक्षम हों, ताकि हम अपने जीवन को भावुकता से नहीं, बल्कि तर्क और विचारों से निर्देशित कर सकें।

चूँकि, आपकी भावनाएँ हमेशा जायज़ होती हैं और उन्हें सुदृढ़ करने की आवश्यकता होती है, लेकिन वे शायद ही कभी इस बात का सटीक माप होती हैं कि आप जीवन में क्या करने में सक्षम हैं। भावनाएँ हमेशा वास्तविकता का सटीक प्रतिबिंब नहीं होती हैं। आपकी सभी भावनाएँ जानती हैं कि आपने अतीत में क्या किया है, और वे उसी से जुड़ी होती हैं, जिससे उन्हें आराम मिलता है।

आपको लग सकता है कि आप बेकार हैं, लेकिन निश्चित ही ऐसा नहीं हैं। नाउम्मीदी नज़र आ सकती है, लेकिन निश्चित रूप से उम्मीद होती है। आपको लग सकता है कि हर कोई आपको नापसंद करता है, लेकिन यह शायद बहुत ज़्यादा अतिशयोक्ति होगी। आपको लग सकता है कि हर कोई आपको आँक कर रहा है, लेकिन यह एक ग़लत धारणा है।

सबसे महत्त्वपूर्ण बात यह है कि आपको ऐसा लग सकता है कि आप *कोई क़दम नहीं उठा सकते*, जबकि आप निश्चित रूप से उठा सकते हैं। आप बस इसके लिए *तैयार* नहीं हैं, क्योंकि आपको इसकी आदत नहीं है।

अपने आप को निर्देशित करने के लिए तर्क और दृष्टि का उपयोग करके हम एक अलग और बेहतर जीवन का अनुभव करने में सक्षम हैं। जब हम इसकी कल्पना करते हैं, तो हम शांतिपूर्ण और प्रेरित महसूस करते हैं। अपने जीवन के इस संस्करण को पूरा करने के लिए, हमें अपने प्रतिरोध और असुविधा को दूर करना होगा। हम *शुरू* में ख़ुश नहीं होंगे, चाहे वे कार्य हमारे लिए कितने भी 'सही' क्यों न हों।

यह ज़रूरी है कि जब आपको ऐसा लगे कि कुछ करना है, तो कार्रवाई करना सीखें। कार्रवाई करने से गति बनती है और प्रेरणा मिलती है। ये भावनाएँ आपके पास अनायास नहीं आएँगी, आपको उन्हें पैदा करना होगा। आपको ख़ुद को प्रेरित करना होगा, आपको आगे बढ़ना होगा। आपको बस शुरुआत करनी है और अपने जीवन और अपनी ऊर्जा को ख़ुद को फिर से उन्मुख करने देना है, ताकि आप उन व्यवहारों को प्राथमिकता दें, जो आपके जीवन को आगे बढ़ाएँगे, न कि पीछे धकेलने वाले व्यवहारों को।

3

आपके ट्रिगर्स आपकी आज़ादी के मार्गदर्शक हैं

अब जब आपने अपने आत्म-विनाशकारी व्यवहारों को पहचानना प्रारंभ कर दिया है, तो आप उनका उपयोग इस बारे में गहन और अधिक महत्त्वपूर्ण सत्य को उजागर करने के लिए कर सकते हैं कि आप एक व्यक्ति के रूप में कौन हैं और आप वास्तव में जीवन से क्या चाहते हैं और क्या करने की ज़रूरत है।

यह प्रक्रिया का एक महत्त्वपूर्ण हिस्सा है, क्योंकि हमारी आत्म-विध्वंसक आदतों पर क़ाबू पाना सिर्फ़ यह जानने के लिए नहीं है कि वे क्या हैं या हम उनमें क्यों लिप्त हैं। हमारी अंतर्निहित ज़रूरतों को बेहतर ढंग से समझने के लिए भी यह ज़रूरी है कि हम वास्तव में क्या चाहते हैं, और हम इसका एक मुख्य बिंदु के रूप में कैसे उपयोग कर सकते हैं, ताकि हम इस आधार पर अपना जीवन निर्माण करना शुरू कर सकें कि वास्तव में हम कौन हैं और हम यहाँ क्या करने के लिए हैं।

हमारे ट्रिगर्स (संकेत) वास्तव में हमें सिर्फ़ यह दिखाने के लिए मौजूद नहीं हैं कि हम अपने अनसुलझे दर्द का कहाँ संचय कर रहे हैं। वास्तव में, वे हमें कुछ और भी गहरी बात दिखाते हैं।

हमारे द्वारा अनुभव की जाने वाली प्रत्येक 'नकारात्मक' भावना एक संदेश के साथ आती है, जिसे हम अभी तक नहीं समझ पाए हैं कि उसकी कैसे व्याख्या करें। यह तब होता है, जब एक चुनौती एक स्थायी समस्या बनने लगती है। हम अपनी भावना के मार्गदर्शन का सम्मान करने और

उसका उपयोग करने में असमर्थ रहते हैं और इसलिए हम भावना को दबा देते हैं, इसका अपने शरीर में संचय करते हैं, और ऐसी किसी भी स्थिति से बचने की कोशिश करते हैं, जो इसे फिर से उभार सकती है। यह तब होता है, जब हम अपने आस-पास की दुनिया के प्रति संवेदनशील हो जाते हैं, क्योंकि दबी हुई भावनाओं का ढेर लगने लगता है।

ऊपरी तौर पर ऐसा लगता है कि जो स्थिति हमारी भावनात्मक प्रतिक्रिया को ट्रिगर करती है, वही समस्या है। ऐसा नहीं है। समस्या यह है कि हम जो महसूस कर रहे हैं, उसके साथ कैसा व्यवहार करें और इसलिए हमारे पास भावनाओं को 'प्रोसेस' करने के सभी कौशल नहीं होते हैं, जिनकी हमें ज़रूरत है।

जब हम यह पहचान पाते हैं कि कोई चीज़ हमें *क्यों* परेशान कर रही है, तो हम उस अनुभव का उपयोग अपनी आज़ादी और सकारात्मक जीवन परिवर्तन के उत्प्रेरक के रूप में कर सकते हैं।

नकारात्मक भावनाओं की व्याख्या कैसे करें

यद्यपि प्रत्येक व्यक्ति के लिए व्यक्तिगत ट्रिगर्स अलग-अलग होते हैं, फिर भी इससे उन कुछ भावनाओं के कार्य को बेहतर ढंग से समझने में मदद मिलती है, जिनको हम अक्सर दोषी ठहराते हैं।

कुछ भावनाएँ, जो आत्म-विनाशकारी व्यवहारों से सबसे अधिक जुड़ी हुई हैं, उन्हें बेहतर ढंग से समझना बहुत ज़रूरी है। समझना न केवल उनसे 'उबरने' के लिए, बल्कि यह सुनने के लिए भी ज़रूरी है कि वे हमारे अनुभव के बारे में हमें क्या बताने की कोशिश कर रही हैं।

क्रोध

क्रोध एक अच्छी, परिवर्तनकारी भावना है। इसे इसके छाया पक्ष(छिपे हुए) यानी आक्रामकता के कारण ग़लत ढंग से समझा जाता है और इसलिए हम इसका प्रतिरोध करने का प्रयास करते हैं।

क्रोध करना लाभदायक है और क्रोध हमें यह भी दिखा सकता है कि हम कौन हैं और हमें किस बात की परवाह है। उदाहरण के लिए, क्रोध हमें दिखाता है कि हमारी सीमाएँ कहाँ हैं। क्रोध अन्यायपूर्ण स्थिति को पहचानने में हमारी मदद भी करता है।

अंततः, क्रोध हमें कार्रवाई आरंभ करने के लिए प्रेरित करने का प्रयास करता है। क्रोध परिवर्तनकारी होता है और यह अक्सर वह चरम अवस्था होती है, जिस पर हम वास्तव में अपने जीवन को बदलने से पहले पहुँचते हैं। ऐसा इसलिए है, क्योंकि क्रोध का उद्देश्य किसी और को लक्ष्य बनाना नहीं, बल्कि, यह उस प्रेरणा का प्रवाह है, जो हमें अपने जीवन में जो कुछ भी बदलने की आवश्यकता है, उसे बदलने में मदद करता है। जब हम इसे इस रूप में नहीं देखते हैं, तो हम इसे दफ़ना देते हैं, कभी भी वास्तविक मुद्दे को हल नहीं कर पाते हैं। इसी समय क्रोध आक्रामकता में बदलना शुरू कर देता है। हम अपनी इस ऊर्जा को आस-पास के लोगों पर निकालने लगते हैं, जबकि हमें इसका उपयोग ख़ुद को बदलने के लिए प्रेरणा के रूप में करना चाहिए।

क्रोध से डरने के बजाय, हम इसका उपयोग अपनी सीमाओं और प्राथमिकताओं को अधिक स्पष्ट रूप से देखने-समझने के लिए कर सकते हैं। हम इसका उपयोग अपने लिए और अपने आस-पास की दुनिया के लिए बड़े, महत्त्वपूर्ण बदलाव करने में भी कर सकते हैं।

दुख

दुख वह प्रतिक्रिया है, जिसे हम अपनी सबसे प्रिय वस्तु के खोने पर व्यक्त करते हैं। यह सामान्य और सही प्रतिक्रिया है, इसमें कुछ भी ग़लत नहीं।

यह एक ऐसी भावना है, जो अक्सर हताशा-निराशा के बाद उभरती है। यह भावना किसी रिश्ते, नौकरी के खोने से उभर सकती है या फिर जीवन कैसा होगा, आपके इस विचार के ध्वस्त होने से भी उभर सकती है।

दुख केवल तभी समस्या बनता है, जब हम अपने आपको दुख के स्वाभाविक चरणों से गुज़रने नहीं देते। दुख एक बार में ही नहीं निकलता।

वास्तव में, हम अक्सर पाते हैं कि यह लहरों की तरह आता है, जिनमें से कुछ लहरें अप्रत्याशित समय पर हम पर हमला करती हैं।

हमें रोने, उदास होने या जो हमारे पास नहीं है, उसकी कमी महसूस करने में शर्मिंदा होने या ग़लत महसूस करने की ज़रूरत नहीं है। सच बात तो यह है कि उचित समय पर रोना मानसिक शक्ति के सबसे बड़े संकेतों में से एक है, क्योंकि संघर्ष कर रहे लोगों को अक्सर अपनी भावनाओं को व्यक्त करना और कमज़ोर दिखाई देना मुश्किल लगता है।

अपराध–बोध

अपराध–बोध हमें इस बात से ज़्यादा प्रभावित करता है कि हमने *क्या नहीं किया*, न कि इस बात से कि हमने क्या किया। वास्तव में, ऐसे लोग अपराध–बोध से सबसे ज़्यादा जूझते हैं, जो वास्तव में किसी गंभीर बात के लिए दोषी नहीं होते। जो लोग जघन्य कृत्य करते हैं, वे ज़्यादा पश्चाताप महसूस नहीं करते। यह तथ्य एक अच्छा संकेत है कि किसी के साथ ग़लत करने के बाद आपको पछतावा हो रहा है।

हालाँकि, अपराध–बोध के संदर्भ में हमें गहराई से यह देखना ज़रूरी है कि हम किन व्यवहारों के बारे में (यदि कोई ऐसा व्यवहार है तो) बुरा महसूस करते हैं, साथ ही हमने ऐसा क्या किया है, जो हमारे सर्वोत्तम हित में नहीं था। यदि हमने दूसरों के साथ ग़लत व्यवहार किया है, तो हमें उस व्यवहार को स्वीकार करने, माफ़ी माँगने और उसे सुधारने में सक्षम होना चाहिए, हालाँकि, यदि अपराध–बोध की भावना अधिक सामान्य है और किसी एक घटना से विशेष रूप से संबंधित नहीं है, तो हमें इस बात पर बारीकी से विचार करने की आवश्यकता है कि किसने या किस चीज़ ने हमें हमेशा यह महसूस कराया कि हम 'ग़लत' थे या दूसरों को तकलीफ़ दे रहे थे।

अपराध–बोध अक्सर एक ऐसी भावना है, जिसे हम बचपन से लेकर वर्तमान तक अपने साथ रखते हैं और फिर वर्तमान परिस्थितियों में तब उसे थोप देते हैं, जब हमें लगता है कि हम अपने आस–पास के लोगों के लिए बोझ हैं।

शर्मिंदगी

शर्मिंदगी तब होती है, जब हमें पता चलता है कि हमने उस तरह से व्यवहार नहीं किया, जिस पर हमें गर्व हो।

दूसरे लोग हमें कभी भी उतना शर्मिंदा महसूस नहीं करा सकते, जितना हम ख़ुद को महसूस कराते हैं। जब आप सच में और पूरी तरह से आश्वस्त होते हैं कि आप अपने सामने जो कुछ भी है, उसके साथ अपना सर्वश्रेष्ठ प्रदर्शन कर रहे हैं, तो शर्मिंदगी महसूस करना बंद कर देते हैं। निश्चित रूप से, दूसरे लोग अपनी टिप्पणियों या विचारों से आपको बुरा महसूस करा सकते हैं, लेकिन जब हम ख़ुद को स्वीकार करते हैं और जो हम हैं, उस पर गर्व महसूस करते हैं, तो लोगों की बुरी धारणाएँ बेअसर हो जाती हैं।

शर्म, शर्मिंदगी का दूसरा पहलू है। शर्म तब आती है, जब शर्मिंदगी की स्वाभाविक, कभी-कभार होने वाली भावना हमारे लिए इंसान के तौर पर अपने आपको पूरी तरह से दोषी ठहराने का तरीक़ा बन जाती है और हम ख़ुद को बेकार और अप्रमाणिक समझने लगते हैं।

जब हम शर्मिंदगी की भावना को समझ नहीं पाते, तो यह कहीं ज़्यादा गंभीर रूप में ले लेती है।

ईर्ष्या

ईर्ष्या एक छिपी हुई भावना है। यह क्रोध या आलोचना के रूप में प्रकट होती है, जबकि वास्तव में यह दुख और आत्म-असंतोष है।

अगर आप जानना चाहते हैं कि आप जीवन से वास्तव में क्या चाहते हैं, तो उन लोगों को देखें, जिनसे आप ईर्ष्या करते हैं। नहीं, हो सकता है कि आप *बिलकुल वही* न चाहें, जो उनके पास है, लेकिन आप जो महसूस कर रहे हैं, वह इस बात को लेकर गुस्सा है कि वे उसको पाने के लिए प्रयास कर रहे हैं, जबकि आप नहीं कर रहे।

जब हम अपनी ईर्ष्या का उपयोग दूसरों की उपलब्धियों को आँकने के लिए करते हैं, तो हम इसके शैडो फ़ंक्शन (अपने विरुद्ध नकारात्मक कार्य) में शामिल हो जाते हैं। जब हम अपनी ईर्ष्या का उपयोग ख़ुद को

यह दिखाने के लिए करते हैं कि हम क्या हासिल करना चाहते हैं, तो हम आत्म-विनाशकारी व्यवहार को पहचानना शुरू कर देते हैं और जो हम वास्तव में चाहते हैं, उसके लिए प्रतिबद्ध हो जाते हैं।

आप इसे इस तरह से सोच सकते हैं: जब हम किसी ऐसे व्यक्ति को देखते हैं, जिसके पास कुछ ऐसा है, जो हम वाक़ई चाहते हैं, लेकिन हम उसे पाने की अपनी इच्छा को दबा रहे हैं, तो हमें भी उनकी निंदा करनी चाहिए, ताकि हम अपने काम को सही ठहरा सकें, लेकिन ऐसा करने के बजाय, हम यह भी देख सकते हैं कि हम क्या बनाना चाहते हैं।

रोष

जब हम लोगों से नाराज़ होते हैं, तो अक्सर ऐसा इसलिए होता है, क्योंकि वे हमारी अपेक्षाओं पर खरे नहीं उतरते।

कुछ मायनों में रोष या नाराज़गी एक अनुमानित पछतावे की तरह है। *हमें* क्या बदलना चाहिए, हमें यह दिखाने की बजाय ऐसा लगता है कि यह हमें यह बताना चाहता है कि *दूसरे लोगों को क्या बदलना चाहिए।* हालाँकि, दूसरे लोगों पर हमारे विचारों के अनुसार जीने की ज़िम्मेदारी नहीं है। वास्तव में, हमारी एकमात्र समस्या यह है कि हमारे मन में एक अवास्तविक अपेक्षा है कि कोई व्यक्ति बिलकुल वैसा ही होना चाहिए, जैसा हम सोचते हैं या वह हमसे बिलकुल वैसा ही प्यार करे, जैसा हमने सोचा था।

जब हम नाराज़ होते हैं, तो हमें अपने आस-पास के लोगों या उन लोगों के बारे में अपनी छवि को फिर से बनाना चाहिए, जिनके बारे में हमने सोचा है कि उन्होंने हमारे साथ ग़लत किया है। दूसरे लोग हमें पूरी तरह से प्यार करने के लिए नहीं हैं, वे हमें सबक़ सिखाने के लिए हैं, ताकि हम उन्हें और ख़ुद को बेहतर ढंग से प्यार कर सकें।

जब हम इस विचार को छोड़ देते हैं कि उन्हें क्या और कैसा होना चाहिए, तो हम उन्हें देख सकते हैं कि वे कौन हैं और हमारे जीवन में उनकी क्या भूमिका है। उन्हें कैसे बदलना चाहिए, इस पर ध्यान देने की बजाय, हम इस बात पर ध्यान केंद्रित कर सकते हैं कि हम क्या सीख सकते हैं।

पछतावा

ईर्ष्या की तरह ही, पछतावा भी एक अन्य तरीक़ा है, जिसके माध्यम से हम ख़ुद को यह नहीं दर्शाते कि हम अतीत में क्या करना चाहते थे, बल्कि यह दर्शाते हैं कि हमें आगे बढ़ने के लिए क्या करने की आवश्यकता है।

सच तो यह है कि ज़्यादातर लोग *जो नहीं* कर पाए, उसके लिए ज़्यादा पछताते हैं, जो किया उस पर कम ही पछतावा होता है। यह कोई संयोग नहीं है। पछताना दरअसल हमें सिर्फ़ यह महसूस कराने की कोशिश नहीं है कि हम अपनी उम्मीदों पर खरे नहीं उतरे, बल्कि यह हमें आगे बढ़ने के लिए प्रेरित करने की कोशिश है। यह हमें यह दिखाने की कोशिश करता है कि भविष्य में क्या बदलना बेहद ज़रूरी है और मरने से पहले हमें क्या अनुभव करना चाहिए।

क्या आपने बचपन में यात्रा नहीं की? पछतावा आपको बता रहा है कि आपको अब यात्रा करना चाहिए। आप जितने अच्छे दिखना चाहते थे, उतने अच्छे नहीं दिखे? पछतावा आपको बता रहा है कि इसके लिए आपको और अधिक प्रयास करने चाहिए। क्या आपने ऐसे विकल्प चुने, जो आपके सर्वश्रेष्ठ व्यक्तित्व को नहीं दर्शाते? पछतावा आपको बता रहा है कि आपको अब अलग विकल्प चुनने चाहिए। जब आपके पास कोई था, तब क्या आपने उससे प्यार नहीं किया? पछतावा आपको बता रहा है कि आपको अब लोगों को समझना चाहिए।

दीर्घकालिक भय

जब हमारे मन में बार-बार डरावने विचार आना बंद नहीं होता, तो हमेशा ऐसा इसलिए नहीं होता कि हमारे सामने कोई वास्तविक ख़तरा है। अक्सर, ऐसा इसलिए होता है, क्योंकि हमारी आंतरिक प्रतिक्रिया प्रणाली अविकसित होती है या किसी आघात के कारण हाशिए पर चली जाती है।

जब हम भय के बारे में विचार करते रहते हैं, तो इससे कोई फ़र्क़ नहीं पड़ता कि हम किससे डरते हैं, विचार प्रक्रिया समस्या दर समस्या हमारा पीछा करती है। अक्सर, इसमें एक रूपक छिपा होता है। उदाहरण के लिए,

हम पूरी तरह 'नियंत्रण खोने' या किसी बाहरी ताक़त के आने और हमारी प्रगति को बाधित करने से डर सकते हैं।

हर हाल में, भयभीत करने वाली दीर्घकालिक सोच अक्सर हमारी ऊर्जा और ध्यान को किसी संभावित ख़तरे पर केंद्रित करने की आवश्यकता को महसूस करने पर आधारित होती है, ताकि हम स्वयं को उससे बचा सकें। हम कल्पना करते हैं कि अगर हम इसके बारे में चिंतित, बेचैन या क्रोधित हैं, तो यह हमारी जागरूकता के भीतर रहेगी और इसलिए हमें आश्चर्यचकित नहीं कर सकती। हम इस पर कुछ नियंत्रण बनाए रख सकते हैं।

हमारे मन में डराने वाले विचारों को बनाए रखने की क्रिया ही ठीक वैसी ही है, जैसे डर हमें सबसे पहले नियंत्रित करता है। यह *अभी ही* हमारे जीवन को पटरी से उतार रहा है, क्योंकि हम अपनी ऊर्जा को ऐसी जगहों में लगा रहे हैं, जो हमारे नियंत्रण से बाहर हैं, इसकी बजाय इसका इस्तेमाल उन सभी कामों के लिए करना चाहिए, जो वास्तव में हमारे नियंत्रण में हैं। ऐसी आदतों, कार्यों और व्यवहार में लगाना चाहिए, जो वास्तव में हमारे जीवन को आगे बढ़ा सकते हैं।

इस अर्थ में, हम जिस स्थिति से डरते हैं, वह वास्तव में पहले से जो घट रहा है, उसका ही प्रदर्शन है।

पुराने भय से उबरने का एकमात्र सच्चा तरीक़ा वास्तव में उससे बाहर निकलना है। जिस चीज़ को हम नियंत्रित नहीं कर सकते, उससे लड़ने, उसका विरोध करने और उससे बचने की कोशिश करने की बजाय, हम कंधे उचकाकर बस कहना सीख सकते हैं कि *अगर ऐसा होता है, तो यही सही।* जिस पल हम कंधे उचकाने, हँसने या यहाँ तक कि अपने हाथ ऊपर उठाकर यह कहने में सक्षम हो जाते हैं, "जो भी हो, सब ठीक हो जाएगा," हम तुरंत अपनी सारी शक्ति वापस पा लेते हैं।

यह विचार कि यदि हम उस बात को स्वीकार कर लें, जिससे हम डरते हैं, तो हम सबसे बुरे संभावित परिणाम के लिए तैयार हो जाते हैं, यही विचार डर की आग को भड़काए रखता है। सच्चाई यह है कि जब हम उससे डरना बंद कर देते हैं, जिसे हम नियंत्रित नहीं कर सकते और जब हम यह जान लेते हैं कि हम अपनी नकारात्मक, व्याकुल करने वाली और

तर्कहीन सोच और ध्यान से हम अपने आपको जितना बर्बाद कर रहे हैं, *उससे ज़्यादा कुछ भी हमारे जीवन को बर्बाद नहीं कर सकता,* तो हम पूरी तरह से मुक्त हो जाते हैं।

जब हम पूरी तरह से स्वीकार कर लेते हैं, तो डर हमारी चेतना से निकल जाता है और समस्या नहीं रह जाता। यहाँ पहुँचकर हमें एहसास होता है कि यह हमेशा से ही एक समस्या बना हुआ था।

हमारी आंतरिक मार्गदर्शन प्रणाली पहले फुसफसाती है, फिर चीखती है

जो बातें इस समय आपको सबसे ज़्यादा परेशान कर रही हैं, वे कोई बाहरी ताक़तें नहीं हैं, जो आपको प्रताड़ित करने के प्रयास में ऐसा कर रही हैं, बल्कि वे आपके अपने दिमाग़ हैं, जो समझते हैं कि आपके जीवन में क्या ठीक किया जा सकता है, बदला जा सकता है और रूपांतरित किया जा सकता है। यदि आप लगातार कोई कार्रवाई नहीं करेंगे, तो सायरन और तेज़ होता जाएगा, और यदि आप इसे आवाज़ को सुनना नहीं सीखेंगे, तो संभवतः आप इससे कट जाएँगे और फिर इसके शिकार बन जाएँगे।

आपके पास जवाब पहले से ही हैं। आप पहले से ही जानते हैं कि आप यहाँ क्या करने आए हैं। आप यहाँ वह सब कुछ रचने के लिए आए हैं, जो आपको आपकी कल्पना से भी ज़्यादा ख़ुश कर देगा। यह केवल आपके दिमाग़ को पर्याप्त रूप से शांत करने का मामला है, ताकि आप उस असीमित क्षमता को महसूस कर सकें, जो आपसे उपयोग किए जाने की याचना कर रही है।

आत्म-विनाश जैसी कोई स्थिति नहीं होती, क्योंकि आपको लगता है कि जो व्यवहार आपको पीछे खींच रहे हैं, वे वास्तव में आपकी ज़रूरतों को पूरा कर रहे हैं। यह ख़ुद को उनसे परे धकेलने का नहीं, उन्हें देखने का कि वे क्या हैं और फिर उन्हें पूरा करने के लिए बेहतर, स्वस्थ तरीक़े खोजने का मामला है।

हालाँकि, हम ऐसे युग में जी रहे हैं, जहाँ लोग हम से यह कहते हैं कि हमें पूरी तरह से आत्मनिर्भर होना चाहिए और किसी दूसरे व्यक्ति की

मौजूदगी, मान्यता या साथ की चाहत या ज़रूरत होना अपनी अपर्याप्तता का संकेत है, लेकिन यह मानव होने का सही चित्रण नहीं है और यह मानव स्वभाव और संबंध की वास्तविकता को बुरी तरह नज़रअंदाज़ करता है।

हालाँकि बहुत से लोग सह-निर्भर होते हैं और दूसरों पर बहुत ज़्यादा निर्भर रहते हैं, ताकि उन्हें सुरक्षा और आत्म-सम्मान का एहसास हो, लेकिन दूसरी ओर बहुत ज़्यादा झुकाव भी स्वस्थ नहीं है, जहाँ आप मानें कि आपको किसी व्यक्ति या किसी चीज़ की ज़रूरत नहीं है और आप सब कुछ ख़ुद कर सकते हैं। ये एक ही घाव की दो विपरीत अभिव्यक्तियाँ हैं, यानी अविश्वास और जुड़ने में असमर्थता।

स्वीकार्य महसूस करने की आपकी ज़रूरत प्रामाणिक है।

किसी दूसरे व्यक्ति की मौजूदगी की आवश्यकता महसूस करना प्रामाणिक है।

आपका वांछित महसूस करना प्रामाणिक है।

सुरक्षित महसूस करने की आपकी आवश्यकता प्रामाणिक है।

अक्सर, हम अपनी महत्त्वपूर्ण ज़रूरतों को नज़रअंदाज़ करने लगते हैं, इसका पहला कारण यह है कि हमें लगता है कि हम कमज़ोर हैं। हम ऐसा सिर्फ़ इसलिए मानते हैं, क्योंकि बचपन में हमें अपनी अहम ज़रूरतों को पूरा करने के लिए लगभग पूरी तरह दूसरों पर निर्भर रहना पड़ता था। परिणामस्वरूप हम विफल हो जाते हैं, क्योंकि दूसरा व्यक्ति हमारी ज़रूरतों को पूरा नहीं कर सकता, न ही वे हमारी ज़रूरतों को पूरा करने के लिए ज़िम्मेदार है। जैसे-जैसे हम बड़े होते हैं, हम आत्मनिर्भरता सीखते हैं। दरअसल, अपनी बुनियादी ज़रूरतों को पूरा करने के लिए स्वयं पर निर्भर रहना किसी भी व्यक्ति के विकास का एक महत्त्वपूर्ण हिस्सा है।

इसी तरह, यह भी समझना ज़रूरी है कि हम *अपनी सभी आवश्यकताओं* को अकेले पूरा नहीं कर सकते।

मनुष्य को अन्य लोगों और समूह से जुड़ने के लिए तैयार किया गया है। यही कारण है कि हम समुदायों और परिवारों जैसे उप-समूहों में रहते हैं, और आम तौर पर सबसे ख़ुश और सबसे अधिक संतुष्ट महसूस करते हैं

जब हम ऐसे काम कर रहे होते हैं, जो अधिक से अधिक लोगों की भलाई के लिए होते हैं। यह हमारे व्यक्तित्व का एक मौलिक और स्वस्थ हिस्सा है, और यह कमज़ोरी का संकेत नहीं है।

अन्य मामलों में, वित्तीय रूप से सुरक्षित महसूस करने की आपकी ज़रूरत स्वस्थ है। यह हमेशा आपके लालची या बुरे इरादे का परिणाम नहीं होती। अपने काम के लिए मान्यता प्राप्त करने की आपकी ज़रूरत स्वस्थ है। यह हमेशा आपके अहंकार का परिणाम नहीं होती। जिस जगह और क्षेत्र में आप रहना पसंद करते हैं, वहाँ रहने की आपकी ज़रूरत स्वस्थ है, और यह हमेशा आपके पास जो कुछ भी है, उसके लिए कृतघ्न होने का परिणाम नहीं होती।

आपका अवचेतन मन आपसे संवाद करने की कोशिश कर रहा है

हमारे आत्म-विनाशकारी व्यवहारों में अद्भुत ज्ञान छिपा है। वे न केवल हमें बता सकते हैं कि हमें कैसे और किस बात से आघात लगा है, बल्कि वे हमें यह भी बता सकते हैं कि हमें वास्तव में क्या चाहिए। प्रत्येक आत्म-विनाशकारी व्यवहार में वास्तव में इसे अनलॉक करने की कुंजी निहित है, यदि हम इसे जल्दी से समझ लें तो।

यहाँ कुछ संक्षिप्त उदाहरण दिए गए हैं, जो बताते हैं कि आपका अवचेतन मन आपके व्यवहार के माध्यम से आपसे कैसे संवाद करने की कोशिश कर रहा है।

किस तरह से आप ख़ुद को नुक़सान पहुँचा रहे हैं: उसी व्यक्ति के पास वापस जाना, जिसने आपसे संबंध तोड़ लिए। यह एक प्लेटोनिक दोस्त भी हो सकता है, लेकिन आम तौर पर एक पूर्व रोमांटिक पार्टनर होता है।

आपका अवचेतन मन आपको क्या बताना चाहता है: यह आपके बचपन के रिश्तों का मूल्यांकन करने का समय हो सकता है। जो व्यक्ति आपको दुख पहुँचाता है, अगर आपको उसके बारे में कुछ सुकून देने वाला या आकर्षक लगता है, तो आम तौर पर इसके पीछे कोई कारण होता है।

आप किस प्रकार ख़ुद को नुक़सान पहुँचा रहे हैं: ऐसे लोगों को आकर्षित करना, जो वास्तव में प्रतिबद्ध होने में असमर्थ हैं।

आपका अवचेतन मन आपको क्या बताना चाहता है: आप इतने टूटे हुए नहीं हैं कि कोई ऐसा व्यक्ति न मिल सके, जो वास्तव में आपको चाहता हो, और जब आप यह समझना शुरू करते हैं कि आप प्रतिबद्ध होने के योग्य हैं, तो आप ऐसा ही प्रतिबद्ध साथी चुनना शुरू कर देंगे।

आप किस तरह से ख़ुद को नुक़सान पहुँचा रहे हैं: दुखी महसूस करना, भले ही कुछ भी ग़लत न हो, और वास्तव में, आपको जीवन में वह सब कुछ मिल गया है, जो आप चाहते थे।

आपका अवचेतन मन आपको क्या बताना चाहता है: आप अपने सोचने के तरीक़े और जिस पर आप ध्यान केंद्रित करते हैं, उसे बदलने पर भरोसा करने की बजाय आप शायद यह उम्मीद कर रहे हैं कि बाहरी स्थितियाँ आपको अच्छा महसूस कराएँगी। कोई भी बाहरी उपलब्धि आपको आंतरिक शांति का सच्चा और स्थायी एहसास नहीं देगी, और आपकी बेचैनी, आपकी उपलब्धियों के बावजूद, आपका ध्यान उसी ओर खींचती रहेगी।

आप किस तरह से खुद को नुक़सान पहुँचा रहे हैं: दूसरे लोगों को अपने से दूर धकेलकर।

आपका अवचेतन मन आपको क्या बताना चाहता है: आप चाहते हैं कि लोग आपसे इतना प्रेम करें, इस हद तक स्वीकार करें कि आप अपना दुख-दर्द भूल जाएँ, उस वास्तविकता से दूर हो जाएँ, जिससे आप बचने का प्रयास कर रहे हैं। वैकल्पिक रूप से, अक्सर अकेलापन चाहने का मतलब आम तौर पर यह होता है कि आप जो होने का दिखावा करते हैं और जो आप वास्तव में हैं, उसके बीच एक विसंगति है। जब आप अपने जीवन को अधिक प्रामाणिक रूप से दिखाते हैं, तो आपके आस-पास लोगों को रखना आसान हो जाता है, क्योंकि इसके लिए कम प्रयास की आवश्यकता होती है।

आप किस तरह से ख़ुद को नुक़सान पहुँचा रहे हैं: आप जो सोचते और महसूस करते हैं, उसे स्वतः ही सत्य मान लेना।

आपका अवचेतन मन आपसे क्या जानना चाहता है: आप चिंता करना चाहते हैं, क्योंकि यह आरामदायक लगता है, और इसलिए सुरक्षित है। जितना अधिक आप अपने मन में आने वाले हर बेतरतीब विचार या भावना पर आँख मूँदकर भरोसा करेंगे, उतना ही आप अपने आस-पास हो रही घटनाओं के प्रभाव में आ जाएँगे। आपको स्पष्टता, सच्चाई और ज़मीनी स्तर पर ख़ुद को स्थिर करना सीखना चाहिए, और मानसिक रूप से यह समझने में सक्षम होना चाहिए कि क्या मददगार है और क्या नहीं।

आप किस तरह से ख़ुद को नुक़सान पहुँचा रहे हैं: अस्वास्थ्यकर खाना, ज़रूरत न होने पर भी खाते रहना।

आपका अवचेतन मन आपको क्या बताना चाहता है: आप बहुत ज़्यादा मेहनत कर रहे हैं, या आप ख़ुद को पर्याप्त आराम और पोषण नहीं दे रहे हैं। आप बहुत ज़्यादा काम कर रहे हैं। यही कारण है कि आपका शरीर चाहता है कि आप उसे ईंधन देते रहें। वैकल्पिक रूप से, यह हो सकता है कि आप भावनात्मक रूप से भूखे हों, और क्योंकि आप अपने आप को वह सच्चा अनुभव नहीं दे रहे हैं, जिसकी आपको लालसा है, आप अपनी 'भूख' को दूसरे तरीक़े से संतुष्ट कर रहे हैं।

आप किस तरह से ख़ुद को नुक़सान पहुँचा रहे हैं: जानते-समझते हुए भी उस काम को न करना, जो आपके कॅरियर को आगे बढ़ाएगा।

आपका अवचेतन मन आपको क्या बताना चाहता है: हो सकता है कि आप जो करना चाहते हैं, उसके बारे में जितना आप सोचते हैं, आप उतने स्पष्ट न हों। अगर आपका काम गतिमान नहीं है, तो इसका कोई कारण है। आगे बढ़ने की कोशिश करने और बार-बार एक ही तरह की समस्या खड़ी हो रही हो, तो एक क़दम पीछे हटें। शायद यह समय फिर से अपने आपको व्यवस्थित करने, फिर से रणनीति बनाने या गंभीरता से यह सोचने का है कि आप जो क़दम उठा रहे हैं, वह क्यों उठा रहे हैं। कुछ बदलने की ज़रूरत है, और शायद सिर्फ़ प्रेरणा नहीं।

आप किस तरह से ख़ुद को नुक़सान पहुँचा रहे हैं: बहुत अधिक काम करना।

आपका अवचेतन मन आपको क्या बताना चाहता है: आपको अपनी अहमियत साबित करने की ज़रूरत नहीं है, हालाँकि, आपको अपनी भावनाओं के साथ एकांत में रहने की असुविधा से भागना बंद करना होगा, अक्सर लोगों के ज़्यादा काम करने का यही कारण होता है, वे अकेलेपन से भागते हैं। किसी काम के लिए पूरी लगन से प्रतिबद्ध होने और बाक़ी लोगों से बेहतर प्रदर्शन करने के लिए बाध्य महसूस करने के बीच अंतर है। एक स्वस्थ विचार है, दूसरा नहीं।

आप किस तरह से ख़ुद को नुक़सान पहुँचा रहे हैं: दूसरे लोग क्या सोचते हैं, इसकी बहुत अधिक परवाह करना।

आपका अवचेतन मन आपको क्या बताना चाहता है: आप उतने ख़ुश नहीं हैं, जितना आप सोचते हैं। आप किसी स्थिति से जितने ज़्यादा ख़ुश होंगे, आपको दूसरों की उतनी ही कम ज़रूरत महसूस होगी। यह सोचने की बजाय कि कोई और आपको क़ाबिल समझेगा या नहीं, ज़रा ठहरें और अपने आपसे पूछें: *क्या मेरा जीवन मेरे लिए पर्याप्त है?* जब आप अपने जीवन को दूसरों की नज़र से देखना बंद करते हैं, तो आप अपने जीवन के बारे में कैसा महसूस करते हैं?

आप किस तरह से ख़ुद को नुक़सान पहुँचा रहे हैं: बेवजह, बहुत अधिक पैसा ख़र्च करके।

आपका अवचेतन मन आपको क्या बताना चाहता है: वस्तुएँ आपको अधिक सुरक्षित महसूस नहीं करवाएँगी। इनके सहारे आप एक नया जीवन या नई पहचान नहीं ख़रीद पाएँगे। यदि आप लगातार बहुत अधिक ख़र्च कर रहे हैं या अपनी क्षमता से अधिक ख़र्च कर रहे हैं, जो आपके लिए नुक़सानदायक है, तो आपको यह देखना-समझना होगा कि ख़रीदारी किस उद्देश्य से हो रही है। क्या यह ध्यान भटकाने का साधन है, शौक़ है या किसी न किसी तरह से 'रीन्यू' होने की भावना है, जो लत बन गई है? निर्धारित करें कि आपकी वास्तव में क्या ज़रूरतें हैं, और फिर ख़र्च करें।

आप किस तरह से ख़ुद को नुक़सान पहुँचा रहे हैं: पिछले रिश्तों के बारे में सोचते रहना या पूर्व प्रेमियों के बारे में लगातार जानकारी लेते रहना।

आपका अवचेतन मन आपको क्या बताना चाहता है: जितना आप मान रहे हैं, इस रिश्ते ने आपको उससे कहीं ज़्यादा प्रभावित किया है। आप जितना स्वीकार कर रहे हैं, उससे बहुत ज़्यादा इस रिश्ते की समाप्ति ने आपको दुख पहुँचाया है, और आपको यह समझना होगा। उस व्यक्ति में आपकी निरंतर रुचि बने रहने का मतलब है कि इस रिश्ते के बारे में कुछ ऐसा है जो अभी भी अनसुलझा है, और संभवतः आपको अपने लिए किसी तरह का समापन या स्वीकृति खोजने की ज़रूरत है।

आप किस तरह से ख़ुद को नुक़सान पहुँचा रहे हैं: ऐसे मित्रों को चुनना, जो आपको हमेशा यह एहसास दिलाते रहते हैं कि आप उनके साथ प्रतिस्पर्धा कर रहे हैं।

आपका अवचेतन मन आपको क्या बताना चाहता है: लोगों से 'बेहतर' महसूस करना उनके साथ जुड़ाव महसूस करने की ज़रूरत का विकल्प नहीं है, लेकिन अक्सर हम इसका इस्तेमाल इसी तरह करते हैं। हम ऐसा इसलिए नहीं करते, क्योंकि हम वास्तव में श्रेष्ठ बनना चाहते हैं, बल्कि इसलिए करते हैं, क्योंकि हम सम्मानित और उपयोगी दिखना चाहते हैं। हम प्रामाणिक जुड़ाव और दूसरों के लिए महत्त्वपूर्ण महसूस करना चाहते हैं, लेकिन उन्हें कमतर महसूस कराकर इसे हासिल नहीं किया जा सकता।

आप किस तरह से ख़ुद को नुक़सान पहुँचा रहे हैं: आत्म-विनाशक विचार रखना, जो आपको मनवांछित काम करने से रोकते हैं।

आपका अवचेतन मन आपको क्या बताना चाहता है: पहली बात तो यह कि अपने प्रति बुरा व्यवहार करने से यह दुख कम नहीं होगा कि दूसरे लोग आपके प्रति अपने हिसाब से धारणा बनाते हैं, आपको जज करते हैं या अस्वीकार करते हैं, हालाँकि इसीलिए आप इस बचाव तंत्र का उपयोग कर रहे हैं। अपने बारे में बुरा सोचना उस स्थिति प्रति अपनी संवेदनाओं को कुंद करने की कोशिश करने का एक तरीक़ा है, जिससे आप वास्तव में डरते हैं, यानी कोई और आपके बारे में ऐसी (बुरी) बातें कह सकता है। आप यह नहीं समझते कि ऐसा करके आप ख़ुद ही अपने दुश्मन बन रहे हैं, जो आपको धमका रहा है। आपके प्रति किसी अन्य की धारणा आपके जीवन पर वास्तव में क्या असर डाल सकती है? सच कहें, तो यह आपको

अपने सपनों, महत्वाकांक्षाओं और व्यक्तिगत ख़ुशी का पीछा करने से रोक सकती है और नुक़सानदायक विचारों पर अड़े रहकर भी आप यही कर रहे हैं। रास्ता बदलने का समय आ गया है।

आप किस तरह से ख़ुद को नुक़सान पहुँचा रहे हैं: अपने काम को उस तरह प्रचारित न करना, जिससे आपको आगे बढ़ने में मदद मिले।

आपका अवचेतन मन आपको क्या बताना चाहता है: आप अपना सर्वश्रेष्ठ संभव काम नहीं कर पा रहे हैं, और आपको इसका अहसास है। आप पीछे क्यों हट रहे हैं, इसका कारण है निर्णय ग़लत हो जाने का डर, लेकिन अगर आप पहले से ही ख़ुद को आँक नहीं रहे होते, तो ऐसा नहीं होता। आपको ऐसे कुछ काम करने होंगे, जिन्हें साझा करने पर आपको गर्व हो, और जब उन्हें सकारात्मक तरीक़े से साझा करना आपके व्यवसाय या कॅरियर को बढ़ाने में मदद करता है, तो यह स्वाभाविक और प्रामाणिक लगता है, आपको पता चलेगा कि आप जो काम कर रहे हैं, वह आपकी सर्वोत्तम योग्यता या क्षमता पर आधारित है।

आप किस तरह से खुद को नुक़सान पहुँचा रहे हैं: यह धारणा बना लेना या चिंता करना कि अमुक बातें आपके लिए हैं, जबकि वे आपके लिए होती ही नहीं हैं।

आपका अवचेतन मन आपको क्या बताना चाहता है: आप अक्सर अपने बारे में सोचते हैं, जबकि दूसरे लोगों का जीवन आपके इर्द-गिर्द नहीं घूमता, न ही उनके विचार आपसे जुड़े होते हैं। लोग अपने बारे में उसी तरह सोचने में व्यस्त हैं, जिस तरह आप अपने बारे में सोच रहे हैं। याद रखें कि आपके जीवन में पैटर्न आपके अपने व्यवहार का संकेत देते हैं, लेकिन हर बार जब कोई ट्रैफ़िक में आपको कट मारकर आगे बढ़ जाता है, तो इसे व्यक्तिगत हमले की तरह देखना ग़लत है, ऐसा करके आप ख़ुद को बहुत पीछे रखेंगे, क्योंकि आप हमेशा इस तरह की किसी न किसी स्थिति का शिकार तो होंगे ही।

आप किस तरह से ख़ुद को नुक़सान पहुँचा रहे हैं: किसी ऐसे शहर या क़स्बे में रहना, जिसे आप नापसंद करते हैं।

आपका अवचेतन मन आपको क्या बताना चाहता है: घर वह जगह है, जहाँ आप इसे बनाते हैं, न कि जहाँ आप इसे पाते हैं। क्या यह आपके स्थानांतरित न हो पाने की समस्या है, या आप बस कहीं और जाने के लिए अनिच्छुक हैं? आम तौर पर जब हम एक ही जगह पर रहते हैं, तो इसके पीछे कोई न कोई कारण होता है। उस जगह में कुछ ऐसा होता है, जो हमें पसंद होता है, और यही वह जगह होती है, जहाँ हम अपना जीवन बिताना चाहते हैं। प्रतिरोध इसलिए होता है, क्योंकि हम यह सोचते हैं कि अगर लोगों को पता चलेगा कि हम बहुत शानदार, बहुत बड़े इलाक़े में नहीं रहते हैं, तो वे क्या सोचेंगे। आपको यह भी डर हो सकता है कि लोग इस बात को लेकर आपको जज करेंगे कि आपने पर्याप्त 'प्रगति' नहीं की है। सच तो यह है कि लोग नहीं, आप ख़ुद को जज कर रहे हैं, और आप जहाँ रहते हैं, वहाँ क्यों रहना चाहते हैं, इस बात पर सहज रहना या गर्व करना चाहिए।

आप किस तरह से ख़ुद को नुक़सान पहुँचा रहे हैं: समय बिताने के लिए बिना सोचे-समझे सोशल मीडिया पर स्क्रॉल करते रहना।

आपका अवचेतन मन आपको क्या बताना चाहता है: अपनी भावनाओं को सुन्न या कुंद करने का यह सबसे आसान तरीक़ा है, क्योंकि यह बहुत सुलभ है और इसकी लत लगना आसान है। सोशल मीडिया का स्वस्थ तरीक़े से उपयोग करने और किसी समस्या का सामना करने के तरीक़े के रूप में उपयोग करने में ज़मीन-आसमान का अंतर है। इसे देखना बंद करने के बाद आप कैसा महसूस करते हैं,यह महत्त्वपूर्ण है। यदि सोशल मीडिया को देखने के बाद आप प्रेरित या तनावमुक्त और ख़ुश महसूस करते हुए फ़ोन नहीं रखते हैं, तो आप शायद किसी बेचैनी से बचने की कोशिश कर रहे हैं, यानी वही बेचैनी जो, शायद आपसे कह रही है कि आपको बदलना चाहिए।

फिर से सुनना सीखें

अब जब आप अपने आंतरिक संकेतों पर ध्यान देना शुरू कर रहे हैं, तो यह समझना ज़रूरी है कि ख़ुद को कैसे सुनें और तत्काल प्रतिक्रिया कैसे दें।

आप जिस स्थिति में हैं, उसमें इसलिए है, क्योंकि आप नहीं जानते थे कि उस समय अपनी ज़रूरतों को कैसे समझें या पूरा करें। यदि आप

लगातार अपने विकल्पों और व्यवहारों को 'ठीक' नहीं करना चाहते हैं, तो आपको सीखना होगा कि अपनी भावनाओं को समय रहते कैसे समझें और उन्हें संसाधित करें। यह काम भावनात्मक बुद्धिमत्ता निर्मित करने की प्रक्रिया द्वारा होगा। अगले अध्याय में इसे विस्तार से बताया जाएगा, हालाँकि, शुरुआत तो हम यहीं से यह समझकर कर रहे हैं कि अपनी स्वाभाविक प्रवृत्तियों को कैसे सुनना है।

भविष्य से डरे बिना अपने 'अंतर्ज्ञान' के अनुसार कैसे चलें?

आधुनिक ज्ञान के सबसे ज़रूरी सिद्धांतों में से एक यह विचार है कि आप अपने जीवन की हर चीज़ के बारे में सच्चाई जानते हैं और, अपने भविष्य के बारे में भी। कहने का मतलब यह है कि आप स्वयं अपने भविष्यवक्ता हैं, और आपकी भावनाएँ न केवल इस बात की जानकारी देती हैं कि अभी क्या हो रहा है, बल्कि यह संकेत भी देती हैं कि जल्द ही क्या होने वाला है।

इस बात पर विश्वास करने में कुछ भी ग़लत नहीं है। हमारे मस्तिष्क और शरीर के परस्पर संबंध को साबित करने वाले बहुत सारे शोध हैं। उनमें यह साबित किया गया है कि जब हमें कोई *'गट फ़ीलिंग'* या कोई सहज अनुभूति या अंतःप्रज्ञा होती है, जो तर्क से ऊपर होती है, तो वह अक्सर सही होती है।

ऐसा इसलिए होता है, क्योंकि हमारे जठरांत्र प्रणाली (गेस्ट्रोइन्टेस्टाइनल सिस्टम) की परत एक 'दूसरे मस्तिष्क' (सेकंड ब्रेन) के रूप में कार्य करती है, क्योंकि यह जानकारी का एक बैकलॉग संग्रहीत करती है, जिसे आपका शरीर, आपके चेतन मन की तुलना में अधिक तेज़ी से याद कर सकता है। यह ऐसा अविश्वसनीय कौशल है, जो आपकी सहज प्रवृत्ति को लगभग हमेशा सही ठहराता है।

आपका अंतर्ज्ञान बुद्धिमान तो है, परंतु अलौकिक नहीं

अगर आप अपने आपको और बेहतर तरीक़े से समझना चाहते हैं, अपने दिल की बात सुनना चाहते हैं, अपने जुनून का पीछा करना चाहते हैं,

अपनी आत्मा को पाना चाहते हैं, आप चाहे जो भी पाना या करना चाहते हों, तो सबसे पहली बात जो आपको समझनी होगी, वह यह है कि आपका 'अंतर्ज्ञान' केवल वर्तमान में हो रही घटनाओं पर ही प्रतिक्रिया कर सकता है। अगर आपके पास भविष्य की किसी घटना के बारे में 'सहज ज्ञान' है, तो आप अनुमान लगा रहे हैं।

इस तरह से आप अपनी *'गट फीलिंग्स'* को समझना शुरू कर सकते हैं। क्या आप किसी ऐसे व्यक्ति को लेकर प्रतिक्रिया दे रहे हैं, जो आपके सामने है, या आप अपने दिमाग़ में उनके बारे में जो सोच रहे हैं, उसके अनुसार प्रतिक्रिया दे रहे हैं? क्या आप किसी वर्तमान परिस्थिति पर प्रतिक्रिया दे रहे हैं, या आप किसी ऐसी स्थिति पर यह मानकर प्रतिक्रिया दे रहे हैं कि आप जानते हैं कि यह कैसी होगी? क्या आपकी भावनाएँ वर्तमान में जो हो रहा है उसके प्रति हैं या भविष्य में क्या होगा, इस डर को लेकर है?

आपकी *'गट फीलिंग'* केवल वर्तमान में कार्य करने में सक्षम होती है, अन्य समय वह शांत रहती है। भीतर की 'छोटी आवाज़' बस इतनी ही छोटी होती है।

यह चीखती-चिल्लाती नहीं है, दहशत नहीं मचाती। यह आपका ध्यान आकर्षित करने के लिए आपके शरीर में एड्रेनलिन को पंप नहीं करती। यह गुस्सा नहीं करती। यह स्पष्टता की एक लहर है, जो आपके अत्यंत बुरे पलों के बीच आप पर हावी हो जाती है, आपको बताती है: *सब ठीक हो जाएगा, हालत इतनी भी बुरी नहीं है, जितना आप सोचते हैं, सब कुछ ठीक है।*

आपकी सहज प्रवृत्ति स्थितियों को बेहतर बनाने का काम करती है, जबकि आपकी कल्पना अक्सर स्थितियाँ बदतर बना सकती है।

लेकिन यह बात अक्सर लोगों को भ्रमित करती कि कौन-सी भावनाएँ आपकी सहज प्रवृत्ति हैं, और आपके डर, या संदेह, या सीमित विश्वास क्या हैं? हम इनमें अंतर कैसे कर सकते हैं?

तो, आपकी सहज प्रवृत्तियाँ वास्तव में भावनाएँ नहीं, प्रतिक्रियाएँ हैं।

अगर आप किसी के साथ समय बिताने के बाद ख़ुद को थका हुआ पाते हैं या ऐसा महसूस करते हैं कि आप उनसे दोबारा नहीं मिलना चाहते

हैं, तो यह आपकी सहज प्रवृत्ति है। अगर आप जो काम करते हैं, वह आपको थका देता है और उसका हर हिस्सा मजबूरी और अवांछनीय है, तो यह आपकी सहज प्रवृत्ति है। सहज प्रवृत्ति कोई भावना नहीं है (आपकी 'सहज प्रवृत्ति' यह नहीं कहती कि आज आप दुखी हैं)। सहज प्रवृत्ति यह है कि आप बिना अधिक विचार न करते हुए स्वयं को ख़तरे से तुरंत दूर कर लें।

आपको यह याद रखना होगा कि आपकी भावनाएँ, भले ही मान्य हों, अक्सर वास्तविक नहीं होतीं। वे हमेशा वास्तविकता का सटीक प्रतिबिंब नहीं होतीं, पर वे हमेशा हमारे विचारों का सटीक प्रतिबिंब अवश्य होती हैं। हमारे विचार हमारी भावनाओं को बदलते हैं, पर हमारे विचार हमारी सहज प्रवृत्ति को नहीं बदलते। आप स्वाभाविक रूप से जिस चीज़ की ओर आकर्षित होते हैं या जिससे दूर होते हैं, वह आपकी सहज प्रवृत्ति है। इसे आप आप महसूस नहीं करते हैं, न ही इसकी व्याख्या कर सकते हैं, इसे तो आप स्वाभाविक रूप से करते हैं।

जब लोग अपनी पसंद की ज़िंदगी बनाने के लिए अपनी सहज प्रवृत्ति का इस्तेमाल करने की बात करते हैं, तो उनका मतलब यही होता है कि वे वही कर रहे हैं, जो उनका सूक्ष्म अंतर्ज्ञान उन्हें बताता है कि उन्हें क्या करना सबसे अच्छा लगता है। कभी-कभी, आपकी सहज प्रवृत्ति आपको आपकी कला की ओर ले जा सकती है, भले ही यह आपको असहज और प्रतिरोधी बना दे।

कभी-कभी, आपकी सहज प्रवृत्ति आपको रिश्ते को बनाए रखने पर काम करते रहने के लिए प्रेरित कर सकती है, तब भी, जब यह कठिन हो।

आपकी सहज प्रवृत्ति का अस्तित्व यह सुनिश्चित करने के लिए नहीं होता कि आप दिनभर सहज और आनंदित महसूस करें। यह आपको उस ओर ले जाती है, जो आपको करना चाहिए, क्योंकि यह आपको दिखाती है कि आपकी रुचियाँ, कौशल और इच्छाएँ कहाँ पर मिलेंगी।

सहज वृत्ति और भय एक जैसे लग सकते हैं

अपने अंतर्ज्ञान पर विश्वास करने का अर्थ यह नहीं है कि आप उसे भविष्यवाणी मानें।

ऐसा समझ लेने से ही यह अवधारणा बहुत समस्याग्रस्त हो जाती है। हम न केवल असंगत भावनाओं पर *आँख मूंदकर* विश्वास कर रहे हैं, बल्कि यह मानते हुए उन पर भविष्य का अर्थ भी जोड़ रहे हैं कि हम जो कुछ भी महसूस कर रहे हैं, वह वास्तव में हमें चेतावनी दे रहा है या हमें दिखा रहा है कि आगे क्या होने वाला है।

आइए जानें कि ऐसा क्यों और कैसे होता है और आप इसे अपना जीवन बर्बाद करने से कैसे रोक सकते हैं।

भावनाएँ आपको सही निर्णय लेने के बारे में नहीं बतातीं।

सही निर्णय सही भावनाएँ पैदा करते हैं।

आपकी भावनाओं का उद्देश्य जीवनभर आपका मार्गदर्शन करना नहीं है, यह काम आपके मन का है।

अगर आप ईमानदारी से अपने हर आवेग का अनुसरण करेंगे, तो आप पूरी तरह से फँस जाएँगे, आत्मसंतुष्ट हो जाएँगे और संभवतः बेकार हो जाएँगे या कम से कम गंभीर संकट में तो पड़ ही जाएँगे, पर ऐसा नहीं होता, क्योंकि आपका मस्तिष्क हस्तक्षेप करने और आपको यह निर्देश देने में सक्षम है कि आप ऐसे विकल्प कैसे चुनें, जो यह दर्शाते हों कि आप लंबे समय तक क्या अनुभव करना चाहते हैं।

आप अपने जीवन में शांति और आनंद का अनुभव करना तब शुरू करते हैं, जब आप अपने आप को प्रतिदिन ऐसे कार्यों को दोहराने के लिए तैयार करते हैं, जो स्पष्टता, शांति, स्वास्थ्य और उद्देश्यपूर्णता को बढ़ावा देते हैं। इसके उलट नहीं।

यदि आप अपने जीवन में महारत हासिल करना चाहते हैं, तो आपको अपनी भावनाओं को व्यवस्थित करना सीखना होगा। उनके बारे में जागरूक होकर, आप उन्हें उस विचार प्रक्रिया में वापस खोज सकते हैं, जिसने उन्हें प्रेरित किया, और वहाँ से आप यह तय कर सकते हैं कि विचार वास्तविक ख़तरा या चिंता है या आपके रैप्टीलियन ब्रेन(प्राचीन मस्तिष्क) की उपज है, जो आपको जीवित रखने की कोशिश कर रहा है।

याद रखें: आपका मस्तिष्क प्रकृति के लिए बनाया गया था। आपका शरीर जंगल में जीवित रहने के लिए डिज़ाइन किया गया था। आपके पास

एक मस्तिष्क का एक पशुवत रूप है, जो एक अत्यधिक सभ्य, आधुनिक दुनिया में विचरण करने की कोशिश कर रहा है। इन आवेगों के लिए ख़ुद को माफ़ करें, और साथ ही समझें कि आपके विकल्प अंततः आपके हैं। आप कुछ भी महसूस कर सकते हैं, पर उस पर कार्य करना ज़रूरी नहीं है।

तो फिर हमसे यह क्यों कहा जाता है कि सबसे पहले 'अपने अंतर्ज्ञान की सुनो'?

आपकी आंत आपके मस्तिष्क के साथ गहराई से जुड़ी हुई है। आपके गेस्ट्रोइन्टेस्टाइनल सिस्टम और आपके मस्तिष्क में सेरोटोनिन उत्पादन के बीच एक शारीरिक संबंध है। आपकी वेगस तंत्रिका आपकी आँत से आपके सिर तक जाती है, जो आपके सिस्टम को विनियमित करने में मदद करने के लिए एक संचार उपकरण के रूप में कार्य करती है।

आपका पेट और आपका मस्तिष्क स्वाभाविक रूप से जुड़े हुए हैं, यही वजह है कि लोग किसी बात या स्थिति को 'गहराई में' जानने का संकेत देते हैं या समझाते हैं कि जब वे परेशान होते हैं, तो उनका 'पेट ख़राब हो जाता है' या किसी चीज़ के लिए उनकी 'गट रिएक्शन' थी।

जिस बात पर ध्यान नहीं दिया जा रहा है, वह यह है कि अपनी सहज प्रवृत्ति को सुनना वर्तमान क्षण में घटित होने वाली एक घटना है। भविष्य की किसी घटना को लेकर आपमें सहज प्रवृत्ति नहीं हो सकती, क्योंकि वह अभी तक अस्तित्व में नहीं है। आपके पास भविष्य में होने वाली किसी घटना के बारे में डर या स्मृति आधारित प्रतिक्रिया हो सकती है, लेकिन आप सहज रूप से किसी अन्य व्यक्ति या भविष्य की घटना के बारे में तब तक नहीं जान सकते, जब तक कि वह आपके सामने न हो।

जब आपको किसी के बारे में 'अंतर्ज्ञान' होता है, तो यह उनके साथ संवाद करने के बाद होता है। कोई नौकरी आपके लिए सही है या नहीं, यह कुछ समय तक काम करने के बाद ही समझ में आता है।

समस्या यह है कि हम अपनी सहज प्रवृत्ति को भाग्य बताने वाले तंत्र के रूप में इस्तेमाल करने की कोशिश कर रहे हैं, तो हमारे मस्तिष्क का रचनात्मक तरीक़ा हमारे शरीर से चालाकी से काम निकालने की कोशिश करना है, ताकि हम भविष्य में दर्द से बच सकें और हमारे जीवन में आनंद

बढ़ सके, लेकिन ऐसा नहीं होता है। हम फँस जाते हैं, क्योंकि हम जो महसूस करते हैं, उस पर भरोसा करते हैं। बजाय इसके कि हम यह समझें कि वास्तविक प्रतिक्रिया क्या है और अनुमान क्या है।

सहज ज्ञान और भय के बीच अंतर को पहचानना

सर्वोपरि और सबसे महत्त्वपूर्ण बात यह समझें कि आपकी सहज प्रवृत्ति वर्तमान क्षण में आपकी बहुत मदद कर सकती है। किसी स्थिति के प्रति आपकी पहली प्रतिक्रिया अक्सर सबसे बुद्धिमानी भरी प्रतिक्रिया होती है, क्योंकि आपका शरीर आपके द्वारा दर्ज की गई सभी अवचेतन जानकारी का उपयोग करके आपको किसी स्थिति के बारे में सूचित कर रहा होता है, इससे पहले कि आपके मस्तिष्क को उस पर दोबारा विचार करने का अवसर मिले।

आप वर्तमान में रहकर और ख़ुद से पूछकर इसका फ़ायदा उठा सकते हैं कि वर्तमान में सच क्या है। जब आप किसी दूसरे व्यक्ति, गतिविधि या व्यवहार में होते हैं, तो क्या सच होता है? जब आप वर्तमान में किसी चीज़ में संलग्न होते हैं, तो आपके मन में क्या गहरी, सहज प्रवृत्ति जागती है?

जब आप बस इसकी कल्पना कर रहे होते हैं, इसके बारे में अनुमान लगा रहे होते हैं, इसके विवरण याद कर रहे होते हैं, या कल्पना कर रहे होते हैं कि यह कैसा होगा, तो आप इसके बारे में जो सोचते और महसूस करते हैं, क्या यह उससे अलग है? आम तौर पर, वे अनुमान डर होते हैं, और आपकी वर्तमान प्रतिक्रिया आपकी ईमानदार सहज प्रवृत्ति होती है।

कुल मिलाकर, आपका ईमानदार अंतर्ज्ञान आपको कभी भी डराएगा नहीं। आपका अंतर्ज्ञान हमेशा शांत और स्थिर होता है, भले ही वह आपको संकेत दे रहा हो कि अमुक आपके लिए नहीं है। अगर आपका अंतर्ज्ञान आपको यह बताना चाहता है कि किसी से न मिलें या किसी रिश्ते या व्यवहार में शामिल न हों, तो आवेग शांत रहेगा। इसीलिए इसे 'अंतरात्मा की आवाज़' कहा जाता है। इसे अनसुना करना बहुत आसान है। इसे दबाना बहुत आसान है।

सहज ज्ञान युक्त संकेत बनाम हस्तक्षेप करने वाले विचार

जब आप अपने आपको सुनना शुरू करते हैं, तो आपको मददगार और सहज विचारों और नुक़सानदायक और दख़ल देने वाले विचारों के बीच अंतर करना मुश्किल हो सकता है। दोनों समान रूप से कार्य करते हैं। वे तत्काल, प्रतिक्रियाशील होते हैं और पहले से अनदेखी अंतर्दृष्टि प्रदान करते हैं और फिर भी वे व्यवहार में पूरी तरह से अलग तरीक़े से कार्य करते हैं।

इस प्रकार आप अपने अंतर्ज्ञान से प्रेरित और भयप्रेरित विचारों के बीच अंतर करना शुरू कर सकते हैं:

- सहज विचार शांत होते हैं। हस्तक्षेप करने वाले विचार चपल और डर पैदा करने वाले होते हैं।
- सहज विचार तर्कसंगत होते हैं, वे कुछ हद तक समझ में आते हैं। हस्तक्षेप करने वाले विचार तर्कहीन होते हैं और अक्सर किसी स्थिति को बढ़ा-चढ़ाकर पेश करते हैं या सबसे बुरे निष्कर्ष पर पहुँच जाते हैं।
- सहज विचार आपको वर्तमान में मदद करते हैं। वे आपको वह जानकारी देते हैं, जिसकी आपको बेहतर निर्णय लेने के लिए ज़रूरत होती है। हस्तक्षेप करने वाले विचार अक्सर बेतरतीब होते हैं और उनका वर्तमान की हलचल से कोई लेना-देना नहीं होता।
- सहज विचार 'शांत' होते हैं, हस्तक्षेप करने वाले विचार 'तीव्र' होते हैं, जिससे एक को दूसरे की तुलना में सुनना मुश्किल हो जाता है।
- सहज विचार आम तौर पर आपके पास एक या दो बार आते हैं और वे समझ पैदा करते हैं। हस्तक्षेप करने वाले विचार लगातार बने रहते हैं और घबराहट पैदा करते हैं।
- सहज विचार अक्सर अच्छे लगते हैं, जबकि हस्तक्षेप करने वाले विचार डरावने लगते हैं।

- सहज विचार आम तौर पर कहीं से भी आते हैं, हस्तक्षेप करने वाले विचार आम तौर पर बाहरी उत्तेजनाओं से सक्रिय होते हैं।
- सहज विचारों से जूझने की ज़रूरत नहीं पड़ती। वे आपके पास आते हैं और फिर आप उन्हें जाने देते हैं। हस्तक्षेप करने वाले विचार धारणाओं और भय का एक चक्र बनाना शुरू करते हैं, जिससे उनके बारे में सोचना बंद करना असंभव लगता है।
- जब कोई सहज विचार आपको आपकी पसंद की बात नहीं बताता, तब भी यह आपको कभी घबराहट नहीं होती। भले ही आप दुख या निराशा का अनुभव करते हों, लेकिन आप अत्यधिक चिंता नहीं करते। घबराहट आप तब अनुभव करते हैं, जब आपको नहीं पता होता कि किसी भावना के साथ कैसा व्यवहार करना है। यह तब होता है, जब आपके मन में कोई हस्तक्षेप करने वाला विचार आता है।
- सहज विचार आपके मस्तिष्क को अन्य संभावनाओं के लिए खोलते हैं, हस्तक्षेप करने वाले विचार आपके दिल के दरवाज़ों को बंद कर देते हैं और आपको फँसा हुआ या दोषी महसूस कराते हैं।
- सहज विचार आपके सर्वश्रेष्ठ स्व(आत्मा) के परिप्रेक्ष्य से आते हैं, हस्तक्षेप करने वाले विचार आपके भयभीत, मस्तिष्क के परिप्रेक्ष्य से आते हैं।
- सहज विचार समस्याओं का समाधान करते हैं, हस्तक्षेप करने वाले विचार उन्हें पैदा करते हैं।
- सहज विचारों की वजह से आप दूसरों की मदद कर पाते हैं, हस्तक्षेप करने वाले विचार 'मैं बनाम वे' मानसिकता पैदा करते हैं।
- सहज विचार यह समझने में आपकी मदद करते हैं कि आप क्या सोच रहे हैं और क्या महसूस कर रहे हैं, हस्तक्षेप करने वाले विचार यह अनुमान लगाते हैं कि दूसरे लोग क्या सोच रहे हैं और क्या महसूस कर रहे हैं।

- सहज विचार तर्कसंगत होते हैं, हस्तक्षेप करने वाले विचार तर्कहीन होते हैं।
- सहज विचार आपकी आत्मा से आते हैं और पेट में शानदार एहसास देते हैं, हस्तक्षेप करने वाले विचार आपके दिमाग़ को उलझाए रखते हैं और आपको घबराहट का एहसास देते हैं।
- सहज विचार आपको बताते हैं कि प्रतिक्रिया किस तरह करनी है, हस्तक्षेप करने वाले विचार माँग करते हैं कि आप प्रतिक्रिया करें।

अपनी ज़रूरतों को सही मायने में कैसे पूरा करें

'स्व-देखभाल' एक व्यापक शब्द बन गया है, जो प्रायः वास्तविक समस्या से ध्यान हटाने वाले व्यवहारों को संदर्भित करता है, बजाय इसके कि वह समस्या को ठीक करने के लिए कोई कार्रवाई करे। वास्तविक स्व-देखभाल आपकी अपनी आवश्यकताओं को पूरा करने का सबसे बुनियादी पहलू है।

अपनी बुनियादी सुरक्षा के अलावा, आपकी ज़रूरतें हैं पोषण प्राप्त करना, अच्छी नींद लेना, स्वच्छ वातावरण में रहना, उचित कपड़े पहनना और बिना किसी दबाव और अपने आपको आँके बिना महसूस करना।

इन ज़रूरतों को ख़ुद ही पूरा करने के तरीक़े ढूँढना, आत्म-विनाश पर क़ाबू पाने का आधार है।

अगर आपको रात को अच्छी नींद आती है, तो आपको व्यायाम करने की इच्छा होगी। अगर आपको लगातार पीठ दर्द के साथ बैठना न पड़े, तो आप काम के बारे में बहुत बेहतर महसूस करेंगे,अन्यथा आप किसी ऐसे पेशेवर की तलाश करेंगे, जो मुद्रा या कायरोप्रैक्टिक देखभाल या मालिश में आपकी मदद कर सके। यदि आपका घर व्यवस्थित और आपके लिए सार्थक है, तो आप अपने घर में समय बिताने का आनंद लेंगे। यदि आप स्वयं का ध्यान रखने के लिए समय निकालेंगे, तो आप प्रत्येक दिन अपने बारे में बेहतर महसूस करेंगे।

ये बातें छोटी नहीं, बड़ी हैं। आप इनका असर नहीं देख सकते, क्योंकि आप इन्हें हर दिन करते हैं।

अपनी ज़रूरतों को समझें, उन ज़रूरतों को पूरा करें, जिनके लिए आप ज़िम्मेदार हैं, और फिर ख़ुद को दूसरों के सामने प्रस्तुत करें, ताकि वे आपकी उन ज़रूरतों को पूरा कर सकें, जिन्हें आप ख़ुद नहीं कर सकते, इससे आपको आत्म-विनाश के चक्र को तोड़ने और अधिक स्वस्थ, अधिक संतुलित और संतुष्टिदायक जीवन का निर्माण करने में मदद मिलेगी।

4

भावनात्मक बुद्धिमत्ता का निर्माण

आत्म–विनाश अंततः निम्न भावनात्मक बुद्धिमत्ता का ही एक उत्पाद है।

अपने जीवन को स्वस्थ, उत्पादक और स्थिर तरीक़े से आगे बढ़ाने के लिए हमें यह समझना होगा कि हमारा मस्तिष्क और शरीर मिलकर कैसे काम करते हैं। हमें यह समझना होगा कि भावनाओं की व्याख्या कैसे करें, अलग–अलग भावनाओं का क्या मतलब है, और जब हम बड़ी, भयावह संवेदनाओं का सामना करते हैं, जिन्हें हम सँभालना नहीं जानते, तो क्या करें।

हम विशेष रूप से भावनात्मक बुद्धिमत्ता के उन पहलुओं पर ध्यान केंद्रित करने जा रहे हैं, जो आत्म–विनाशी व्यवहारों से संबंधित हैं, वैसे दुनियाभर के विशेषज्ञों द्वारा भावनात्मक बुद्धिमत्ता पर अद्भुत काम किया गया है, जो समय के साथ लगातार बढ़ता जा रहा है।

भावनात्मक बुद्धिमत्ता क्या है?

भावनात्मक बुद्धिमत्ता आपकी भावनाओं को समझने, व्याख्या करने और उन पर प्रबुद्ध और स्वस्थ तरीक़े से प्रतिक्रिया देने की क्षमता है।

उच्च भावनात्मक बुद्धिमत्ता वाले लोग अक्सर विभिन्न प्रकार के लोगों के साथ बेहतर ढंग से घुलने–मिलने में सक्षम होते हैं, अपने दैनिक जीवन में अधिक संतोष और संतुष्टि महसूस करते हैं और अपनी प्रामाणिक भावनाओं को संसाधित करने और व्यक्त करने के लिए समय निकालते रहते हैं।

हालाँकि, बहुधा भावनात्मक बुद्धिमत्ता आपके शरीर में आने वाली संवेदनाओं की व्याख्या करने और यह समझने की क्षमता है कि वे आपके जीवन के बारे में आपको क्या बताने की कोशिश कर रही हैं।

आत्म-विनाश का मुख्य कारण भावनात्मक बुद्धिमत्ता की कमी है, क्योंकि स्वयं को समझने की क्षमता न हो, तो हम भटक जाते हैं। ये हमारे मस्तिष्क और शरीर के कुछ ऐसे पहलू हैं, जिन्हें हम सही ढंग से समझ नहीं पाते, और इसी वजह से वे हमें अटका देते हैं।

आपका मस्तिष्क वास्तव में आप जो चाहते हैं, उसका विरोध करने के लिए डिज़ाइन किया गया है

जब हम वह हासिल कर लेते हैं, जो हम चाहते हैं, तो मानव मस्तिष्क में कुछ दिलचस्प घटित होता है।

जब हम कल्पना करते हैं कि हम कौन-से लक्ष्य हासिल करना चाहते हैं, तो हमें अक्सर यह उम्मीद होती है कि वे हमें किसी यथार्थ तरीक़े से हमारे जीवन की गुणवत्ता को ऊपर उठाएँगे और एक बार जब हम उस स्थान पर पहुँच जाएँगे, तो हम 'सुरक्षित' (किनारे पर पहुँच जाएँगे) हो जाएँगे।

'सुरक्षित' होने या किनारे पर पहुँचने का मतलब है, जाने देना। जीवन में आराम की स्थिति। कुछ समय के लिए जो जैसा है, वैसे ही रहने देना। पर, ऐसा नहीं होता।

न्यूरोलॉजिकल (स्नायु विज्ञान) रूप से, जब हमें कोई ऐसी चीज़ मिल जाती है, जिसे हम वाक़ई चाहते हैं, तो हमारी चाहत और बढ़ जाती है। डोपामाइन नामक रसायन की प्रकृति पर नए शोध से पता चलता है कि यह पहले से सोचे गए अनुमान से कहीं ज़्यादा जटिल है।

द *मॉलिक्यूल ऑफ़ मोर* में, डैनियल ज़ेड लेबरमैन लिखते हैं कि हार्मोन का अध्ययन करने वाले विशेषज्ञों ने पाया कि जब किसी व्यक्ति को किसी ऐसी चीज़ से परिचित कराया जाता है, जिसे वह बहुत चाहता है, तो उसे प्राप्त करने के बाद डोपामाइन का उछाल कम हो जाता है। यह पता चला है कि डोपामाइन वह रसायन नहीं है, जो आपको ख़ुशी देता है, यह तो आपको और अधिक चाहने का आनंद देता है।

आप किसी बड़े, विशाल लक्ष्य को पाने के लिए काम कर रहे हैं? आप वहाँ पहुँच जाएँगे, और फिर एक और पहाड़ चढ़ना होगा।

यह उन कई कारणों में से एक है, जिसकी वजह से हम जो चाहते हैं उसे बुरी तरह से नष्ट कर देते हैं। हम सहज रूप से जानते हैं कि लक्ष्य पर 'पहुँचने' से हमें वास्तव में जीवन से बचने की क्षमता नहीं मिलेगी, इससे हमारे भीतर और अधिक पाने की भूख ही पैदा होगी। कभी-कभी हम उस चुनौती के लिए तैयार नहीं होते।

इसलिए, जब हम आगे बढ़ रहे होते हैं, तो न्यूरोलॉजिकल पूर्वाग्रहों का एक ज़हरीला कॉकटेल एक-दूसरे पर इकट्ठा होने लगता है और हम अपनी सबसे बड़ी इच्छा का विरोध करना, उसके प्रति धारणा बनाना और यहाँ तक कि उसे बदनाम करना शुरू कर देते हैं।

जब हम वास्तव में जो चाहते हैं, उसके पीछे भागना शुरू करते हैं, तो क्या होता है: हम उस काम को करने से बचते हैं, जो वास्तव में उसे पाने के लिए करना पड़ता है, क्योंकि हम उसे न पाने से बहुत डरते हैं, विफलता का सामना करने पर हम अपने प्रयास को रोक देते हैं और तनावग्रस्त हो जाते हैं।

जब हमें लंबे समय तक अपना इच्छित लक्ष्य हासिल नहीं हो पाता, तो हम उसके पाने और 'बुरे होने' के बीच अवचेतन संबंध बनाते हैं, क्योंकि हमने दूसरों को उसके होने के लिए आँका है।

जब हम इसे प्राप्त कर लेते हैं, तो हमें इसे खोने का इतना डर लगता है कि हम इसे स्वयं से दूर धकेल देते हैं, ताकि हमें इसका दर्द न सहना पड़े।

हम 'चाहने' की मानसिक स्थिति में इतने गहरे उलझे हुए हैं कि हम 'पाने' की स्थिति में नहीं जा सकते।

सबसे पहली बात, जब हम किसी चीज़ को बहुत ज़्यादा चाहते हैं, तो अक्सर ऐसा इसलिए होता है, क्योंकि हम उससे अवास्तविक उम्मीदें रखते हैं। हम कल्पना करते हैं कि इससे हमारी ज़िंदगी को पूरी तरह से बदल जाएगी, और अक्सर ऐसा नहीं होता।

जब हम किसी अवास्तविक तरीक़े से हमें 'बचाने' के लिए किसी लक्ष्य या जीवन परिवर्तन पर निर्भर होते हैं, तो कोई भी विफलता हमें प्रयास

करना बंद करने के लिए प्रेरित करेगी। उदाहरण के लिए: अगर हमें पूरी तरह से यक़ीन है कि एक रोमांटिक साथी हमारी उदासी दूर कर देगा, तो हम अस्वीकृति को लेकर बेहद संवेदनशील होंगे, क्योंकि इससे हमें ऐसा लगता है कि हम कभी भी अवसाद से उबर नहीं पाएँगे।

बेशक, यहाँ स्पष्ट मुद्दा यह है कि डेटिंग 'ट्रायल ऐंड एरर प्रोसेस' है। सफल होने के लिए आपको पहले विफल होना होगा।

फिर, जब हम वह सब कुछ नहीं पाते, जो हम चाहते हैं, जैसे कि रोमांटिक रिश्ता, तो हमारे दिमाग़ को आत्म-सुरक्षा के लिए जीवन में हमारे रुख़ को उचित ठहराना और मान्य करना पड़ता है। यही कारण है कि हम अनजाने में उन लोगों को बदनाम करते हैं, जिनके पास वह है, जो हम चाहते हैं। उनकी सफलता से प्रेरित होने की बजाय, हम उन पर संदेह करते हैं। हम रिश्तों के बारे में संदेह करने लग जाते हैं, दूसरों की ख़ुशी से इतनी ईर्ष्या करने लगते हैं कि हम मान लेते हैं कि वे दिखावा कर रहे होंगे, या कि उनका प्यार 'असली नहीं है' या कि वे अंततः अलग हो ही जाएँगे।

अगर हम इन मान्यताओं से लंबे समय तक जकड़े रहेंगे, तो सोचिए तब क्या होगा जब हमें आख़िरकार वह रिश्ता मिल जाएगा, जो हम वाक़ई चाहते हैं? बेशक, हम इस पर संदेह करेंगे और मान लेंगे कि यह भी विफल हो जाएगा।

यही तब होता है, जब लोग दूसरों को दूर धकेल देते हैं या किसी चुनौती के सामने आते ही अपने बड़े सपनों को छोड़ देते हैं। कुछ खोने के डर से हम डरे हुए होते हैं, तो हम आत्म-संरक्षण के साधन के रूप में सबसे पहले उसी को ख़ुद से दूर धकेलने लगते हैं।

तो चलिए मान लेते हैं कि आप उन सीमित मान्यताओं से निपटते हैं, जो आपके जीवन में इतना प्रतिरोध पैदा कर रही हैं, और अंततः आप वह बनाने और पाने के लिए तैयार हो जाते हैं, जो आप वास्तव में चाहते हैं। इसके बाद, आप आख़िरी और सबसे कठिन चुनौती का सामना करेंगे, जो कि 'जीवित रहने के तरीक़े' से 'समृद्ध होने के तरीक़े' की ओर जाना है।

अगर आपने अपने जीवन का ज़्यादातर हिस्सा ऐसी स्थिति में बिताया है, जिसमें आप 'बस गुज़ारा कर रहे हैं', तो आप यह नहीं जान पाएँगे कि

ऐसे जीवन में कैसे ढलना है, जिसमें आप आराम से रहते हैं और उसका आनंद लेते हैं। आप इसका प्रतिरोध करेंगे, दोषी महसूस करेंगे, शायद ज़्यादा ख़र्च करेंगे या ज़िम्मेदारियों की अनदेखी करेंगे। आप अपने दिमाग़ में, सालों की मुश्क़िलों को सालों के पूर्ण आराम से 'संतुलित' कर रहे हैं, हालाँकि, यह तरीक़ा कारगर नहीं होता।

जब हम 'चाहने' की भावना में इतने गहरे उलझे होते हैं, तो 'पाने' के अनुभव को समायोजित करना बेहद मुश्क़िल हो जाता है।

ऐसा इसलिए होता है, क्योंकि कोई भी बदलाव, चाहे वह कितना भी सकारात्मक क्यों न हो, तब तक असहज लगता है, जब तक आप उसे जान न लें।

यह स्वीकार करना कठिन है कि हम जिस तरह से ख़ुद को स्वीकार्यता दिलाने के लिए इतने इच्छुक हैं कि हम गर्व के कारण अपने ही रास्ते में बाधा बनकर खड़े हो जाते हैं। यह स्वीकार करना और भी कठिन है कि अक्सर, जिन चीज़ों से हम दूसरों में ईर्ष्या करते हैं, वे हमारी सबसे गहरी इच्छाओं के अंश होते हैं, जिन्हें पाने के लिए हम तैयार नहीं होते हैं।

जी हाँ, आपका मस्तिष्क हमेशा बड़ी चीज़ों की चाहत रखता है, उन जैसी और भी चीज़ें चाहता है, लेकिन इसकी प्रक्रियाओं और प्रवृत्तियों को समझकर, आप प्रोग्रामिंग को नज़रअंदाज़ करके अपने जीवन को नियंत्रित करना शुरू कर सकते हैं।

आपका शरीर होमियोस्टेटिक (समस्थिति) आवेग से संचालित होता है

आपका मस्तिष्क आपके जीवन को सुदृढ़ और विनियमित करने के लिए बनाया गया है।

आपके अवचेतन मन में होमियोस्टेटिक (समस्थिति) आवेग होता है, जो शरीर के तापमान, दिल की धड़कन और साँस लेने जैसे कार्यों को नियंत्रित करता है। ब्रायन ट्रेसी ने इसे इस तरह समझाया: ''आपके ऑटोनॉमिक नर्वस सिस्टम के माध्यम से, आपका होमियोस्टेटिक आवेग आपकी अरबों कोशिकाओं में सैकड़ों रसायनों के बीच संतुलन बनाए रखता

है, ताकि आपकी पूरी शारीरिक मशीन अधिकांश समय पूर्ण सामंजस्य के साथ काम करे।''

लेकिन बहुत से लोग यह नहीं समझते कि जिस तरह आपका मस्तिष्क आपके शारीरिक रचना को नियंत्रित करने के लिए बना है, उसी तरह यह आपकी मानसिक स्थिति को नियंत्रित करने की कोशिश करता है। आपका मस्तिष्क लगातार ऐसी जानकारी और उत्तेजनाओं को छानता और आपके ध्यान में लाता रहता है, जो आपकी पहले से मौजूद मान्यताओं की पुष्टि करती हैं (इसे मनोविज्ञान में पुष्टि पूर्वाग्रह कहा जाता है), साथ ही आपके सामने बार-बार ऐसे विचार और आवेग प्रस्तुत करता है, जो आपके द्वारा अतीत में किए गए कार्यों की नक़ल और प्रतिबिंब होते हैं।

आपका अवचेतन मन आपके कंफ़र्ट ज़ोन का द्वारपाल है।

यह वह क्षेत्र भी है, जहाँ आप सबसे बड़ी सफलता, ख़ुशी, संपूर्णता या आपके जीवन का उपचार करने और उसे मज़बूत बनाने की उम्मीद करने और नियमित रूप से उन कार्यों की तलाश करने की आदत डाल सकते हैं।

इससे हमें यह सीख मिलती है कि जब हम अपने जीवन में किसी उपचार या बदलाव की प्रक्रिया से गुज़र रहे होते हैं, तो हमें अपने शरीर को सामान्य स्थिति में समायोजित होने देना चाहिए। यही कारण है कि सभी परिवर्तन, चाहे कितने भी अच्छे क्यों न हों, तब तक असहज रहेंगे, जब तक कि आप उनसे परिचित न हो जाएँ। यही कारण है कि हम आत्म-विनाशकारी आदतों और चक्रों में फँस सकते हैं। भले ही वे अच्छे लगते हों, इसका मतलब यह नहीं है कि वे हमारे लिए अच्छे होते हैं।

हमें विवेकपूर्ण व्यवहार करने के लिए अपने दिमाग़ का उपयोग करना होगा। हमें अपनी सर्वोत्तम बुद्धिमत्ता का उपयोग यह तय करने के लिए करना होगा कि हम कहाँ जाना चाहते हैं, हम कौन बनना चाहते हैं, और फिर हमें अपने शरीर को समय के साथ समायोजित होने देना होगा।

हम जो महसूस करते हैं, उसके अनुसार हम नहीं रह सकते। हमारी भावनाएँ अस्थायी होती हैं और हमेशा वास्तविकता नहीं दिखातीं।

आप सफलताओं से नहीं, सूक्ष्म परिवर्तनों से बदलते हैं

अगर आप जीवन में अटके हुए हैं, तो शायद ऐसा इसलिए है, क्योंकि आप बड़े धमाके का इंतज़ार कर रहे हैं, सफलता के उस क्षण का, जिसमें आपके सभी डर ख़त्म हो जाएँगे और आपको स्पष्टता मिल जाएगी। जो काम होना है, वह सहजता से होता है। आपका व्यक्तिगत परिवर्तन आपको आत्मसंतुष्टि से बाहर निकालता है, और आप एक बिलकुल नए अस्तित्व के साथ जागते हैं। वह क्षण कभी नहीं आएगा।

सफलताएँ अचानक नहीं मिलतीं। वे टिपिंग पॉइंट (निर्णायक या परिवर्तन बिंदु) होती हैं।

आपको इसका एहसास तब होता है, जब आपके दिमाग़ के हाशिये पर बैठे विचारों पर पर्याप्त ध्यान दिया जाता है और वे आख़िरकार आपके विचारों पर हावी हो जाते हैं। ये 'क्लिकिंग' क्षण होते हैं, यानी वे क्षण, जब आप अंततः उस सलाह को समझते हैं, जिसे आपने जीवन भर सुना है। वे क्षण तब आते हैं, जब आप अपने आपको किसी व्यवहार पैटर्न के प्रति इतने लंबे समय तक अभ्यस्त बना लेते हैं कि वह अब आपके लिए सहज हो जाता है।

कोई आश्चर्यजनक, विलक्षण सफलता नहीं, एक सूक्ष्म परिवर्तन (माइक्रोशिफ़्ट) से आपका जीवन बदल जाता है।

सफलताएँ घंटों, दिनों और वर्षों तक एक ही तरह के नीरस काम करने के बाद मिलती हैं।

लेखक और मीडिया रणनीतिकार रयान हॉलिडे ने लिखा है कि एपिफ़नी(ज्ञानोदय) से जीवन नहीं बदलता। ये कार्रवाई के वे क्रांतिकारी क्षण नहीं हैं, जिनसे हमारे भीतर लंबे समय तक बने रहने वाले, व्यापक परिवर्तन होते हैं, बल्कि यह हमारी आदतों को नया रूप देना है। साइंस फ़िलॉसफ़र थॉमस कुहन ने भी इसी तरह के विचार रखे हैं और उन्हें 'प्रतिमान परिवर्तन'(पेरडाइम शिफ़्ट) कहा है। कुहन का कहना है कि हम अपने जीवन को प्रतिभा की चमक से नहीं, बल्कि एक धीमी प्रक्रिया के माध्यम से बदलते हैं, जिसमें धारणाएँ उजागर होती हैं और नए स्पष्टीकरण

की आवश्यकता होती है। परिवर्तन की अवधियों में ही सूक्ष्म परिवर्तन घटित होते हैं और क्रांतिकारी बदलाव आकार लेने लगते हैं।

माइक्रोशिफ़्ट को अपने दैनिक जीवन में होने वाले बदलावों की छोटी-छोटी वृद्धियाँ समझें। माइक्रोशिफ़्ट का मतलब है कि आप एक बार के भोजन के एक हिस्से में जो खाते हैं, उसमें बदलाव करना, फिर दूसरी बार और तीसरी बार भी ऐसा ही करना है। इससे पहले कि आपको एहसास हो कि क्या हो रहा है, आप व्यवहार का एक पैटर्न अपना चुके होते हैं।

आप हर दिन जो काम करते हैं, वह आपके जीवन की गुणवत्ता और आपकी सफलता की हद को निर्धारित करता है। यह मायने नहीं रखता कि आपको काम करने का 'मन' है या नहीं, बल्कि मायने रखता है कि आप काम करते हैं, या नहीं।

क्योंकि जीवन के परिणाम जुनून से नहीं, सिद्धांत से नियंत्रित होते हैं।

हो सकता है कि आज सुबह आपने जो काम किया, वह आपको बहुत महत्त्वपूर्ण न लग रहा हो। आपको शायद लगता हो कि छोटी-छोटी चीजों का महत्त्व नहीं है, लेकिन उनका महत्त्व है। सदियों पुराने दिमाग़ी पहेली के बारे में सोचें: क्या आपको आज 1 मिलियन डॉलर चाहिए या ऐसी धनराशि, जो अगले महीने तक हर दिन दोगुनी होती जाए? अभी 1 मिलियन डॉलर पाना बहुत अच्छा लगता है, लेकिन 31 दिन के महीने के बाद, उस राशि की क़ीमत 10 मिलियन डॉलर से ज़्यादा हो जाएगी।

बड़े, व्यापक परिवर्तन करना इसलिए मुश्क़िल नहीं है, क्योंकि हम सभी में कमियाँ हैं और हम अक्षम प्राणी हैं, यह मुश्किल इसलिए है, क्योंकि हमें अपने कंफ़र्ट ज़ोन से बाहर रहने के लिए नहीं बनाया गया है।

अगर आप अपनी ज़िंदगी बदलना चाहते हैं, तो आपको हर दिन हर घंटे छोटे-छोटे, लगभग अदृश्य फ़ैसले लेने होंगे, जब तक कि वे विकल्प आपकी आदत में शामिल न हो जाएँ। तब आप उन्हें जारी रखेंगे।

अगर आप अपने फ़ोन पर कम समय बिताना चाहते हैं, तो आज इसे एक बार भी चेक न करें। अगर आप सेहतमंद खाना चाहते हैं, तो आज आधा कप पानी पिएँ। अगर आप ज़्यादा सोना चाहते हैं, तो आज रात को पिछली रात से 10 मिनट पहले सो जाएँ। अगर आप ज़्यादा व्यायाम करना चाहते

हैं, तो अभी सिर्फ़ 10 मिनट के लिए करें। अगर आप पढ़ना चाहते हैं, तो एक पेज़ पढ़ें। अगर आप ध्यान करना चाहते हैं, तो 30 सेकंड के लिए करें।

फिर इन कामों को करते रहें। हर दिन करें। आपको अपना फ़ोन न देखने की आदत पड़ जाएगी। आपको ज़्यादा पानी पीने की इच्छा होगी और आप ज़्यादा पानी पिएँगे। आप 10 मिनट तक दौड़ेंगे और आपको ऐसा नहीं लगेगा कि आपको रुकना है, इसलिए आप दौड़ते रहेंगे। आप एक पेज़ पढ़ेंगे, दिलचस्पी लेंगे और दूसरा पेज़ भी पढ़ेंगे।

हमारे सबसे सहज, शारीरिक स्तर पर, 'परिवर्तन' का अर्थ कुछ ख़तरनाक और संभावित रूप से जीवन को ख़तरे में डालने वाला होता है। इसमें आश्चर्य नहीं कि हम अपने पिंजरे ख़ुद बनाते हैं और उनमें रहने लगते हैं, भले ही दरवाज़े पर ताला न हो।

अपने आपको एक नए जीवन में ढालने की कोशिश करना आसान नहीं होता, इसलिए यह कारगर भी नहीं होता।

आपको बदलाव शुरू करने के लिए तब तक इंतज़ार करने की ज़रूरत नहीं है, जब तक आपका मन न करे। आपको बस एक बार में एक माइक्रोशिफ़्ट करने की ज़रूरत है और फिर ऊर्जा और गति को बढ़ने दें।

आपका मन एंटी फ्रेज़ाइल है

क्या आपका मस्तिष्क आपके जीवन का सबसे बड़ा प्रतिद्वंद्वी है?

क्या आपके तनाव के सबसे बड़े कारणों में तर्कहीन भय मुख्य है?

क्या आपको कभी ऐसा लगता है कि आप समस्याओं की तलाश में हैं, ऐसी समस्याएँ खड़ी कर रहे हैं, जो अस्तित्व में हैं ही नहीं, ज़रूरत से ज़्यादा प्रतिक्रिया कर रहे हैं, बहुत ज़्यादा सोच रहे हैं और हानिकारक सोच रहे हैं?

अगर आपने इन सवालों के जवाब में 'हाँ' कहा है, तो बधाई, आप अपने बारे में जागरूक हैं। आप भी बाक़ी लोगों की तरह ही हैं।

अगर आपको ऐसा लगता है कि आप हमेशा अवचेतन रूप से अपने जीवन को स्कैन कर रहे हैं और यह पता लगाने की कोशिश कर रहे हैं कि

अब आगे किस बात की चिंता करनी है, डरने के लिए अगला संभावित ख़तरा क्या है, तो आप सही हैं।

जिस बात को हमारा दिमाग़ सबसे कम संभावित ख़तरे के रूप में पहचानाता है, जिसे हम नियंत्रित नहीं कर सकते, हम उसी से सबसे अधिक डरते हैं। यदि ख़तरा अत्यधिक संभावित है, तो हमें उससे डर नहीं लगता है। हम उसका सामना करते हैं। यही कारण है कि अधिकतर चिंता उस स्थिति से नहीं आती, जिसके बारे में हम जानते हैं कि हम इसे नियंत्रित नहीं कर सकते, बल्कि उस एक मामूली-सी अप्रत्याशित बात से आती है, जो हमारे बस में नहीं होती।

तो फिर हमारे दिमाग़ को इसकी क्या ज़रूरत है?

क्या हमारे पास है, हम उसका आनंद नहीं ले सकते और उसके लिए आभारी नहीं हो सकते? एक हद तक, बिलकुल हो सकते हैं।

लेकिन हमारे मन को प्रतिकूल परिस्थितियों की भी आवश्यकता होती है, और इसीलिए समस्याएँ उत्पन्न करते रहना स्वाभाविक है। भले ही हमारे सामने कोई वास्तविक समस्या न हो।

मानव मस्तिष्क को एंटी-फ्रेज़ाइल(न टूटने लायक़) कहा जाता है, जिसका अर्थ है कि यह प्रतिकूल परिस्थितियों में यह बेहतर होता जाता है। दबाव में पत्थर के हीरे बन जाने या कीटाणुओं के बार-बार संपर्क में आने के बाद प्रतिरक्षा प्रणाली के मज़बूत हो जाने की तरह, मन को भी चुनौती के रूप में उत्तेजना की ज़रूरत होती है।

अगर आप अपने जीवन में किसी भी तरह की वास्तविक चुनौती को नकारते और ठुकराते हैं, तो आपका मस्तिष्क एक नई समस्या पैदा करके उसकी भरपाई करेगा, जिससे आपको निपटना होगा। पर इस बार, अंत में कोई इनाम नहीं मिलेगा। सिर्फ़ आप ही जीवनभर अपने आप से ही संघर्ष करते रहेंगे।

ख़ुशी का पीछा करने का पारंपरिक जुनून, अपने आपको किसी भी ट्रिगर से बचाना और यह विचार कि जीवन मुख्य रूप से 'अच्छा' है और हमारे सामने आने वाली कोई भी चुनौती क़िस्मत की चूक का परिणाम है, ये सब बातें वास्तव में हमें मानसिक रूप से कमज़ोर बनाती हैं।

किसी भी प्रतिकूलता से मन को बचाना हमें चिंता, घबराहट और गड़बड़ियों के प्रति अधिक संवेदनशील बनाता है।

जो लोग अपने मन में समस्याएँ पैदा करने से ख़ुद को नहीं रोक पाते, वे अक्सर ऐसा इसलिए करते हैं, क्योंकि उन्होंने अपने अस्तित्व पर रचनात्मक नियंत्रण खो दिया है। वे सवारी की सीट पर बैठ जाते हैं, यह सोचते हुए कि जीवन अपने आप चलता है। वह यह नहीं सोचते कि जीवन कि उनके कार्यों का परिणाम है।

अगर ऐसा होता, तो किसी को भी क्यों डर लगता?

लेकिन ज़्यादातर लोग आपको यह नहीं बताते कि प्रतिकूलता आपको रचनात्मक बनाती है। यह आपके सुप्त या निष्क्रिय पड़े हुए हिस्से को सक्रिय करती है।

यह परिस्थितियों को दिलचस्प बनाती है। मानवीय आख्यान का एक हिस्सा किसी स्थिति पर विजय पाने की चाहत भी है।

तरक़ीब यह है कि इसे संतुलन में रखा जाए। अपने कंफ़र्ट ज़ोन से बाहर निकलना और किसी अच्छे उद्देश्य के लिए कष्ट सहना।

भुखमरी, राजनीति या दुनिया की किसी और वास्तविक समस्याओं पर ध्यान केंद्रित करना।

लेकिन, सबसे ज़रूरी बात यह है कि जीवन में उन चीज़ों से जुड़े रहना होगा, जिन्हें हम नियंत्रित कर सकते हैं। यदि आप वास्तव में इसके बारे में सोचें तो अधिकांश चीजें ऐसी ही हैं। एंटी-फ्रेज़ाइल चीज़ों को टूटने और बदलने के लिए तनाव, प्रतिरोध, प्रतिकूलता और दर्द की ज़रूरत होती है। हम इसे जीवन के साथ गहराई से संवाद करके और इसका हिस्सा बनकर प्राप्त करते हैं, बजाय इसके कि हम अपनी भावनाओं से डरें और डरकर किनारे पर बैठे रहें।

आप हमेशा के लिए वहाँ नहीं रह सकते, और न ही आप वहाँ रहना चाहते हैं। आप सभी कठिनाइयों को स्वीकार करने के लिए ही बने हैं। आगे बढ़ें और जीना शुरू करें।

नया परिवर्तन एडजस्टमेंटशॉक देता है

जीवन के बारे में जो बातें आपको कोई नहीं बताता, उनमें से शायद सबसे भ्रामक बात यह है कि जीवन में सकारात्मक परिवर्तन के बाद आपको तुरंत ख़ुशी का अनुभव नहीं हो सकता।

आपके मानस के बारे में सच्चाई यह है कि कोई भी चीज़ जो नई है, भले ही वह अच्छी हो, उसको लेकर आप तक तक असहज बने रहेंगे, जब तक आप उससे अच्छे ढंग से परिचित न हो जाएँ।

हमारा मस्तिष्क इसके विपरीत भी काम करता है, अर्थात जो कुछ भी परिचित है, हम उसे ही अच्छा और आरामदायक समझते हैं, भले ही वे व्यवहार, आदतें या रिश्ते वास्तव में विषाक्त या विनाशकारी हों।

जीवन की सकारात्मक घटनाएँ वास्तव में अवसादग्रस्तता के दौर को ट्रिगर कर सकती हैं। ऐसा कुछ कारणों से होता है, सबसे पहली बात मूड या रवैये में उतार-चढ़ाव तनाव को बढ़ा सकता है। दूसरा, यह उम्मीद करना कि एक सकारात्मक घटना सभी तरह के तनावों को ख़त्म कर देगी और अद्भुत ख़ुशी लाएगी, ऐसा सोचना विनाशकारी है, क्योंकि ऐसी घटना शायद ही कभी ऐसा करती है। यही कारण है कि शादी, बच्चे का जन्म या नई नौकरी अविश्वसनीय रूप से तनावपूर्ण हो सकती है। जीवन में बड़े बदलाव के अलावा, यह मौन धारणा भी होती है कि सब कुछ सकारात्मक होना चाहिए, चिंता और तनाव को समाप्त किया जाना चाहिए।

यह जानकर आश्चर्य होगा कि ऐसा होता नहीं है।

कुल मिलाकर, यह इस साधारण तथ्य पर निर्भर करता है कि कोई भी उपलब्धि, सफलता या जीवन में परिवर्तन, चाहे वह कितना भी सकारात्मक क्यों न हो, हमारे भीतर रूपांतरण करता है। परिवर्तन से तनाव होता है। यह उन लोगों के लिए विशेष रूप से लागू होता है, जो पहले से ही चिंता और अवसाद के शिकार हैं, क्योंकि व्यक्ति के कंफ़र्ट ज़ोन की अवधारणा उसके मूड को स्थिर करने के लिए बिलकुल आवश्यक है। यही कारण है कि वे लोग अक्सर अत्यंत अभिभूत और संकीर्ण सोच वाले मालूम पड़ सकते हैं।

एडजस्टमेंट शॉक के लक्षण क्या हैं?

वैसे तो एडजस्टमेंट शॉक चिंता या चिड़चिड़ापन में वृद्धि के तौर पर ही प्रकट हो सकता है, लेकिन, यह कभी-कभी उससे कहीं अधिक जटिल भी होता है।

एडजस्टमेंट शॉक अक्सर हाइपरविजिलेंस यानी अतिसतर्कता के रूप में सामने आता है। यदि आप वित्तीय लाभ कमा रहे हैं, तो आपका दिमाग़ तुरंत इस बात पर चला जाता है कि कौन-सी बात आपकी प्रगति को पटरी से उतार सकती है, भुगतान के लिए कोई बड़ा बिल आ सकता है या अभी-अभी मिली नौकरी आप गँवा सकते हैं। यदि आपका कोई नया, ख़ुशहाल रिश्ता है, तो आप अपने साथी की बेवफ़ाई या झूठ को लेकर शंकित या भयभीत हो सकते हैं।

एडजस्टमेंट शॉक अचेतन चाहतों और मान्यताओं को उभार सकता है। यदि आपकी परवरिश में ऐसी घुट्टी पिलाई गई है कि अमीर लोग नैतिक रूप से भ्रष्ट होते हैं, तो आप बहुत अधिक रुपए-पैसे का विरोध करेंगे। यदि आप अधिक प्यार पाने वाले व्यक्ति के रूप में पहचान बनाना चाहते हैं, तो आप सार्वजनिक सफलता का विरोध करेंगे, क्योंकि 'प्रसिद्ध' लोगों की अक्सर औसत व्यक्ति की तुलना में अधिक आलोचना होती है, उन्हें अधिक नापसंद किया जाता है।

एडजस्टमेंट शॉक से तीव्र भय पैदा हो सकता है, क्योंकि जब हम कोई ऐसी चीज़ हासिल करते हैं, जिसकी हमें बहुत परवाह है या जिसके लिए हमने लंबे समय से काम किया है, तो हमारी सहज प्रवृत्ति दीवारें खड़ी करने और ख़ुद को उस अनुभव के प्रति असंवेदनशील बनाने की होती है, ताकि अपने आपको संभावित नुक़सान से बचाया जा सके।

हम अक्सर उन बातों या स्थितियों का सबसे अधिक विरोध करते हैं, जिन्हें हम सबसे अधिक चाहते हैं।

ऐसा एडजस्टमेंट शॉक के कारण होता है, हालाँकि हमेशा हमें प्रतिरोध का कारण जान नहीं पाते हैं।

हम जो चाहते हैं, वह सब कुछ प्राप्त करना डरावनी स्थिति है, क्योंकि यह हमें जीवित रहने की भय-आधारित मानसिकता से बाहर निकलने और

अधिक स्थिर मानसिकता में जाने के लिए मजबूर करता है। अगर हम केवल वही करने के आदी हैं, जो हमें जीवित रहने के लिए ज़रूरी है, तो हमारा सामना आत्म-साक्षात्कार के अगले चरणों से होता है।

अगर हम अब मूल अस्तित्व के बारे में चिंतित नहीं हैं, तो हमारा मस्तिष्क जीवन के बड़े सवालों पर विचार करने के लिए स्वतंत्र रहते हैं: हमारा उद्देश्य क्या है? क्या हमने सार्थक जीवन जिया है? क्या हम वही हैं, जो हम बनना चाहते हैं?

हम अक्सर बड़ी उपलब्धियों को 'जीवन से आसानी से बाहर निकलने' का टिकट समझते हैं। संभवत: ऐसा नहीं है। सच कहें, तो इसके विपरीत होता है। ये बड़ी उपलब्धियाँ हमें ऊपर उठाती हैं, हमें बड़ी ज़िम्मेदारियाँ लेने के लिए मजबूर करती हैं, बड़ी समस्याओं के बारे में अधिक गहराई से सोचने के लिए और जिन बातों को हम सच मानते थे, उन पर सवाल उठाने के लिए भी मजबूर करती हैं।

बड़ी उपलब्धियाँ वास्तव में हम पर अपना बेहतर संस्करण बनने के लिए दबाव डालती हैं। यह दबाव हमारे जीवन के लिए एक सकारात्मक बात तो है, लेकिन संघर्ष करने जितना ही या उससे भी अधिक असुविधाजनक हो सकता है।

मैं एडजस्टमेंट शॉक से कैसे उबर सकता हूँ?

जब आपके जीवन में कुछ सकारात्मक घटित होता है, तो आपको अलाइनमेंट बनाने के लिए अन्य स्थितियों के बारे में अपनी मानसिकता को समायोजित करना होगा और एक नया, अधिक सटीक और दीर्घकालिक परिप्रेक्ष्य बनाना होगा।

अगर आपको अधिक पैसे कमाने की चिंता है, तो आपको यह सीखना होगा कि इसे बेहतर तरीक़े से कैसे मैनेज किया जाए। अगर आप रिश्तों को लेकर चिंतित हैं, तो आपको दूसरों के साथ बेहतर संबंध बनाना सीखना होगा।

आपके जीवन का बड़ा परिवर्तन आपको हर संभव तरीक़े से आगे बढ़ने के लिए मजबूर करेगा और अज्ञात परिस्थिति में क़दम रखने के

प्रारंभिक भय पर क़ाबू पाने का उपाय यह है कि आप इस परिवर्तन से परिचित हो जाएँ, इसे अपना एक हिस्सा बना लें, ऐसा हिस्सा, जिसको लेकर आप आश्वस्त हैं कि आप तैयार हैं और जिसके आप हक़दार हैं।

मानसिक चिंतन बुद्धिमत्ता नहीं है

जब हम 'मानसिक चिंतन' (साइकिक थिंकिंग) की बात करते हैं, तो हम हस्तरेखा-पढ़ने वाले, नियोन-साइन-विज्ञापित तांत्रिक पेशेवरों की चर्चा नहीं कर रहे हैं, जिन्हें आप अपनी ऊर्जा का मूल्यांकन करने और अपनी भविष्य को जानने के लिए पैसे दे सकते हैं।

मानसिक चिंतन उससे कहीं बड़ा विश्वासघात करता है।

मानसिक चिंतन का अर्थ यह मान लेना है कि आप जानते हैं कि दूसरे व्यक्ति क्या सोच रहे हैं या वे क्या करने का इरादा रखते हैं। इसका मतलब यह मान लेना है कि सबसे कम संभावित परिणाम सबसे व्यवहार्य परिणाम है, क्योंकि आप इसे सर्वाधिक दृढ़ता से महसूस करते हैं। यह मानना है कि आप 'एक दूसरे जीवन' से चूक गए हैं, एक ऐसा रास्ता, जिसे आपने नहीं चुना, जो संभवतः आपके लिए अधिक उपयुक्त था। यह मानना है कि जिस व्यक्ति के साथ आपका सबसे अधिक उत्साहवर्धक संबंध है, वही आपका सबसे आदर्श जीवन साथी है।

बेशक, बाक़ी लोग हमें जिस नज़रिये से देखते हैं, वह गतिमान है। हम उनके विचारों, भावनाओं और इरादों से काफ़ी हद तक या कि पूरी तरह से अनजान हैं। सबसे कम संभावित नतीजा बस यही है: न्यूनतम संभावित परिणाम। ऐसा कोई रास्ता नहीं है, जिस पर हम चल सकते थे, केवल हमारी ज़रूरतों और इच्छाओं का एक अनुमान है, जो हमारे जीवन के दूसरे काल्पनिक विचार पर आधारित है। किसी व्यक्ति के साथ उत्साहवर्धक संबंध आत्मा का मिलन नहीं है, प्रेम और अनुरूपता एक ही बात नहीं हैं।

मानसिक चिंतन हमें वास्तविकता से अलग कर देता है। तर्क के स्थान पर, हम भावनाओं से काम लेते हैं, जो अक्सर ग़लत, अविश्वसनीय और पूरी तरह से एकतरफ़ा होती हैं। हम जो मानना चाहते हैं, उसके अनुरूप होती हैं।

मानसिक चिंतन असुविधाजनक तो होता ही है, इसके अलावा यह आपके मानसिक स्वास्थ्य के लिए अत्यंत नुक़सानदायक है। यह चिंता और अवसाद को जन्म देता है। बात सिर्फ़ यहीं तक सीमित नहीं है कि कोई बात हमें डराती या परेशान करती है, इसके कारण हम मानने लगते हैं कि हमारा विचार न केवल वास्तविक होगा, बल्कि भविष्य की घटनाओं का पूर्वानुमान भी होगा। यह महसूस करने की बजाय कि हमारा दिन ख़राब है, मानसिक चिंतन हमें यह मानने पर मजबूर करता है कि हमारा जीवन ही बहुत बुरे ढंग से चल रहा है।

हमने सुना है, 'अपने आप पर विश्वास करें' और फिर अपनी तुलना भविष्यवक्ताओं से करने लगते हैं कि जब कोई ट्रिगर करने वाला विशेष विचार या भावना हमारे भीतर से गुज़रती है, तो यह भविष्य में कुछ घटने का संकेत अवश्य देती है।

वास्तव में, 50 और 60 के दशक में पॉप साइकोलॉजी की लोकप्रियता के कारण मानसिक चिंतन को नए नज़रिये से देखना शुरू कर दिया गया है। गुरु आपको बताते हैं कि अपने आप पर भरोसा करें। आपका मन सच्चाई जानता है।

यह मान्य है। आपकी आँतें वस्तुतः आपके मस्तिष्क से (ब्रेन स्टेम) जुड़ी होती हैं, आपके पेट में मौजूद बैक्टीरिया अवचेतन सुबोध जागरूकता (सबकाँशियस इंटेलिजेंट अवेयरनेस) पर आपके मस्तिष्क से ज़्यादा तेज़ी से प्रतिक्रिया करते हैं। यही कारण है कि आपकी 'गट' सहज ज्ञान के मामले में सही रहती है, लेकिन जब यह सलाह उन लोगों को दी जाती है, जो गट फीलिंग को डर से या किसी ऐसे क्षणिक विचार से अलग नहीं कर सकते, जिसका वास्तविकता या उनके पूरे जीवन पर कोई असर नहीं होता, तो यह एक ख़तरनाक अभ्यास बन जाता है, जिसमें वे पूरी तरह से उलझ जाते हैं और बँधकर रह जाते हैं, क्योंकि वे मान लेते हैं कि उनकी सभी बेतरतीब भावनाएँ वास्तविक हैं, और न केवल वास्तविक, बल्कि आने वाले समय के लिए एक भविष्यवाणी भी।

मानसिक चिंतन संज्ञानात्मक पूर्वाग्रहों की एक श्रंखला से ज़्यादा कुछ नहीं है, जिनमें से कुछ प्रमुख इस तरह हैं:

पुष्टि

आपका मस्तिष्क हर समय उत्तेजनाओं से भरा होता है। 'प्रोसेस' करने में आपकी मदद करने के मामले में आपका चेतन मन लगभग 10 प्रतिशत या उससे भी कम जागरूक होता है। आपका अवचेतन मन का ध्यान ऐसी जानकारी को इकट्ठा करने में लगा है, जिसकी आपको किसी दिन ज़रूरत पड़ सकती है।

हालाँकि, हमारी चेतना के 10 प्रतिशत तक क्या पहुँचता है, यह इस बात पर निर्भर करता है कि हमारी पहले से क्या धारणा बनी हुई है। हमारा मस्तिष्क वस्तुतः ऐसी जानकारी को छानने का काम करता है, जो हमारे पहले से मौजूद विचारों का समर्थन नहीं करती है, और फिर हमारा ध्यान उस जानकारी की ओर आकर्षित करता है, जो हमारे विचारों का समर्थन करती है। इसका मतलब यह है कि हम 'पुष्टि पूर्वाग्रह' के अधीन हैं, इसका अर्थ यह है कि हम वस्तुतः उन उत्तेजनाओं को खोजते और छाँटते हैं, जो हमारे विचारों का समर्थन करती हैं।

अनुमान लगाना

एक्सट्रपलेशन यानी अनुमान लगाने की प्रक्रिया वह होती है, जब हम अपनी वर्तमान परिस्थितियों को लेकर भविष्य का अनुमान लगाते हैं। रयान हॉलिडे इसे बहुत अच्छी तरह से समझाते हैं, "यह क्षण मेरा जीवन नहीं है। यह मेरे जीवन का एक क्षण है।"

एक्सट्रपलेशन हमें यह सोचने पर मजबूर करता है कि हम अपने पिछले या वर्तमान अनुभवों का योग हैं। हम जो भी तनाव या चिंताएँ वर्तमान में अनुभव कर रहे हैं, वे ऐसी हैं, जिनसे हम अपने जीवन के बाक़ी हिस्सों में जूझते रहेंगे। समस्या को समझने में असमर्थ होने के कारण हम मान लेते हैं कि यह कभी भी अपने आप हल नहीं होगी। दुर्भाग्य से, यह एक स्व-सिद्ध भविष्यवाणी बन सकती है। अगर हम इस विचार से इतनी आसानी से हार मान लेते हैं और यह मानकर थक जाते हैं कि हम अपनी समस्याओं से कभी उबर नहीं पाएँगे, तो इस बात की अधिक आशंका है

कि हम समस्याओं को तार्किक रूप से हल करने की बजाय, ज़रूरत से ज़्यादा समय तक उनसे चिपके रहेंगे।

स्पॉटलाइटिंग

हर कोई सोचता है कि दुनिया उसके इर्द-गिर्द घूमती है। आप हर दिन, दिनभर अपने और अपने हितों के बारे में सोचते रहते हैं। यह नहीं भूलना चाहिए कि दूसरे लोग हमारे बारे में इतनी गंभीरता से नहीं सोच रहे हैं, वे अपने बारे में सोच रहे हैं।

स्पॉटलाइट इफ़ेक्ट तब होता है, जब हम कल्पना करते हैं कि हमारा जीवन प्रदर्शनकारी है, या दूसरों के देखने के लिए प्रदर्शन पर रखा गया है- 'ऑन डिस्पले'। हम अपने पिछले दो या तीन शर्मनाक क्रिया-कलापों को याद करते हैं और कल्पना करते हैं कि दूसरे भी उनके बारे में लगातार सोच रहे हैं। क्या आप किसी अन्य के पिछले दो या तीन शर्मनाक कामों को याद कर सकते हैं? बेशक, नहीं। क्योंकि आपका ध्यान उधर है ही नहीं।

स्पॉटलाइटिंग हमें यह ग़लत धारणा देती है कि दुनिया हमारे बारे में ही सोचती है, जबकि ऐसा नहीं है।

ये और अन्य पूर्वाग्रह जब हमारे मानसिक चिंतन या इस विचार के साथ जुड़ जाते हैं कि दुनिया के बारे में हमारी धारणाएँ और भावनाएँ वास्तविकता में बदल जाएँगी, तो वे हानिकारक और ज़्यादातर ग़लत होते हैं। आगे क्या होगा, इसका अनुमान लगाने की कोशिश करने की बजाय हमारी ऊर्जा का बेहतर उपयोग तब होता है, जब यह पूरी तरह वर्तमान पर केंद्रित होती है। साधकों के अनुसार अनंत 'अभी' पर ध्यान लगाएँ, क्योंकि सच्चाई यह है कि अतीत और भविष्य भ्रम हैं, हमारे पास केवल वर्तमान है।

आगे क्या होने वाला है, इसके लिए अपनी बुद्धि का इस्तेमाल करने की बजाय आप अभी जहाँ हैं, वहीं बेहतर बनने की कोशिश करें। इसी से वास्तव में आपके जीवन के परिणाम बदलेंगे।

तार्किक चूक आपको गहरी चिंता दे रही

जीवन में आप जो चिंता यानी एंग्ज़ाइटी अनुभव करते हैं, उसका अधिकांश हिस्सा तर्कहीन सोच (इनएफिशिएंट क्रिटिकल थिंकिंग स्किल्स) का परिणाम है, क्योंकि आप चिंतित हैं, इसलिए आप मान सकते हैं कि आप एक अति-विचारक यानी ओवरथिंकर हैं, जो असंभावित और डरावने परिणामों के बारे में बहुत अधिक सोचते हैं। वास्तविकता यह है कि आप एक कम सोचने वाले व्यक्ति हैं-अंडरथिंकर हैं।

आप अपनी तर्क प्रक्रिया का एक हिस्सा छोड़ रहे हैं।

आइए, प्रारंभिक बिंदु से शुरू करते हैं। एंग्ज़ाइटी एक सामान्य भावना है, जो हर व्यक्ति अपने जीवन में किसी न किसी मोड़ पर अनुभव करता है, आम तौर पर तब, जब परिस्थितियाँ तनावपूर्ण, या डरावनी होती हैं। जब एंग्ज़ाइटी लंबी खिंचने लगती है और दिन-प्रतिदिन के कामकाज में बाधा डालने लगती है, तो यह एक क्लीनिकल डिसऑर्डर बन जाती है।

हम शारीरिक स्वास्थ्य के समान ही मानसिक स्वास्थ्य के बारे में भी बात करने के महत्त्व को समझते हैं। अगर कोई अपने टखने में मोच आने पर बार-बार ठोकर खाता है, तो हम उससे सवाल पूछते हैं। उसी तरह एंग्ज़ाइटी भी परिस्थितिजन्य होती है, जैसे कई बीमारियाँ होती हैं। विशेष रूप से, एंग्ज़ाइटी तीव्र तनावपूर्ण और वर्तमान परिस्थितियों को संसाधित न कर पाने के कारण होती है।

यदि हम ठीक होना चाहते हैं, तो हमें प्रक्रिया सीखनी होगी।

यह बात सभी पर लागू होती है, न कि केवल उन पर, जिनके रोग का निदान हुआ है।

एंग्ज़ाइटी का एक लक्षण है तेज़ी से सोचना। चूँकि आप किसी मुद्दे पर इतनी गंभीरता से और इतने समय तक ध्यान केंद्रित कर रहे हैं, इसलिए आप मान लेते हैं कि आप उस मुद्दे पर गहराई से सोच रहे हैं और सबसे संभावित निष्कर्ष पर पहुँच रहे हैं, हालाँकि, इसके विपरीत हो रहा है।

आप तार्किक चूक कर रहे हैं। आप बहुत बुरी स्थिति की ओर सोच रहे हैं, क्योंकि आप स्पष्ट रूप से नहीं सोच रहे हैं, और फिर आप अपनी लड़ो या भागो की प्रतिक्रिया में लग जाते हैं, क्योंकि ख़राब स्थिति आपको

जोखिम में डाल देती है। यही कारण है कि उस एक भयावह विचार को लेकर आपके सिर पर जुनून सवार हो जाता है। आपका शरीर इस तरह प्रतिक्रिया करता है, जैसे कि यह एक तत्काल ख़तरा है और जब तक आप इसे 'पराजित' नहीं कर देते या दूर नहीं कर लेते, तब तक आपका शरीर आपको बचाव मोड में रखने का काम करता रहेगा। यह वास्तव में 'दुश्मन' के प्रति अति-जागरूकता की स्थिति है।

तार्किक चूक है क्या?

किसी ऐसी चीज़ के बारे में सोचें, जिससे आपको डर न लगे, कुछ ऐसा, जो दूसरे लोगों को शायद डरावना लगे।

शायद आपको हवाई जहाज़ में सफ़र करने से डर नहीं लगता। बहुत से लोगों को लगता है। शायद आपको अकेलेपन से डर नहीं लगता। बहुत से लोग डरते हैं। शायद आपको प्रतिबद्धता या वचनबद्धता से डर नहीं लगता। बहुत से लोगों को लगता है। निश्चित रूप से आप अपने जीवन में कम से कम एक ऐसी बात के बारे में सोच सकते हैं, जिससे आप वाक़ई डरते नहीं हैं।

आप इससे क्यों नहीं डरते? क्योंकि आपने कोई तार्किक चूक नहीं करते।

आप कल्पना कर सकते हैं कि आप हवाई जहाज़ पर सवार हैं और यात्रा करने के बाद बिना घबराए सफलतापूर्वक उतर रहे हैं। आप कल्पना कर सकते हैं कि आप अकेले रहकर और प्रतिबद्धता निभाकर ख़ुश हैं। बुरा से बुरा हो जाए, तो भी आप उस परिस्थिति के बारे में पूरी तरह से सोच सकते हैं, स्पष्टीकरण से लेकर निर्णयात्मक बिंदु यानी क्लाइमेक्स और फिर निष्कर्ष तक। आप जानते हैं कि आप क्या करेंगे। आपके पास एक योजना है।

जब आप कोई तार्किक चूक करते हैं, तो क्लाइमेक्स ही निष्कर्ष बन जाता है। आप एक स्थिति की कल्पना करते हैं, आप समझते हैं कि आप घबरा जाएँगे, और फिर क्योंकि आप डरे हुए हैं, आप बाक़ी परिदृश्य के बारे में सोचते ही नहीं। आप कभी नहीं सोचते कि आप इससे कैसे बाहर

निकलेंगे, आप क्या प्रतिक्रिया देंगे और आप आख़िरकार अपने जीवन को आगे कैसे बढ़ाएँगे। यदि आप ऐसा करने में सक्षम होते, तो आप इस स्थिति से डरते नहीं, क्योंकि आपको नहीं लगता कि इसमें आपको 'नष्ट' करने की शक्ति है।

यही कारण है कि तर्कहीन भय से निपटने का सबसे आम उपचार है जोखिम लेना। तनावकारी को अपने जीवन में फिर से सुरक्षित तरीक़े से शामिल करके, आप एक ऐसी सोच को फिर से स्थापित करते हैं, जो स्वस्थ और शांतिप्रद होती है। मूल रूप से, आप अपने आप को साबित करते हैं कि आप ठीक रहेंगे, भले ही कितनी ही डरावनी घटना क्यों न हो जाए (ज़्यादातर समय ऐसा नहीं होता है)।

बहरहाल, मानसिक शक्ति का मतलब सिर्फ़ यह उम्मीद करना नहीं है कि कभी कुछ ग़लत नहीं होगा। इसका मतलब यह विश्वास करना है कि अगर कुछ ग़लत होता है, तो हम उसे सँभालने की क्षमता रखते हैं।

हो सकता है कि आपमें अभी भी वह आत्म-विश्वास न हो। कोई बात नहीं। आप आत्म-विश्वास लेकर पैदा नहीं होते हैं, इसे आप धीरे-धीरे और समय के साथ विकसित करते हैं। इसे आप अभ्यास के साथ विकसित करते हैं। आप छोटी-छोटी समस्याओं से निपटते हैं और फिर स्वस्थ मुक़ाबला तंत्र बनाते हैं और प्रभावी तर्क कौशल सीखते हैं।

कहने की बात यह है कि हमारे जीवन में लाखों डरावनी स्थितियाँ आ सकती हैं। ऐसा सभी के साथ होता है। जब हम एक डरावनी स्थिति पर दूसरी स्थिति की तुलना में अधिक ध्यान देते हैं, तो अधिक आसन्न या संभावित ख़तरे के कारण ऐसा नहीं होता, इसकी वजह है कि हम पूरी तरह आश्वस्त नहीं होते हैं कि हम इससे निपट पाएँगे।

स्वस्थ होने के लिए हमें किसी भी परिस्थिति से बचकर भागने की ज़रूरत नहीं है। हमें परिस्थितियों को उनके वास्तविक रूप में देखने और उनके अनुसार प्रतिक्रिया करने के लिए तर्क विकसित करना होगा।

जीवन में अक्सर हमारी सबसे बड़ी चिंता इस बात को लेकर नहीं होती कि वास्तव में क्या हो रहा है, बल्कि इसको लेकर होती है कि जो हो रहा है, उसके बारे में हम किस तरह सोचते हैं। इस तरह हम अपनी भावनात्मक स्वतंत्रता और शक्ति को पुनः प्राप्त करते हैं।

ग़लत अनुमान आपको सफलता से दूर रख रहे हैं

अगर आप बॉडी टाइपिंग से परिचित हैं, तो बड़ी संभावना है कि आप एंडोमोर्फ़, मेसोमोर्फ़ और एक्टोमॉर्फ़ जैसे शब्दों से भी परिचित होंगे। वास्तव में, हर कोई इनके दायरे में कहीं न कहीं आता है (जिसका अर्थ है, कि हर किसी में ये सभी किसी न किसी अंश में मौजूद रहते हैं), आपमें जो लक्षण डिफ़ॉल्ट रूप से होते हैं, आमतौर पर वे आपके प्राथमिक बॉडी टाइप होते हैं।

यदि आपने इन प्रकारों का अध्ययन किया है, तो आपको पता होगा कि एंडोमॉर्फ़िक शरीर अक्सर बढ़ी हुई वसा प्रतिधारण (फ़ैट रिटेंशन) से जुड़े होते हैं। इसको लेकर लोगों की धारणा यह है कि इन लोगों का चयापचय (मेटाबॉलिज़्म) सबसे ख़राब होता है, लेकिन यह धारणा ग़लत है। एंडोमॉर्फ़्स का वास्तव में किसी भी व्यक्ति की तुलना में सबसे अच्छा मेटाबॉलिज़्म होता है। वे आज जीवित हैं, क्योंकि उनके पूर्वजों ने जीवित रहने के लिए पर्याप्त रूप से अनुकूलन किया था। उनका मेटाबॉलिज़्म ठीक वही करता है, जिसके लिए उसे बनाया गया था: भविष्य के उपयोग के लिए वसा का संचय करना।

कुछ ऐसा ही अत्यंत बुद्धिमान लोगों के साथ होता है, जिन्हें बहुत अधिक एंग्ज़ाइटी होती है। आप मान लेते हैं कि चूँकि ये लोग बुद्धिमान हैं, इसलिए वे तर्क का उपयोग करके अतार्किक भय को दूर करने में सक्षम होंगे। (अक्सर तार्किक चूक, या पर्याप्त रूप से तर्क न कर पाने से एंग्ज़ाइटी होती है)।

जबकि, उनका मस्तिष्क ठीक वही कर रहा होता है, जो उसे करना चाहिए, यानी असंबंधित उत्तेजनाओं को एक साथ जोड़ना और संभावित ख़तरों की पहचान करना।

अत्यंत बुद्धिमान लोगों में एक मनोवैज्ञानिक प्रयोजन होता है, जो बाक़ी लोगों में नहीं होता, यह है उनकी अनुमान लगाने की क्षमता। वे उन चीज़ों या स्थितियों से अर्थ और समझ निकाल सकते हैं, जिन्हें दूसरे लोग सिर्फ़ सतही तौर पर लेते हैं। यही कारण है कि जिन लोगों का बुद्धि-स्तर (आईक्यू) बहुत ऊँचा होता है, उनमें अक्सर सामाजिक कौशल नहीं

होता या वे कार चलाने जैसी बुनियादी कामों से जूझते हैं। जहाँ दूसरे लोग दुनिया को एक-आयामी के रूप में देखते हैं, वहीं अति-बुद्धिमान इसे तीन-आयामी (थ्री डायमेंशन) रूप में देखते हैं। वे अक्सर ज़रूरत से ज़्यादा गहराई से सोचते हैं। इससे उन्हें सृजन, समझ, रणनीति बनाने और आविष्कार करने की क्षमता मिलती है।

जिस तरह एंडोमॉर्फ़ का बेहतरीन मेटाबॉलिज़्म उनके ख़िलाफ़ काम कर सकता है, उसी तरह एक बेहद बुद्धिमान व्यक्ति का दिमाग़ भी उसके विरुद्ध जा सकता है, क्योंकि कई बार, वे कुछ ऐसा करते हैं, जिसे 'ग़लत अनुमान' कहा जाता है। यह तब होता है, जब मान्य साक्ष्यों से भ्रांतियाँ, पूर्वाग्रह और ग़लत धारणाएँ बनाई जाती हैं।

जब आप बहुत चिंतित होते हैं, तो आपका मस्तिष्क अक्सर हानिरहित उत्तेजना को लेकर उससे किसी तरह का अर्थ निकाल लेता है या कोई भविष्यवाणी कर लेता है। जब आप डरे हुए होते हैं, तो आपका मस्तिष्क संभावित रूप से नुक़सान पहुँचाने वाली स्थिति को पहचानने के लिए बहुत तेज़ी से काम करता है और फिर रचनात्मक तरीक़े से उस अनुभव से पूरी तरह बचने के तरीक़े खोजता है। आप जितने होशियार होंगे, आप इस मामले में उतना ही बेहतर काम कर सकेंगे।

हालाँकि, किसी भय से आप जितना बचते हैं, वह उतना ही अधिक तीव्र हो जाता है।

दोषपूर्ण अनुमान क्या है?

दोषपूर्ण अनुमान तब होता है, जब आप मान्य साक्ष्य के आधार पर ग़लत निष्कर्ष पर पहुँचते हैं।

इसका मतलब यह है कि आप जो देख रहे हैं, अनुभव कर रहे हैं या समझ रहे हैं, वह वास्तविक हो सकता है, लेकिन आप जो धारणाएँ बना रहे हैं, वे या तो अवास्तविक हैं या नितांत असंभव हैं।

इसका एक उदाहरण है जल्दबाज़ी में किया गया सामान्यीकरण, जो तब होता है, जब आप अपने एक या दो अनुभवों के आधार पर लोगों के एक पूरे समूह के बारे में दावा करते हैं। यह नस्लवाद और पूर्वाग्रह के

आधार पर पूर्वानुमान लगाना यही है। एक और उदाहरण है *पोस्ट हॉक एर्गो प्रोप्टर हॉक* (लैटिन कहावत) (इसके बाद, इसलिए इसकी वजह से), जो तब होता है, जब आप यह मान लेते हैं कि चूँकि दो चीजें एक ही समय में हुई हैं, इसलिए वे संबंधित होनी चाहिए, भले ही वे संबंधित न हों।

एक दुविधा तब होती है, जब आप मान लेते हैं कि केवल दो ही संभावनाएँ हैं, जो मान्य हो सकती हैं, जबकि वास्तविकता में, इससे कहीं ज़्यादा संभावनाएँ होती हैं, जिनके बारे में आप नहीं जानते। इसका एक उदाहरण देखिए। जब आपका बॉस आपको एक प्राइवेट मीटिंग में बुलाता है, और आप मान लेते हैं कि आपको या तो पदोन्नति मिलेगी या नौकरी से निकाल दिया जाएगा। इस उदाहरण से आगे बढ़कर देखें, एक फिसलन भरी ढलान को लेकर भी ग़लत अनुमान लगाया जा सकता है, जिसमें आप यह मान लेते हैं कि एक घटना कई अन्य घटनाओं को जन्म देगी, भले ही ऐसा निश्चित रूप से न हो।

ऐसे ही अनगिनत तरीक़े हैं, जिनसे आपका मस्तिष्क आपको धोखा दे सकता है, हालाँकि उसका इरादा आपको सतर्क और जागरूक रखने का होता है, लेकिन कभी-कभी, ख़तरा बहुत बढ़ जाता है। और, अंतर को समझने में असमर्थ आपका शरीर इसके बावजूद प्रतिक्रिया करता है।

मैं इसे कैसे सुधारूँ?

ग़लत अनुमान को ठीक करने की शुरुआत इस बात को जानने-मानने से होती है कि आप ग़लत कर रहे हैं। ज़्यादातर मामलों में, जब आपको एहसास होता है कि आप ग़लत दुविधा की स्थिति में रहकर विचार कर रहे हैं या जल्दबाज़ी में सामान्यीकरण कर रहे हैं, तो आप ऐसा करना बंद कर देते हैं। आप समझ जाते हैं कि यह ठीक नहीं है, और आप इसे जाने देते हैं।

अपने मस्तिष्क को ऐसा करने से रोकने के लिए प्रशिक्षित करने में समय लगता है। अपने मस्तिष्क को एक सर्च इंजन समझें, जो आपके शब्दों को ऑटोफ़िल करता है। अगर आपने पिछले कई सालों में कई बार कुछ डाला है, तो यह कुछ समय के लिए फिर से सामने आएगा। आपको लगातार अपने मस्तिष्क में नए विचार, विकल्प और उत्तेजनाएँ जोड़ने पर

काम करना होगा, ताकि यह स्वाभाविक रूप से जो पुरानी बातें सामने आएँ उन्हें बदल सके।

यह न केवल संभव है, बल्कि अनिवार्य है। आप जिस काम को लगातार करते हैं, आप उसी के अनुसार ढल जाते हैं। आपका मस्तिष्क आपके कंफ़र्ट ज़ोन को फिर नई दिशा देना शुरू कर देगा, और अंततः आपको तार्किक रूप से सोचना उतना ही स्वाभाविक लगेगा, जितना पहले नाटकीय रूप से सोचना था। शांत रहना उतना ही स्वाभाविक लगेगा, जितना अभी चिंतित होना लगता है। इसके लिए जागरूकता की आवश्यकता होती है, और इसमें समय लगता है, लेकिन ऐसा कर पाना हमेशा संभव होता है।

चिंता करना सबसे कमज़ोर रक्षा प्रणाली है

चिंतन से ही रचनात्मकता का जन्म होता है। वे मस्तिष्क के एक ही हिस्से द्वारा नियंत्रित होते हैं।

इसी न्यूरोलॉजिकल कारण के कारण 'अवसादग्रस्त रचनात्मक लोगों' के बारे में एक घिसी-पिटी धारणा(स्टीरियोटाइप) बनी हुई है। आप किसी भी कलाकार से पूछें, वह आपको बताएगा कि उसके जीवन के सबसे कठिन समय ने ही उन्हें अभूतपूर्व कार्य करने के लिए प्रेरित किया, हालाँकि, वह आपसे यह नहीं कहेगा कि शानदार काम करने के लिए संकट में पड़ना ज़रूरी नहीं है।

देखिए, आप सोच रहे होंगे कि बेशक ऐसा नहीं है। संकट सबसे बुरी स्थिति है। और फिर भी हममें से कितने लोग उस 'सबसे कम संभावित परिदृश्य' के सच होने के डर से अपने आपको घबराहट की स्थिति में रखते हैं? हममें से कितने लोग अपने आपको घबराहट से बचाने के प्रयास में, वास्तव में हर दिन अपने डर से संकट पैदा करते हैं?

हम सिर्फ़ स्वपीड़क नहीं हैं। हम बेहद बुद्धिमान और अचेतन रूप से काम करने वाले प्राणी हैं। हमारे मस्तिष्क की समझ है कि अगर हमने अपने सबसे बुरे डर की कल्पना कर ली, तो हम उनसे निपटने की तैयारी कर सकते हैं। अगर हम उन पर बार-बार विचार करते हैं, तो हम एक तरह से

सुरक्षित महसूस कर सकते हैं। अगर हम तूफ़ान के लिए तैयार हैं, तो यह हमें नुक़सान नहीं पहुँचा सकता।

अपवाद रूप, फिर भी नुक़सान हो सकता है।

अत्यधिक चिंता करने में कोई ख़राबी नहीं है। आप इसलिए कमतर नहीं हैं, क्योंकि आप चिंता करना बंद' नहीं सकते और 'जीवन का आनंद नहीं उठा सकते।' चिंता करना एक अवचेतन रक्षा तंत्र है। इसका उपयोग हम तब करते हैं, जब हम किसी स्थिति के बारे में इतनी ज़्यादा परवाह करते हैं कि हम उसी हद तक भयभीत हो जाते हैं कि कहीं यह हमें नुक़सान न पहुँचाए, इसलिए हम लड़ने के लिए तैयार हो जाते हैं।

आपके डर से बिलकुल विपरीत क्या है? वही आप चाहते हैं। उसे ही आप इतना चाहते हैं कि आप उसे बचाने के लिए अपनी समझदारी की सीमा तक जा सकते हैं।

इस तरह से सोचना आपके लिए बुरा नहीं है, लेकिन एक नई दिशा में आगे बढ़ने के लिए तैयार होने में भी तो कोई बुराई नहीं है।

वास्तविकता यह है कि चिंता करने से हमें उस तरह से सुरक्षा नहीं मिलती, जैसा हम सोचते हैं। हम डर को पूरी तरह से पराजित नहीं कर सकते। चिंता हमें असीमित नकारात्मक परिणामों के प्रति संवेदनशील बनाती है। यह हमारी मानसिकता को इस तरह बदल देती है कि हम सबसे ख़राब स्थिति की अपेक्षा करें, उसे तलाशें और उसका निर्माण करें। अगर कोई संकट आता है, तो हम घबराने लगेंगे, क्योंकि हमारा दिमाग़ और शरीर लंबे समय से इस महायुद्ध की तैयारी कर रहा था।

अगर हमने इन आशंकाओं के बारे में पहले से इतना ज़्यादा नहीं सोचा होता, तो अगर वे वास्तव में घटित होतीं, तो हम इतने प्रभावित नहीं होते। हम स्थिति को वैसे ही देखते, जैसी वह है, और उसके अनुसार प्रतिक्रिया करते।

यहीं से एक कुचक्र शुरू होता है। जब हम किसी ऐसी बात को लेकर चिंता में पड़ जाते हैं, जो पूरी तरह से भ्रामक है, और ऐसा नहीं होता है, क्योंकि, ज़ाहिर है, ऐसा कभी होने वाला ही नहीं था, तो हम चिंता को सुरक्षा से जोड़ना शुरू कर देते हैं। कहते हैं, देखा? मैंने इस बारे में इतनी बार सोचा कि मैंने इसे टाल दिया।

लेकिन, ऐसा बिलकुल नहीं हो रहा है।

किसी को सिर्फ़ यह कहना कि चिंता करना बंद करो और वर्तमान में रहो, उनके डर को और बढ़ाता है, क्योंकि आप उनसे उनके सुरक्षा उपायों को कम करने के लिए कह रहे हैं। जब आप पहले से ही अपने चरम पर हों, तो ख़ुद को और अधिक असुरक्षित महसूस कराना इसका उत्तर नहीं है।

इसकी बजाय आपको सुरक्षित महसूस करने का कोई और तरीक़ा खोजना होगा।

अगर अमुक-अमुक परिस्थिति बन जाए, तो आप कितना घबरा जाएँगे, यह सोचने में समय बर्बाद करने की बजाय कल्पना करें कि अगर कोई तीसरा व्यक्ति आपकी जगह होता, तो वह इस परिस्थिति को कैसे सँभालता। समस्या को दूसरी तरह से सोचें, इसे एक अवसर की तरह देखें, जो आपसे कुछ ऐसा नया कराना चाहता है, जो आप अन्यथा नहीं कर पाते।

किसी तरह की कठिनाई का सामना करने के डर से ख़ुद को और अपने जीवन को बिगाड़ने में अपना समय बर्बाद करने की बजाय, अपने आत्म-सम्मान को विकसित करने के उपाय करें और समझ लें कि अगर आप विफल भी होते हैं, तो आपको उस तरह से आँका नहीं जाएगा, निर्वासित नहीं किया जाएगा या आपसे उस तरह नफ़रत नहीं की जाएगी, जिस तरह से आप सोच-सोच कर डर रहे हैं।

अपनी ज़िंदगी में अगली चिंता के बारे में सोचने और उस पर 'क़ाबू पाने' के तरीक़े सोचने में समय बिताने की बजाय एक नई तरह की सोच अपनाना सीखें। इस तरह की सोच जिसकी मदद से आप समझ पाएँ कि एक परिपूर्ण और अच्छा जीवन जीने के लिए आपको बुरे और अच्छे के बीच संतुलन बनाने की ज़रूरत नहीं है। स्थिरता और परिपूर्णता, स्वास्थ्य और जीवन शक्ति आपका जन्मसिद्ध अधिकार है। आपको वह सब कुछ पाने का अधिकार है, जो आप चाहते हैं। आपको शांति से जीवन जीने का अधिकार है।

चिंता करना इस तरह से मौलिक है कि यह हमारे भीतर एक गहरी ज़रूरत को पूरा करता है कि हम जीत गए हैं और इस तरह सुरक्षित और बचा लिए गए हैं। फिर भी, इसके साथ हमारी असहजता हमारे ख़ुद के एक

उच्च पहलू को सूचित करती है कि यह आवश्यक नहीं है, और वास्तव में, यह हमें उन लोगों से दूर रखती है, जिन्हें हम चाहते हैं और जिनके लिए हम बने हैं।

अपनी भावनात्मक भूख को शांत करने का एक बेहतर तरीक़ा है, और वह अपनी आंतरिक शांति के लिए ख़ुद से लड़ना नहीं है।

5

अतीत से मुक्ति

अपने जीवन के दौरान, हम नियमित रूप से आत्म-पुन:निर्माण की प्रक्रिया से गुज़रते हैं।

हमें समय के साथ बदलने और विकसित होने के लिए डिज़ाइन किया गया है। हमारा शरीर पुरानी कोशिकाओं की जगह नई कोशिकाएँ बनाता रहता है, और कुछ लोगों का तर्क है कि हम हर सात साल में फिर से पूरी तरह से 'नए' बन जाते हैं।

हमारा मानसिक और भावनात्मक विकास भी इसी प्रक्रिया का अनुसरण करता है, हालाँकि यह बहुत अधिक बार होता है। तब यह समझ में आता है, इस प्राकृतिक प्रक्रिया के प्रतिरोध की वजह से हमें कुछ गहन पीड़ाएँ होती हैं। हमें दर्द इसलिए होता है, क्योंकि हमें अपना जीवन बदलने की ज़रूरत है, लेकिन हम अतीत के बोझ तले दबे हुए हैं, इस मलबे को थामे हुए हैं। हम दिन-प्रतिदिन अनसुलझी भावनाओं को ढोते हुए अपने पिछले आघात को धीरे-धीरे अपने भविष्य की ओर लिए चलते हैं।

अतीत को छोड़ना एक प्रक्रिया है, और एक अभ्यास है, जिसे हमें सीखना होगा। यहीं से हम परिवर्तन की शुरुआत करते हैं।

जाने देना कैसे शुरू करें

आपको भीतर से कितना भी क्यों न लग रहा, पर आप ख़ुद को जाने देने के लिए मजबूर नहीं कर सकते।

आपको तुरंत अपने पुराने स्व को छोड़ने के लिए कहा जा रहा है: आपके पिछले दुख, पिछले रिश्ते और जीवन में जो आप वास्तव में चाहते थे और जिसकी आपको आवश्यकता थी, उसे नकारने में आपने जो समय बिताया, उससे उत्पन्न अपराध-बोध। आत्म-विनाश से उबरने के लिए हमेशा जाने देने की प्रक्रिया की आवश्यकता होती है।

हालाँकि, आप किसी बात को चाहकर भी अपने दिमाग़ से बाहर नहीं निकाल सकते।

आप उस पर अपनी पकड़ ढीली नहीं कर सकते, ज़रा भी आराम से नहीं रह सकते और अपने आप को किसी ऐसी स्थिति के बारे में सोचना बंद करने के लिए मजबूर नहीं कर सकते, जिसके इर्द-गिर्द आपकी पूरी दुनिया घूमती थी।

ऐसा नहीं होता।

जब कोई आपसे कहेगा कि सब कुछ छोड़कर 'आगे बढ़ो', पर आप उस पल को नहीं छोड़ेंगे, जिस दिन आपको एहसास होता है कि आपको हार स्वीकार करनी होगी, जिस क्षण जब आपके मन में यह विचार आता है कि आशा वास्तव में व्यर्थ है, तो स्थिति हृदय विदारक हो जाती है।

आप सिर्फ़ यह इच्छा करके मुक्त नहीं हो सकते कि अब और परवाह नहीं करनी है। यह कुछ इस तरह है, जिसे वे लोग मान सकते हैं, जो कभी किसी चीज़ पर वास्तव में ज़्यादा ध्यान नहीं देते। यह ऐसी बात है, जिस पर वे लोग विश्वास करते हैं, जो सुरक्षा, प्रेम और अपने भविष्य के लिए कभी किसी चीज़ से बहुत गहराई से जुड़े नहीं रहे।

आप ग़लत नहीं है, क्योंकि जब लोग आपसे इतनी बेपरवाही से कहते हैं कि 'जाने भी दो', तो आप लगभग क्रोधित हो जाते हैं, मानो वे आपके दिल और दिमाग़ में चल रहे तूफ़ान को समझ ही नहीं पा रहे हों।

आप किसी ऐसी चीज़ के बारे में इतने निर्विकार भला कैसे हो सकते हैं, जिसे बनाने और फिर उसे बनाए रखने के लिए आपने अपने जीवन का इतना समय ख़र्च कर दिया है?

आप ऐसा नहीं कर सकते, और आप करते भी नहीं हैं।

आप उस दिन से ही सब कुछ छोड़ना शुरू कर देते हैं, जब आप एक नया जीवन बनाने की दिशा में एक क़दम बढ़ाते हैं और फिर बिस्तर पर लेटकर छत को घूरते हुए घंटों रोते हुए अपना समय बिताते हैं।

आप उस दिन से ही छोड़ना शुरू कर देते हैं, जब आपको यह एहसास हो जाता है कि आप अपने जीवन में एक ख़ालीपन के इर्द-गिर्द घूमते नहीं रह सकते, और जैसे आप पहले थे, वैसे ही बने रहना कोई विकल्प नहीं होगा।

आप उस पल से ही सब कुछ छोड़ देना शुरू कर देते हैं, जब आपको एहसास होता है कि यही प्रेरणा है, यही उत्प्रेरक है, यही वह पल है, जिस पर फ़िल्में बनती हैं, किताबें लिखी जाती हैं और इसी से प्रेरित होकर गाने बनते हैं।

यही वह क्षण है, जब आपको एहसास होता है कि आप किसी समय में जो हुआ करते थे, उसके खंडहरों में खड़े होकर आपको कभी शांति नहीं मिलेगी।

आप तभी आगे बढ़ सकते हैं, जब आप कुछ नया बनाना शुरू करें।

जब आप एक ऐसा नया जीवन बनाते हैं, जो इतना दिलचस्प, आकर्षक और रोमांचक होता है कि आप धीरे-धीरे, समय के साथ अपने अतीत को भूल जाते हैं।

जब हम ख़ुद को किसी बात को 'छोड़ने' के लिए मजबूर करते हैं, तो हम उसे पहले से कहीं ज़्यादा मज़बूती से, और जोश से जकड़ लेते हैं। यह वैसी ही बात है कि अगर कोई आपसे कहे कि सफ़ेद हाथी के बारे में मत सोचो, तो आप सिर्फ़ इसी बात पर अपना ध्यान लगा देंगे।

इस मामले में हमारा दिल हमारे दिमाग़ की तरह ही काम करता है। जब तक हम अपने आपसे कहते रहते हैं कि हमें छोड़ देना चाहिए, हम उतना ही गहराई से जुड़ा हुआ महसूस करते हैं।

इसलिए अपने आप से यह मत कहिए कि छोड़ दो।

इसकी बजाय, अपने आप से कहें कि तुम जब तक चाहो, रो सकते हो, कि तुम्हें टूटकर बिखरने, अस्त-व्यस्त रहने और अपने जीवन को ढहने और बिखरने देने की इजाज़त है। अपने आप से कहें कि तुम अपनी नींव को गिरने दो।

और, तब आपको एहसास होगा कि आप अभी भी खड़े हैं।

नुक़सान के बाद आप जो बनाते हैं, वह इतना गहन, इतना आश्चर्यजनक होगा कि आपको लगेगा शायद यह नुक़सान नियति की योजना का हिस्सा ही था। हो सकता है कि इसने आपके उस हिस्से को जगा दिया हो, जो निष्क्रिय रह गया होता, अगर आपको उस तरह से धकेला नहीं जाता।

अगर आपको यक़ीन है कि जो आपको चोट पहुँचा रहा है, उसे आप छोड़ नहीं सकते, तो न छोड़ें।

लेकिन अपने लिए एक नया जीवन बनाने की दिशा में आज एक क़दम उठाएँ और कल एक और। धीरे-धीरे, दिन-ब-दिन, एक-एक क़दम।

क्योंकि आज नहीं तो कल, भविष्य में आप यह महसूस करेंगे कि आपने उनके बारे में या इसके बारे में नहीं सोचा था। फिर एक दिन, फिर एक सप्ताह... और फिर आपके जीवन के साल और हिस्से बीत जाएँगे और जिन बातों को लेकर आपने सोचा था कि वे आपको तोड़कर रख देंगी, बीते समय की याद बन जाती हैं। आप इन्हें पीछे मुड़कर देखते हैं और मुस्कराते हैं।

आप जो कुछ भी खो देते हैं, उसके लिए आप बहुत आभारी होते हैं। समय के साथ, आपको समझ में आता है कि आप जिस राह पर चले थे, वह आपके लिए थी ही नहीं, वह तो आपके रास्ते में बाधा बनकर खड़ी थी।

पुराने अनुभव से मुक्ति पाने के मनोवैज्ञानिक उपाय

सिर्फ़ इसलिए कि एक अनुभव पूरा हो गया है, इसका मतलब यह नहीं है कि यह पूरी तरह से ख़त्म हो गया है।

हम अपने शरीर के भीतर अधूरे और अनसुलझे भावनात्मक अनुभवों को संग्रहीत करते हैं। संज्ञानात्मक रूप से हम अक्सर पाते हैं कि हम अपने जीवन में उस समय से रुके हुए हैं, जब हम क्षतिग्रस्त या आघातग्रस्त थे।

हम डर गए, हम कभी भी डर से उबर नहीं पाए और परिणामस्वरूप हमने आगे बढ़ना बंद कर दिया।

जो अनुभव हमें सबसे ज़्यादा दुख पहुँचाते हैं, वे आम तौर पर वे नहीं होते, जिनके बारे में हम उदासीन होते हैं, और हम यह बात समझ ही नहीं पाते हैं। इन अनुभवों में कुछ ऐसा होता है, जिसे हम बहुत चाहते थे, या अभी भी चाहते हैं। हम ब्रेक-अप से नहीं टूटे थे, हम उस प्यार की चाहत से टूटे थे, जो हमारे लिए सही नहीं था। हम किसी नुक़सान से तबाह नहीं हुए थे, हम बर्बाद इसलिए हुए थे, क्योंकि हम चाहते थे कि वह व्यक्ति या चीज़ हमारे जीवन में बनी रहे।

हम मानसिक रूप से इन जगहों में फँस जाते हैं, और उन्हीं स्थितियों में अभी भी जीना चाहते हैं। हम यह नहीं समझ पाते कि हमें इससे मुक्त होना होगा, ताकि हम आगे बढ़ सकें और वर्तमान समय के अनुभव जी सकें।

जीवन में नाकाम रहे उपायों को स्वीकार करने के बजाय, हमें यह देखना होगा कि हमारी इच्छा के मूल में क्या था और अभी भी उन्हें पूरा करने के लिए उपाय तलाशने होंगे।

अगर आप वाक़ई किसी पुराने अनुभव को भूल जाना चाहते हैं, तो आपको अपनी याददाश्त के ज़रिये उसे फिर से अंकित करना होगा। अपनी आँखें बंद करें और अपने शरीर में बैठी उस अहसहज भावना को खोजें।

यह आपकी समस्या की जड़ तक पहुँचने का दरवाज़ा है। भावना के पीछे चलें और उससे पूछें कि यह कहाँ से शुरू हुई थी। आपको कोई समय, स्थान या अनुभव याद आ जाएगा। कभी-कभी, स्मृति इतनी ताज़ा होती है कि आपको ऐसा करने की ज़रूरत भी नहीं पड़ती, और आप बस यह कल्पना करके स्मृति में फिर से प्रवेश कर सकते हैं कि आप वापस वहीं आ गए हैं, जहाँ से यह समस्या शुरू हुई थी।

अब आपको अपने युवा स्व पर एक कहानी थोपनी है। आपको कल्पना करनी होगी कि आप, आपका स्वस्थ और ख़ुश पुराना स्व, कुछ ज्ञान दे रहा है।

कल्पना कीजिए कि आप अपने युवा स्व के बग़ल में बैठे हैं, क्योंकि उसका दिल टूटा हुआ है और उसे इस बारे में बहुत ही सटीक निर्देश देना

कि यह स्थिति क्यों सबसे अच्छी है और यह कि भले ही वह अभी यह नहीं जान रहे हैं, लेकिन आगे एक बेहतर रिश्ता राह देख रहा है।

कल्पना कीजिए कि आप अपने उदास युवा स्व के पास बैठे हैं और आप उसे बेहतर महसूस करने के लिए निर्देश दे रहे हैं कि उसे क्या करना चाहिए- किसे फ़ोन करना चाहिए, कहाँ जाना चाहिए, कौन-सा काम शुरू करना चाहिए और कौन-सा बंद।

सबसे महत्त्वपूर्ण बात, कल्पना कीजिए कि आप अपने युवा उदास स्व को इस बारे में सटीक निर्देश दे रहे हैं कि उसे बेहतर महसूस करने के लिए क्या करना चाहिए: उसे किससे संपर्क करना है, कहाँ जाना है, कौन-सा काम शुरू शुरू करना है और क्या बंद करना है।

सबसे महत्त्वपूर्ण बात, कल्पना करें कि आप अपने युवा स्व को समझा रहे हैं कि सब कुछ हाँ, सब कुछ बिलकुल ठीक होने वाला है। यह भी समझा रहे हैं कि उसके डर काफ़ी हद तक निराधार हैं। अच्छी परिस्थितियाँ बन रही हैं और अंत में जीवन अच्छा हो जाएगा।

आपको पुराने जुड़ाव को छोड़ने के लिए ऐसा करना होगा और अपने उस हिस्से को वर्तमान क्षण और उसमें मौजूद परिस्थितियों से दोबारा जुड़ने देना होगा।

हालाँकि आप अतीत में जो हुआ, उसे बदल नहीं सकते, लेकिन उसके प्रति अपना दृष्टिकोण बदलकर आप अपने वर्तमान स्वरूप को बदल सकते हैं। आप पटकथा बदल सकते हैं और अपना जीवन बदल सकते हैं। आप उस पुराने जीवन को छोड़ सकते हैं, जिसमें आपसे वह बनने की अपेक्षा की जाती थी, जो आप स्वाभाविक रूप से नहीं हैं।

सच तो यह है कि जब हम अतीत में किसी स्थिति से अस्वस्थ रूप से जुड़े होते हैं, तो उसके बारे में हमारा नज़रिया अक्सर विकृत हो जाता है। हम वास्तविकता को वैसा नहीं देख पाते, जैसी वह थी। हमें अपनी मानसिकता को व्यापक बनाने और सच्चाई को खुलकर स्वीकार करना होगा। जो हमें तब नहीं मिला, उसके लिए तरसने के बजाय, हमें ख़ुद को अतीत से मुक्त करना होगा और अपनी ऊर्जा को वर्तमान में लगाना होगा।

जब हम ऐसा करते हैं, तो हम अनंत संभावनाओं के क्षेत्र में क़दम रखने के लिए स्वतंत्र हो जाते हैं। हम वह बनने के लिए स्वतंत्र हो जाते हैं, जो हम हमेशा से चाहते थे, वह करने के लिए, जो हम हमेशा से चाहते थे, और वह पाने के लिए, जो हम हमेशा से चाहते थे। समय अभी है, और जगह यहीं है।

अतीत के बारे में सोचते रहने का मतलब यह नहीं है कि आप उसमें वापस लौटना चाहते हैं। जो हुआ, उसे भूल न पाने का मतलब यह नहीं है कि आप उसे बार–बार जीने से संतुष्ट हैं, भले ही अभी आप ऐसा ही कर रहे हैं।

जीवन के बारे में बड़ी अजीब बात यह है कि यह बड़ी सहजता से आगे बढ़ता रहता है। आप अपने सबसे क़रीबी व्यक्ति को खो देते हैं और दुनिया आपको कुछ दिनों के लिए शोक मनाने का मौक़ा देती है, और फिर आपसे चलते रहने की उम्मीद की जाती है। आप किसी ऐसी परिस्थिति से गुज़रते हैं, जो जीवन को बदल देती है, मन को बदल देती है और बहुत दर्दनाक होती है, फिर पाते हैं कि समाज के पास आपके डर को बर्दाश्त करने की बहुत कम क्षमता है।

तो आपको क्या करने की अनुमति है: आपको रोने की अनुमति है और आपको दुखी होने या अपनी योजनाओं को रद्द करने के लिए माफ़ किया जाता है। आपको काम से कुछ दिन की छुट्टी और मिल जाती है और कुछ लोग, कुछ समय के लिए आपके मन की बात सुनने के लिए मौजूद रहते हैं।

लेकिन किसी ऐसी स्थिति की गंभीरता को समझना और स्वीकार करना, जो आपको भीतर तक छू गई हो, इसकी चर्चा आप केवल मेंटल हेल्थ डे पर नहीं कर सकते, लेकिन इसके लिए दुनिया आपको पर्याप्त समय नहीं देती है, और इसलिए आप काम में गड़बड़ी करते हैं। आप आगे बढ़ते रहते हैं...

एक दिन, आप जागते हैं और पाते हैं कि निर्धारित हर मापदंड से, आप आगे बढ़ चुके हैं। आप जहाँ से शुरू हुए थे, वहाँ से इतने मील दूर आगे निकल गए हैं कि आप अतीत को स्पष्ट रूप से याद भी नहीं कर सकते। आप जिस तथ्य को कम आँक रहे हैं, वह यह है कि यद्यपि आप

किसी स्थान, या व्यक्ति, या स्थिति को छोड़ सकते हैं...परंतु आप स्वयं को नहीं छोड़ सकते।

अतीत के बारे में सोचते रहना आपके लिए आश्चर्य की बात क्यों होती है? क्योंकि आपको उस विशेष अंधकार पर प्रकाश डालने और उसे ठीक मानने का अवसर नहीं दिया गया। आपको कुछ भी ज़्यादा नहीं दिया गया।

जब आपका मन अतीत में अटका रहता है, तो ऐसा इसलिए नहीं होता कि वह वहाँ वापस लौटना चाहता है, बल्कि ऐसा इसलिए होता है, क्योंकि आप उससे कहीं अधिक गहराई से प्रभावित हुए थे, जितना आपने कभी महसूस किया था, और उसके झटके अभी भी आपको परेशान कर रहे हैं।

वे रह-रहकर विचारों के रूप में सामने आते हैं, लेकिन सतह के नीचे एक गहरी प्रतिध्वनि होती है, जिसमें आपको वहीं वापस ले जाने की शक्ति होती है, जहाँ आप थे, मानो आपने वह जगह कभी छोड़ी ही नहीं थी।

आप देश छोड़ सकते हैं, दोबारा शादी कर सकते हैं, एक नया कॅरियर बना सकते हैं, कितने ही लोगों के साथ डेट कर सकते हैं, एक नया मित्र समूह बना सकते हैं, पहले से कहीं ज़्यादा ख़ुश और संतुष्ट महसूस कर सकते हैं, और फिर भी अपने युवा स्व के साथ जो हुआ, उसे लेकर दुखी रह सकते हैं।

भले ही आप बाहर से अलग हों, लेकिन आपका वह हिस्सा अभी भी आपके भीतर मौजूद है। वह युवा स्व सिर्फ़ यह नहीं चाहता कि आप चलते रहें, वह चाहता है कि आप पीछे मुड़ें और इसे स्वीकार करें।

समय के साथ आप ऐसा कर पाएँगे।

आप जिस तरह से महसूस कर रहे हैं, इसमें आपकी ग़लती नहीं है। आपने अपनी परिस्थितियों पर वैसी ही प्रतिक्रिया दी, जैसा कोई भी स्वस्थ व्यक्ति देता। अगर कोई अन्य आपकी जगह होता, तो वह भी ठीक उसी तरह प्रतिक्रिया देता। वह भी ठीक वैसा ही महसूस करता, जैसा आप महसूस कर रहे हैं।

आप एक स्वस्थ व्यक्ति थे, जो किसी दर्दनाक घटना से गुज़रे और उसी के अनुसार प्रतिक्रिया दी।

आप ऐसे व्यक्ति हैं, जो आगे बढ़ गया, क्योंकि उसे ऐसा करना पड़ा, लेकिन आप इतने बीमार नहीं थे कि अतीत से पूरी तरह से अलग हो जाएँ।

यह तथ्य कि आप अभी भी याद कर सकते हैं कि क्या हुआ था, यह संकेत है कि आप जितना सोचते हैं, उससे अधिक स्वस्थ हैं, जितना आप महसूस करते हैं, उससे अधिक ठीक होने के लिए तैयार हैं, और जितना आपने कभी सोचा था, उससे अधिक क्षमाशील हैं। वह सब कुछ, जो आपको परेशान कर रहा है, वह आपकी चेतना में उभर रहा है, ताकि आप इसे देख सकें और सहानुभूतिपूर्वक बाहर निकल सकें।

आप वह व्यक्ति नहीं हैं, जो आप थे, भले ही वे सभी टुकड़े अभी भी आपका हिस्सा हों।

आप दर्द में होने के कारण टूटे नहीं हैं। आप ख़ुद को इससे बाहर देख रहे हैं।

अवास्तविक उम्मीदों को छोड़ें

यह कहना बहुत साहस की बात नहीं है कि आप अपने शरीर से तभी प्यार करते हैं, जब आप उसे ठीक वैसा बना लेते हैं, जैसा आप चाहते हैं।

यह कहना बहुत बहादुरी नहीं है कि आप संपत्ति की परवाह नहीं करते हैं, जबकि आपके पास दुनिया की हर चीज़ उपलब्ध है।

यह कहना बहुत बहादुरी नहीं है कि आप पैसे से प्रेरित नहीं होते हैं जबकि आपके पास पर्याप्त पैसा है।

जब आप हर कमी को दूर करने, हर चुनौती पर क़ाबू पाने और अपने जीवन की तसवीर के 'बाद' वाले हिस्से में निश्चित रूप से जीने के बाद ही ख़ुशी और शांति पाते हैं, तो आपने कुछ भी हल नहीं किया है।

आपने केवल इस विचार को ही मज़बूत किया है कि जब तक सब कुछ सही नहीं हो जाता, तब तक आप ठीक नहीं हो सकते।

सच तो यह है कि जब आप सब कुछ ठीक कर लेते हैं और उसे उपचार कहते हैं, तो आप अपना जीवन नहीं बदलते।

आप अपना जीवन तब बदलते हैं, जब आप बिलकुल वैसे ही दिखने लगते हैं, जैसे आप हैं। आप अपना जीवन तब बदलते हैं, जब आप वर्तमान में ख़ुश रहते हैं, भले ही आप आगे बढ़ना चाहते हों। आप अपना जीवन तब बदलते हैं, जब आप ख़ुद से प्यार करने लगते हैं, भले ही आप बिलकुल वैसे न दिखें, जैसे आप चाहते हैं। आप अपना जीवन तब बदलते हैं, जब आप पैसे, प्यार और रिश्तों के बारे में सिद्धांतवादी होते हैं, जब आप अजनबियों के साथ वैसा ही व्यवहार करते हैं, जैसा आप अपने सीईओ यानी चीफ़ एग्ज़ीक्यूटिव ऑफ़िसर के साथ करते हैं, और जब आप 1,000 डॉलर का प्रबंधन उसी तरह करते हैं, जैसे 10,000 डॉलर का करते हैं।

आप अपना जीवन तब बदलते हैं, जब आप वास्तव में डरावने काम करना शुरू करते हैं, जो कि आप जैसे हैं, वैसे ही सामने आते हैं।

हमारे जीवन में मौजूद ज़्यादातर समस्याएँ वास्तविक समस्या से ध्यान भटकाने वाली होती हैं, जो यह है कि हम वर्तमान क्षण में सहज नहीं हैं।

हमें शुरू में इसका समाधान करना चाहिए, क्योंकि बाक़ी सब कुछ इसी से बनता है।

हमें बहादुर बनना चाहिए और अपनी असुविधा का सामना करना चाहिए, इससे रूबरू होना चाहिए, भले ही यह हमारे पेट में मरोड़ पैदा करे और हमारे चेहरे पर चुभन पैदा करे और हमें यक़ीन दिलाए कि हम कभी भी इससे बाहर निकलने का रास्ता नहीं खोज पाएँगे।

(हम खोज लेंगे।)

हमें सुनना चाहिए कि क्या ग़लत है, उसे महसूस करना चाहिए, उससे आगे बढ़ना चाहिए, उसे होने देना चाहिए।

सच तो यह है कि यह बेचैनी ही असली समस्या है, और हम एक के बाद एक स्थितियों को ठीक करने की कोशिश में लगे रहते हैं, क्योंकि ये सब तो केवल लक्षण हैं।

अगर हम पैसों की स्थिति ठीक कर लेते हैं, तो हम अपने शरीर को लेकर सजग हो जाते हैं। अगर हम अपने शरीर को सुधार लेते हैं, तो हम

अपने रिश्तों को सुधारने में लग जाते हैं। एक बार जब हम उन सभी चीज़ों में महारत हासिल कर लेते हैं, जिनकी हमें परवाह है, तो हम प्रारंभिक बिंदु से शुरू करते हैं, हम स्तर बढ़ाने, बदलने, ठीक करने, और किसी ऐसी समस्या की पहचान करते हैं, जो वास्तविक समस्या न होकर कोई अन्य समस्या हो।

जब आप वास्तव में वही दिखना शुरू कर देते हैं, जो आप हैं, तो आप अपने जीवन में आमूलचूल परिवर्तन करना शुरू कर देते हैं।

आपको सच्चा प्यार मिलना शुरू हो जाता है। आप अपना सर्वश्रेष्ठ और सबसे लाभदायक और सहज काम करना शुरू कर देते हैं। आप हँसने लगते हैं, आप फिर से चीज़ों का आनंद लेना शुरू कर देते हैं। आप महसूस करना शुरू कर देते हैं कि आपको इस डर को व्यक्त करने के लिए बस एक माध्यम चाहिए था, इसलिए आपने जीवन में सबसे कमज़ोर और आम समस्याओं को चुना।

जब आप बिलकुल वैसे ही दिखने लगते हैं, जैसे आप हैं, तो आप बकवास करना छोड़ देते हैं।

आप दुनिया को बताते हैं कि ऐसा नहीं है कि जब वह आपको प्यार के लायक़ समझेगी, तभी आप अपने आपको प्यार करेंगे, यानी आप अपने आपको बिना शर्त प्यार करते हैं।

आपके पास सबकुछ होगा, तभी आप मूल्यों को अपनाएँगे, ऐसा नहीं है।

जब आप अपनी मनचाही जगह पर पहुँच जाएँगे, तभी आप सिद्धांतों का पालन करेंगे, ऐसा नहीं है।

आप सिर्फ़ तभी ख़ुश ही नहीं होंगे, जब कोई आपसे प्यार करेगा। जब आप ख़ुद को वैसे ही दिखाते हैं, जैसे आप हैं, तो आप इस पैटर्न को तोड़ देते हैं।

जीवन की अच्छाई अब आपके किसी ऐसे संस्करण के लिए आरक्षित नहीं है, जो आप शायद कभी नहीं बनेंगे।

इससे पहले कि आप समझ पाते कि अपनी भावनाओं को कैसे व्यक्त करना है और उनके अनुरूप कैसे काम करना है, आपके लिए हमेशा अपने आपको समझाने का एक खेल ही था कि ऐसा क्यों है कि आप स्वाभाविक

रूप से अच्छा महसूस नहीं करते हैं। जब आप अँधेरे में थे, तो आपको अपनी भावनाओं को दबाना पड़ता था और अन्य समस्याओं पर थोपना था। ऐसा अब और नहीं है।

आप आज जैसे हैं, वैसे ही लोगों के सामने आ रहे हैं और जो आपका हक़ का है, उसे ले रहे हैं, न कि अपने काल्पनिक संस्करण हैं। आपके हिसाब से, दुनिया आपको जिसका हक़दार समझती है, आप वह नहीं ले रहे हैं। आप वर्तमान में हैं। यही सच्चा उपचार है।

वास्तव में, ब्रह्मांड परिपूर्णता की अनुमति नहीं देता। बिना रुकावटों और अंतरालों के, कोई विकास नहीं होगा। प्रकृति अपूर्णता पर निर्भर करती है। भूमि की दरारें (कमज़ोरियाँ) पर्वत बनाती हैं, तारों का विस्फोट सुपरनोवा बन जाता है और एक ऋतु की मृत्यु अगली ऋतु के पुनर्जन्म का कारण बनती है।

आप यहाँ अपनी मनचाही उम्मीदों पर खरा उतरने के लिए नहीं हैं। आप यहाँ हर काम ठीक से और ठीक समय पर करने के लिए नहीं हैं। ऐसा करने के लिए आपको अपने जीवन से सहजता, जिज्ञासा और विस्मय को समाप्त करना होगा।

जो रास्ता छोड़ता है, वह नया रास्ता बनाता है

जो आपके लिए नहीं है, उस व्यक्ति या चीज़ को हासिल के लिए आप कुछ भी नहीं कर सकते।

आप अपनी हर स्थिति से लड़ सकते हैं। आप जितना हो सके, उतना समय तक टिके रह सकते हैं। आप सही-ग़लत संकेतों को समझने के लिए अपने आपको मानसिक जिम्नास्टिक करने के लिए मजबूर कर सकते हैं। आप अपने दोस्तों को टेक्स्ट और ई-मेल पढ़ने के लिए कह सकते हैं। आप तय कर सकते हैं कि आपको पता है कि आपके लिए सबसे अच्छा और सही क्या है। ज़्यादातर, आप इंतज़ार कर सकते हैं।

आप चाहें तो ज़िंदगीभर इंतज़ार कर सकते हैं।

जो आपके लिए सही नहीं है, वह आपके जीवन में कभी नहीं रहेगा।

ऐसी कोई नौकरी, व्यक्ति या शहर नहीं है, जिसे आप अपने लिए सही मानने के लिए मजबूर कर सकें, आप कुछ समय के लिए दिखावा भले ही कर लें। आप ख़ुद के साथ खेल खेल सकते हैं, आप औचित्य सिद्ध कर सकते हैं और अल्टीमेटम दे सकते हैं। आप कह सकते हैं कि आप बस थोड़ी देर और कोशिश करेंगे, और आप अभी चीज़ें ठीक से क्यों नहीं चल रही हैं, इसके लिए बहाने बना सकते हैं।

सच तो यह है कि जो आपके लिए सही है, वह आपके पास आएगा और आपके साथ रहेगा और लंबे समय तक आपसे दूर नहीं जाएगा। सच तो यह है कि जब कोई चीज़ आपके लिए सही होती है, तो वह आपको स्पष्टता प्रदान करती है और जब कोई चीज़ आपके लिए ग़लत होती है, तो वह आपको उलझन में डाल देती है।

जब आप किसी ऐसी चीज़ को सही बनाने की कोशिश करते हैं, जो आपके लिए ग़लत है, तो आप फँस जाते हैं। जब आप इसे अपने जीवन में ऐसी जगह पर लाने की कोशिश करते हैं, जहाँ यह नहीं होना चाहिए, तो आपका ध्यान बँट जाता है, आप एक ऐसे आंतरिक संघर्ष को जन्म देते हैं, जिससे आप निपट नहीं पाते। यह जितना अधिक तीव्र होता है, उतना ही आप इसे जुनून समझने की भूल करते हैं। आप भला किसी ऐसी चीज़ के बारे में इतना दृढ़ता से कैसे महसूस कर सकते हैं, जो सही है ही नहीं?

आप ऐसा इसलिए कर सकते हैं, क्योंकि आप अपने दिमाग़ का इस्तेमाल करके उससे जुड़ सकते हैं। आप वास्तविकता के विपरीत संभावनाओं से प्यार कर सकते हैं। जब चीज़ें आख़िरकार अपनी सही जगह पर आ जाएँगी, तो आप अपने दिन कैसे बिताएँगे, इसके लिए आप नृत्य की योजना बना सकते हैं और कोरियोग्राफ़ कर सकते हैं। आप एक काल्पनिक जीवन पर निर्भर हो सकते हैं, जिसमें आप जो कुछ भी चाहते हैं, वह आपके रोज़मर्रा के जीवन में जड़ जमा चुका है।

लेकिन अगर यह नहीं दिख रहा है, तो यह सिर्फ़ एक कल्पना है। और जब हम किसी भ्रम में गहराई से विश्वास करने लगते हैं, तो यह एक मति-भ्रम बन जाता है। और मति-भ्रम वास्तव में एक सम्मोहक चीज़ हो सकती है।

सच तो यह है कि जो आपके लिए सही नहीं है, वह कभी आपके साथ रहेगा ही नहीं, हालाँकि आप यह दिखावा करना चाहेंगे कि मामला क्या है, आप नहीं जानते। आप इसे महसूस कर सकते हैं। यही कारण है कि आपको इतनी मज़बूती से पकड़ना पड़ता है। जो चीज़ें आपके लिए सही हैं, वे आपसे मुक्त हो सकती हैं। आपको उन्हें यह समझाने की ज़रूरत नहीं है कि वे सही हैं। आपको सबूतों को इस तरह से पेश करने की ज़रूरत नहीं है, जैसे कि आप अपना मुक़दमा लड़ रहे हों।

कभी-कभी, हम पुराने सपनों में खो जाते हैं। हम उस जीवन में खो जाते हैं, जो दूसरे चाहते थे कि हम जिएँ। हम इस बात पर अटक जाते हैं कि हमें क्या होना चाहिए, हमने क्या मान लिया था कि हम क्या करेंगे। हम अपने दिमाग़ में घूम रहे उन सभी विचारों से भटक जाते हैं कि अगर चीजें अलग होतीं, अगर सब कुछ ठीक होता तो *क्या हो सकता था और क्या होना चाहिए।*

इसीलिए जीवन हमें इस तरह का बीमा देता है। कभी-कभी, जब हम ख़ुद यह देखने को तैयार नहीं होते कि हमारे लिए क्या ग़लत है, तो यह हमें उससे दूर कर देता है।

क्योंकि सच्चाई यह है कि हम वह नहीं चाहते, जो हमारे लिए सही नहीं है, हम बस उससे जुड़े हुए हैं। हम बस डरते रहते हैं। हम इस धारणा में फँसे रहते हैं कि इसकी जगह कुछ भी बेहतर नहीं ले सकता। इसकी अनुपस्थिति अंतहीन, अनंत दुखों का पहाड़ खड़ा कर देगी, जिसे पार करना हमारे बस की बात नहीं होगी। हम वह नहीं चाहते, जो हमारे लिए ग़लत है, पर हम तो बस उस चीज को छोड़ने से डरते हैं जिसे हम मानते हैं कि हमारे लिए सुरक्षा उपलब्ध कराएगी।

मज़ेदार बात यह है कि जो हमारे लिए सही नहीं है, उसके इर्द-गिर्द रहने से ज़्यादा असुरक्षित कुछ भी नहीं है। ऐसा कुछ भी नहीं है, जो जल्दी से ढह जाए। ऐसा कुछ भी नहीं है, जो हमें इस तरह से आंतरिक उथल-पुथल डाल दे।

जो आपके लिए सही नहीं है, वह आपके जीवन में कभी नहीं रहेगा, और इसलिए नहीं, क्योंकि रोज़मर्रा के जीवन की छोटी-छोटी बातों को समझने के लिए हमसे परे ताक़तें काम कर रही हैं। जो आपके लिए सही

नहीं है, वह आपके साथ नहीं रहेगा, क्योंकि अंदर से आप जानते हैं कि यह सही नहीं है। आख़िर आप ही हैं, जो अंततः जाने देते हैं, वास्तविकता देखते हैं, और दूर हट जाते हैं। आप ही हैं जो विरोध करते हैं, आप ही हैं, जो पीछे हटते हैं, आप ही हैं, जो इस बारे में उपचारात्मक कल्पनाएँ गढ़ रहे हैं कि कितना अच्छा होगा, जब आप किसी ग़लत स्थिति अंततः सही बना देंगे।

जो आपके लिए सही नहीं है, वह आपके साथ नहीं रहता, क्योंकि आप उसे चाहते नहीं हैं, और इसीलिए आप उसे चुनते भी नहीं हैं। जब आप तैयार होते हैं, तो आप दूर हो जाते हैं, जब आप सक्षम होते हैं, तो जाने देते हैं और आपको एहसास होता है कि आप जिस चीज़ से प्यार करते थे, वह प्रकाश की एक छोटी-सी तरक़ीब थी, जो आपको सुरक्षित महसूस कराती थी।

भावनात्मक आघात से उबरना

आप शायद सोचते होंगे कि आघात प्रतीकात्मक अर्थ में आपके मस्तिष्क में है, लेकिन असल में यह शाब्दिक अर्थ में आपके शरीर में मौजूद है।

आघात तब लगता है, जब कोई स्थिति आपको डराती है और आप उस डर से उबर नहीं पाते। अगर आप इसे समस्या को हल नहीं करते या इसे 'हराते' नहीं हैं, तो आप लड़ो या भागो की एक निरंतर स्थिति में आ जाते हैं, जो मूलतः मानव की अपने अस्तित्व को बचाए रखने के लिए घबराहट के रूप में प्रतिक्रिया है।

आघात, सुरक्षा की मूल भावना से अलग होने का अनुभव है। यदि आप उस संबंध को फिर से स्थापित करने में सक्षम नहीं होते, तो एक विशेष विनाशकारी पूर्वाग्रह आपके विश्वदृष्टिकोण को विकृत कर देता है: आप अतिसंवेदनशील हो जाते हैं, जिसका अर्थ है कि आप इरादे को दोष देंगे, अधिक सोचेंगे, अधिक प्रतिक्रिया करेंगे, हानिरहित उत्तेजनाओं से ट्रिगर हो जाएँगे, तटस्थ स्थितियों को व्यक्तिगत मान लेंगे, और मानसिक रूप से 'सामना करने की स्थिति' में रहेंगे।

आघात का अनुभव करने के बाद आपका मस्तिष्क किसी भी स्थिति में संभावित 'ख़तरे' की तलाश करने के लिए अस्थायी रूप से अपने आपको फिर से तैयार करेगा, जिससे शुरुआती समस्या से आगे बढ़ना और फिर पीड़ित होने की भावना विकसित न करना-दोनों ही बहुत मुश्क़िल हो जाते हैं। आख़िरकार, आपका मस्तिष्क सचमुच आपको वह हर कल्पनीय तरीक़ा दिखाने की कोशिश करता है, जिससे लगता है कि दुनिया 'आपको सज़ा देने के लिए' तैयार है।

यही कारण है कि डर या चिंता के उपचार के रूप में एक्सपोजर इतना प्रभावी है। किसी व्यक्ति के जीवन में तनाव को धीरे-धीरे फिर से शामिल करके और उन्हें यह दिखाकर कि वे इसे सँभालने में सक्षम हैं, मस्तिष्क तटस्थ स्थिति में लौटने में सक्षम होता है, क्योंकि नियंत्रण और सुरक्षा की भावना फिर से स्थापित हो रही होती है।

यही कारण है कि जिन लोगों के पास किसी दर्दनाक घटना से पहले मज़बूत सामाजिक संबंध और मानसिक लचीलापन होता है, तो बड़ी संभावना होती है कि वे इस घटना को आत्म-विनाश के बजाय आत्म-चिंतन, प्रगति, सहानुभूति और उपचार के उत्प्रेरक के रूप में उपयोग करते हैं। उनके पास 'सुरक्षा' की उस बुनियादी भावना से जुड़े कई संबंध थे, इसलिए भले ही एक संबंध समाप्त हो, फिर भी अन्य लोग उनकी मदद करने के लिए मौजूद थे।

किसी दर्दनाक घटना के बाद आपके मस्तिष्क में क्या होता है?

तंत्रिका विज्ञान के अनुसार, हम मस्तिष्क के तीन भागों में तनाव को संसाधित करते हैं।

पहला है एमिग्डला, दूसरा है हिप्पोकैम्पस और तीसरा है प्रीफ्रंटल कॉर्टेक्स। पोस्ट-ट्रॉमेटिक स्ट्रेस डिसऑर्डर (पीटीडीएस) से पीड़ित व्यक्तियों में हिप्पोकैम्पस (भावना और स्मृति का केंद्र) छोटा होता है, एमिग्डला फ़ंक्शन (चिंतन और रचनात्मकता का केंद्र) बढ़ा हुआ होता है, और औसत दर्जे का प्रीफ्रंटल/एंटीरियर सिंगुलेट फ़ंक्शन (योजना और आत्म-विकास जैसे जटिल व्यवहारों को नियंत्रित करने वाला केंद्र) छोटा होता है।

तो यह स्पष्ट है कि आघात का हम पर आगे दिया गया प्रभाव क्यों पड़ता है:

- हमारा मस्तिष्क स्मृति को पूरी तरह से संसाधित करना बंद कर देता है, जिससे हमारे पास घटित हुई घटनाओं के कुछ अंश बाक़ी रह जाते हैं, जिससे कभी-कभी अलगाव की भावना पैदा होती है।
- विभिन्न भावनाओं को प्रबंधित करने की हमारी क्षमता कमज़ोर पड़ जाती है।
- हम घुटन और फँसा हुआ महसूस करते हैं, भविष्य के लिए योजना बनाने में परेशानी होती है, और हमारा विकास और प्रत्यक्षीकरण(एक्चुअलाइज़ेशन) रुक जाता है।
- जब हम लड़ो या भागो की स्थिति में प्रवेश करते हैं, तो हमारा शरीर वस्तुतः ऐसे किसी भी उन्नत कार्य को करना बंद कर देता है, जो हमारे जीवित रहने के लिए आवश्यक नहीं है। शरीर के मुख्य रिसेप्टर्स उत्तेजनाओं के प्रति बेहद संवेदनशील और प्रतिक्रियाशील हो जाते हैं। यह मानव होने का एक सुंदर और आवश्यक हिस्सा है, इसने हमें एक प्रजाति के रूप में जीवित रखा है, हालाँकि, यह ऐसी स्थिति नहीं है, जिसे बनाए रखा जाना चाहिए।

सदियों पहले, जब हम वास्तविकता के निचले पायदान पर थे, या मास्लो के पदानुक्रम में सबसे नीचे थे, तो हमें सबसे ज़्यादा चिंता अपना शारीरिक अस्तित्व बचाए रखने की थी। आज, हमारा ध्यान मुख्य रूप से आत्म-बोध और जीवन की सार्थकता पर है और सामाजिक स्वीकृति, धन या मानसिक प्रखरता के माध्यम से 'सुरक्षित' महसूस करने की कोशिश कर रहा है।

इन सभी अस्पष्टताओं के साथ, यह स्पष्ट प्रतीत होता है कि पहले की तुलना में अधिक लोग मानसिक और भावनात्मक रूप से संघर्षरत होंगे, भले ही वे शारीरिक चुनौतियों से निपटने में सक्षम हों।

सुरक्षा की भावना को पुन:स्थापित करने से सुधार करना आसान हो जाता है।

हालाँकि, इस पुनर्स्थापना का सबसे महत्त्वपूर्ण हिस्सा यह है कि आपको जीवन के उसी क्षेत्र में सुरक्षा की भावना को पुनः स्थापित करना होगा, जिसने आपको आघात पहुँचाया था।

अक्सर, अगर कोई व्यक्ति युवावस्था में अपने किसी रिश्ते से आहत होता है, तो वह अपनी ऊर्जा को आकर्षक या सफल होने में लगाता है। उनके अनुसार, अगर वे 'पर्याप्त अच्छे' होंगे, तो उन्हें कभी भी अस्वीकार या नज़रअंदाज़ नहीं किया जा सकता, हालाँकि, हम सभी जानते हैं कि ऐसा नहीं होता है। इसके कारण वास्तव में हमें इन स्थितियों से अस्वस्थ और विनाशकारी लगाव हो जाता है।

यदि हम किसी रिश्ते के कारण आहत हैं, तो हम अन्य स्वस्थ, सुरक्षित रिश्तों पर काम करके सुरक्षा की भावना को बहाल करते हैं।

यदि हम धन के कारण परेशान हैं, तो हम सुरक्षा की भावना को बहाल करने के वास्ते पर्याप्त धन इकट्ठा करने के लिए सभी ज़रूरी उपाय और प्रयास करते हैं, आपातकालीन व्यय के लिए बचत करते हैं।

यदि हम नौकरी छूटने से सदमे में हैं, तो हम एक बैक-अप योजना बनाकर या कोई दूसरा काम करके सुरक्षा की भावना को बहाल कर सकते हैं, ताकि यदि ऐसा दोबारा हो तो हम उसका सामना कर सकें।

यदि हम किसी प्रकार के उत्पीड़न के कारण आहत हो जाते हैं, तो हम नए मित्र बनाकर सुरक्षा की भावना को पुनः प्राप्त करते हैं।

ज़्यादातर लोग जीवन के उस क्षेत्र में ज़्यादा प्रयास करते हैं, जो वास्तविक समस्या नहीं होती। उदाहरण के लिए, अगर उन्हें रिश्तों को बचाने के लिए संघर्ष करना पड़ता है, तो वे ख़ुद को 'सुरक्षित' महसूस कराने के लिए पैसे जमा करते हैं। बेशक, यह प्रयास कभी भी सफल नहीं होता है, क्योंकि इससे असली समस्या कभी हल नहीं होती।

आपका आघात 'मस्तिष्क' में नहीं है, यह वस्तुतः आपके मस्तिष्क में एक बदली हुई स्थिति है, और आपके शरीर को उसकी वास्तविक स्थिति में वापस लाने में मदद करने का एकमात्र तरीक़ा सुरक्षा की भावना को फिर से जगाना है, जिससे आप अस्तित्व को बचाने के मोड को 'स्विच ऑफ़' कर देते हैं और सामान्य जीवन में लौट आते हैं।

भावनात्मक बोझ से मुक्ति

आपका भावनात्मक बैकलॉग आपके ई-मेल इनबॉक्स की तरह है।

यह एक सरल समानता लग सकती है, लेकिन यह एक प्रभावी समानता है। जब आप भावनाओं का अनुभव करते हैं, तो ऐसा लगता है, जैसे आपको अपने शरीर से एक-एक करके छोटे-छोटे संदेश मिल रहे हैं। यदि आप उन संदेशों को कभी खोलकर नहीं देखते हैं, तो आपके पास 1,000 से ज़्यादा सूचनाओं इकट्ठा हो जाती हैं, जिनमें से आप आपके जीवन को आगे बढ़ाने के लिए आवश्यक महत्त्वपूर्ण जानकारी और महत्त्वपूर्ण अंतर्दृष्टि को देख ही नहीं पाते हैं। साथ ही, आप पूरे दिन बैठकर हर संदेश का जवाब नहीं दे सकते हैं, आप अपना काम कर ही नहीं पाएँगे।

यह मान लेना ग़लत है कि भावनाएँ वैकल्पिक अनुभव हैं। ऐसा नहीं है, लेकिन हम अपनी भावनाओं से बचने में माहिर हैं, और हम ऐसा कई तरह से करते हैं। अक्सर, हम उन पदार्थों पर निर्भर रहते हैं, जो हमें शारीरिक रूप से सुन्न कर देते हैं, अपनी ग़लती पर ध्यान केंद्रित करने की बजाय हम किसी और के बारे में अनुमान लगाते हैं, उनके लिए निर्णय देने लगते हैं। हम सभी प्रकार की अन्य सांसारिक गतिविधियों में ख़ुद को उलझाते हैं और हमारे शरीर को एकदम बुनियादी स्तर पर इतनी कुशलता से तनाव में डाल देते हैं कि हम कुछ महसूस ही नहीं कर पाते।

शायद आप जानते हैं कि यह मनोवैज्ञानिक रूप से लंबे समय तक कारगर नहीं होता। बैकलॉग अंततः जाम होने लगता है। आप चुपचाप बैठे रहने और सोते रहने, रोने और यह सब महसूस करने के लिए मजबूर हो जाते हैं।

काश! मैं यहाँ कुछ काव्यात्मक और रहस्यमय सत्य साझा कर सकूँ, लेकिन वैसा कुछ है नहीं। यहाँ केवल आपके अंदर क्या हो रहा है, इसके लिए एनाटॉमी(शरीर विज्ञान) और शरीर क्रिया विज्ञान (फिज़ियोलॉजी) है।

भावनाएँ शारीरिक अनुभव हैं। हम अपने शरीर से हर चीज़ को बाहर निकालते हैं, और ऐसा नियमित रूप से करते हैं। हम शौच करते हैं, हमें पसीना आता है, हम रोते हैं, हम महीने में एक बार अपनी पूरी त्वचा को

अक्षरश: बाहर निकालते हैं। भावनाएँ भी इनसे अलग नहीं हैं। वे अनुभव हैं जिन्हें भी बाहर निकालना चाहिए।

जब भावनाएँ महसूस नहीं होतीं, तो वे मूर्त रूप ले लेती हैं। वे सचमुच आपके शरीर में फँस जाती हैं। ऐसा इसलिए होता है, क्योंकि उनमें मोटर कंपोनेंट होता है, जिसका अर्थ है कि जिस क्षण वे शुरू होती हैं - इससे पहले कि आप उन्हें दबा सकें या अनदेखा कर सकें - वे एक सूक्ष्म-मांसपेशी सक्रियता पैदा कर देती हैं।

हमारे शरीर तुरंत प्रतिक्रिया करते हैं।

हम अक्सर शरीर के उस हिस्से में दर्द और तनाव जमा कर लेते हैं जहाँ से अभिव्यक्ति शुरू हुई थी, लेकिन कभी पूरी तरह से साकार नहीं हुई।

ऐसा इसलिए है, क्योंकि तंत्रिका विज्ञान की भाषा में कहें, तो भावनाओं को नियंत्रित करने वाला आपके मस्तिष्क का वह हिस्सा एंटीरियर सिंगुलेट प्रीमोटर क्षेत्र के बग़ल में है, जिसका अर्थ है कि जब कोई भावना संसाधित होती है, तो यह तुरंत एक शारीरिक प्रतिक्रिया उत्पन्न करना शुरू कर देती है। प्रीमोटर क्षेत्र मोटर कॉर्टेक्स से जुड़ता है और फिर उन विशिष्ट मांसपेशियों में वापस फैलता है, जो भावना को व्यक्त करने जा रहे हैं।

कौन-सी मांस-पेशियाँ कौन-सी भावना व्यक्त करती हैं? देखिए, यह निर्भर करता है।

भावनाओं के प्रति हमारी शारीरिक प्रतिक्रियाएँ कहाँ हैं, इसे हम अलग-अलग ढंग से व्यक्त करते हैं। हम अक्सर अपने पेट से डर महसूस करते हैं (भूख न लगना, पेट ख़राब होने या 'गट फीलिंग' को सोचें) और हमारे सीने में दर्द (यहीं से 'टूटे हुए दिल' की बात निकलती है), तनाव और चिंता हमारे कंधों में होती है (सोचें कि 'आपके कंधों पर दुनिया का भार है') और रिश्तों की समस्याएँ गर्दन में दर्द पैदा करती हैं (सोचें कि 'वे गर्दन में दर्द हैं')।

लेकिन यह वास्तव में इससे भी अधिक गहरा है। मान लीजिए कि किसी ने आपके साथ कुछ ऐसा किया, जो एक सीमा को पार कर गया, और आपकी सहज प्रवृत्ति उन पर चिल्लाने की थी, हालाँकि, क्योंकि आप समझ गए थे कि शाब्दिक रूप से चिल्लाने से कोई असर नहीं होने वाला

था, इसलिए आपने ख़ुद को रोक लिया। यद्यपि, उस समय ऐसा करना सही हो सकता था, लेकिन हो सकता है कि आपका शरीर गर्दन या गले के आस-पास बचा हुआ तनाव जमा कर रहा हो। दूसरे मामलों में, लोगों को अपनी भावनाओं के मनोदैहिक (साइको समोमैटिक) प्रभावों का अनुभव हो सकता है, जो कुछ अधिक अमूर्त होते हैं, जैसे कि उनके घुटनों या पैरों में दर्द जब वे अपने जीवन में 'आगे बढ़ने' से आहत होते हैं, और इसी तरह अन्य स्थितियाँ हो सकती हैं।

सच तो यह है कि हमारा शरीर हमसे बिना आवाज़ वाले प्रतीकों के ज़रिए बात कर रहा होता है। अगर हम यह समझ लें कि शरीर क्या कह रहा है, तो हम ख़ुद को पूरी तरह से नए तरीक़े से ठीक कर सकते हैं।

तो आप जानते हैं कि कभी-कभी भावनाएँ आपके शरीर में तब जमा हो जाती हैं, जब वे पूरी तरह से व्यक्त नहीं होती हैं। ऐसा होने पर भी, हम उनसे ख़ुद को कैसे दूर कर सकते हैं?

ऐसा करने के लिए आप कई रणनीतियों का उपयोग कर सकते हैं, और सबसे महत्त्वपूर्ण बात यह है कि यह आपके लिए प्रभावी होती हैं। कोई एक तरीक़ा सभी के लिए उपयुक्त नहीं होता है, लेकिन कुछ विकल्प हैं, जो ज़्यादातर लोगों के लिए कारगर साबित होते हैं, ख़ासकर जब उन्हें एक साथ इस्तेमाल किया जाता है।

शांति महसूस करने के लिए ध्यान लगाना बंद करें, बस महसूस करने के लिए ध्यान शुरू करें

मुझे पता है कि ध्यान के बारे में आपने जो कुछ भी सुना है, यह सलाह उसके विपरीत है, लेकिन ध्यान का वास्तव में यही उद्देश्य है। यदि आप 10 मिनट के लिए ध्यान करने बैठते हैं और अपने आप को शांत और हल्का होने के लिए मजबूर करते हैं, तो आप वास्तव में उसी प्रकार का दमन कर रहे हैं, जिसके कारण आपको वास्तव में ध्यान करने की ज़रूरत पड़ी। इसके बजाय, जब आप क्रोध, भय, उदासी और दिमाग़ में विचारों के ऊहापोह से जूझ रहे हों, तो ध्यान का उद्देश्य निष्क्रिय होकर बैठना है, और विचार चाहे कितने भी आकर्षक या उत्तेजक क्यों न हो, आप स्थिर

रहना सीखते हैं और पलटकर जवाब नहीं देते हैं। आप इन विचारों और भावनाओं को आने देना सीखते हैं और फिर उन पर प्रतिक्रिया न करके उन्हें दूर कर देते हैं।

इसके लिए अभ्यास की आवश्यकता होती है।

शरीर में अवशिष्ट (रेसिड्यूअल) तनाव का पता लगाने के लिए ब्रेथ स्कैन का उपयोग करें।

आम तौर पर यह पता लगाने के लिए ज़्यादा मेहनत नहीं करनी पड़ती कि आपके शरीर में दर्द कहाँ पर जमा है। आप इसे महसूस कर सकते हैं। जो आपको परेशान कर रहा है वह सीने, पेट, कंधों या किसी भी अंग जमा में हो सकता है।

हालाँकि, अगर आपको यक़ीन नहीं है, या आप यह जानना चाहते हैं कि दर्द कहाँ है, तो ब्रेथ स्कैन की तकनीक आज़माएँ। इसमें, आप धीरे-धीरे साँस लेंगे और साँसों के बीच में कोई ब्रेक नहीं लेंगे। जब आप ऐसा करेंगे, तो आप महसूस करेंगे कि साँस लेने की प्रक्रिया में आपको कहीं कोई 'रुकावट' या हिचकी आ रही है, आप ठीक-ठीक महसूस करना शुरू कर देंगे कि आपके शरीर में तनाव कहाँ जमा हो रहा है।

एक बार जब आप जान जाते हैं, तो आप उस भावना में और अधिक गहराई से जाना शुरू कर सकते हैं, कल्पना कर सकते हैं कि यह क्या है, यह कहाँ से आई है, और आपको क्या जानना चाहिए। अक्सर इस परिदृश्य में हम विशिष्ट यादों या अपने पिछले संस्करणों में चले जाते हैं, जिन्हें सहायता या मार्गदर्शन की आवश्यकता होती है। आप जो अनुभव करते हैं और देखते हैं, उसे लिखने के लिए एक जर्नल का उपयोग करें और याद रखें कि शरीर अक्सर रूपकों में बोलता है, इसलिए ज़रूरी नहीं कि हर चीज़ को शाब्दिक रूप से समझें।

पसीना बहाएँ, आगे बढ़ें, रोएँ।

अपनी भावनाओं को मुक्त करने का अंतिम, सबसे कठिन और सबसे महत्त्वपूर्ण हिस्सा वास्तव में एकमात्र काम करना है...आपको उन्हें महसूस करना होगा।

कभी-कभी, इसका मतलब होता है कि ख़ुद को पूरी तरह से अप्रिय व्यक्ति के रूप में महसूस करने देना। कभी-कभी, इसका मतलब होता है कि ख़ुद को कसरत, योग, स्ट्रेचिंग, वॉकिंग के ज़रिए धकेलना या ट्रिगर करने वाले विचारों का सामना करना और ख़ुद को रोने देना कि आपको क्या परेशान कर रहा है।

याद रखें कि भावनात्मक स्वास्थ्य का मतलब हमेशा शांत रहना और ख़ुशी अनुभव करना नहीं है। यह अच्छी और बुरी दोनों तरह की भावनाओं को महसूस करना और किसी एक प्रकार की भावना पर बहुत अधिक देर तक अटककर न रहना है। इसी तरह, मानसिक स्वास्थ्य और आत्म-नियंत्रण किसी विचार पर प्रतिक्रिया व्यक्त किए बिना महसूस करने और उसका अनुभव करने की क्षमता है। प्रतिक्रिया करना या न करने से हम अपनी शक्ति पुनः प्राप्त करते हैं और अपने जीवन को पुनः प्राप्त करते हैं।

आप परिपूर्ण होने के लिए पैदा नहीं हुए हैं।

आप हर समय ख़ुश रहने के लिए पैदा नहीं हुए हैं।

लेकिन अगर आप हर दिन पूरी तरह से इंसान बनने का काम करने के लिए प्रतिबद्ध हो सकते हैं और डर को भी महसूस कर सकते हैं, तो आप वास्तव में एक सुंदर तरीक़े से आगे बढ़ सकते हैं।

अपने मन को स्वस्थ करने का वास्तव में क्या अर्थ है?

अपने मन को ठीक करना आपके शरीर को ठीक करने जैसा नहीं है। जब आप शारीरिक रूप से घायल होते हैं, तो आप अक्सर एक प्रगतिशील, रैखिक मरम्मत से गुज़रते हैं। आप तब तक बेहतर होते हैं, जब तक कि एक दिन आप लगभग उसी स्थिति में वापस नहीं आ जाते, जहाँ आप पहले थे।

अपने मन को ठीक करना आपके शरीर को ठीक करने जैसा नहीं है। जब आप शारीरिक रूप से घायल होते हैं, तो आप अक्सर एक प्रोग्रेसव, लीनियर मरम्मत से गुज़रते हैं। आप तब तक बेहतर होते रहते हैं, जब तक कि एक दिन आप लगभग उसी स्थिति में वापस नहीं आ जाते, जहाँ आप पहले थे।

अपने मन को ठीक करना पूरी तरह से अलग प्रक्रिया है, क्योंकि आप पहले जैसे नहीं बन जाते। आप अपने आपको समाप्त कर रहे हैं और एक बिलकुल नए इंसान बन रहे हैं।

अगर यह थोड़ा हिंसक और कठोर लगता है, तो ऐसा होना चाहिए। उपचार आराम और तंदुरुस्ती में एक बार और हमेशा के लिए अनुभव किया जाने वाला एक शानदार आरोहण नहीं है। अपने आपको स्वस्थ करना सबसे असुविधाजनक, विघटनकारी और ज़रूरी कार्य है।

अपना उपचार करने का अर्थ है आपकी सबसे स्वाभाविक अवस्था में वापस लौटना, जो व्यक्तिगत आज़ादी चाहती है, दूसरों की घुटन भरी राय के प्रति असम्मान दिखाती है, बिना किसी संदेह के सृजन करती है, निर्भय होकर आगे बढ़ती है, और बिना किसी नियम-शर्त और समझौते के प्यार करती है। आप वास्तव में जो हैं, वह कुल-मिलाकर आपका सबसे अच्छा संस्करण है, इतना अच्छा, जिसकी आपने कभी कल्पना भी नहीं की होगी और साथ ही आपका वह सबसे बुनियादी संस्करण भी है, जो आप हमेशा से रहे हैं।

और उस जगह पर पहुँचना है? इसके लिए बहुत कुछ करना होगा।

उपचार के लिए आपको अपने द्वेष, आक्रामकता को पहचानना होगा, अपनी लालसा और भय के स्रोतों को ईमानदारी से पहचानकर इन सबकी सूची बनानी होगी, हो सकता है इन्हें आप अब तक अनदेखा करते आए हों। इसके लिए आपको यह जानना होगा कि आपके जीवन में क्या ग़लत है, ताकि आप इसे सही करने के लिए उपाय कर सकें। इसके लिए आपको इस बारे में पूरी तरह ईमानदार होना होगा कि आप कैसा महसूस करते हैं, और फिर आपको वास्तव में इसे महसूस करना होगा।

उपचार के लिए आपको अवचेतन रूप से उस अनुभव को फिर से बनाने के बजाय अपने अंदर के गहरे दर्द को महसूस करना होगा, ताकि आपके पास उसे बाहर निकालने का एक रास्ता हो। उपचार अब आपके अनुभव को पवित्र करने, उसे तब तक साफ़ करने की कोशिश के रूप में नहीं है, जब तक कि वह परिपूर्ण न हो जाए।

उपचार के लिए आपको हर उस भावना की पूरी अभिव्यक्ति से गुज़रना पड़ता है, जिसे आपने अपने आपसे काटकर दफ़ना दिया, जब आपको लगा कि अब आप इसके साथ सहज नहीं हैं। उपचार के लिए आपको अपने भीतर के हर अँधेरे का सामना करना पड़ता है, क्योंकि जो एक अभेद्य अवरोध प्रतीत होता है, उसके ठीक नीचे पूर्ण, मौलिक, पूरी स्वतंत्रता है। जब आपको कुछ भी महसूस करने से डर नहीं लगता है, जब आप अपने जीवन के किसी भी हिस्से का प्रतिरोध नहीं करते हैं, तो चमत्कार होता है, आपको शांति मिलती है।

इसे स्पष्ट रूप से समझें: आप हमेशा के लिए पीड़ित नहीं रहेंगे। कोई भी भावना आपको लंबे समय तक दुख नहीं देगी, लेकिन जब तक कि आप अपने सभी पिछले अनुभवों को सुलझा नहीं लेते, तब तक ख़ुद को यह सोचकर धोखा देना कि उपचार से आप धीरे-धीरे बेहतर होते जा रहे हैं, यह समस्या को पूरी तरह से नज़रअंदाज़ करना है। इस तरह से आप आघात लगने से पहले जिस रूप में थे, उस रूप में वापस नहीं आ सकते।

हमें ऐसे दौर से गुज़रना पड़ता है, जिसे कुछ लोग सकारात्मक विघटन कहते हैं। यह वह समय होता है, जब हमें आत्म-अवधारणा को इस तरह से ढालना चाहिए कि हम उस स्थिति को सँभाल सकें, भले ही उसमें सफल न हो सकें।

यह प्रक्रिया स्वस्थ है। सामान्य है। हमें इसी तरह प्रतिक्रिया देनी चाहिए।

लेकिन हम डर जाते हैं, क्योंकि यह असुविधाजनक होगा। यह हमें तुरंत वह अनुभव नहीं देगा, जो हमें सिखाया जाता है कि एक सार्थक जीवन का मतलब है आराम और सहजता और यह भ्रम कि सब कुछ सही है।

उपचार केवल वह नहीं है, जो हमें बड़ी जल्दी बेहतर महसूस कराता है। उपचार यानी धीरे-धीरे और समय के साथ सही जीवन का निर्माण करना है। यह अपने आप को इस बात का श्रेय और बधाई देना है कि हमने जान लिया है कि हमने कहाँ चूक की है। यह अतीत में जाकर अपनी ग़लतियों को सुधारना है और अपने अंदर वापस जाकर क्रोध, भय और संकीर्णता को समाप्त करना है, जिसे हमने वहाँ पहुँचाया था।

उपचार का अर्थ है परिवर्तन की असुविधा को सहन न करना, क्योंकि आप एक सेकंड के लिए भी सामान्यता को सहन करने से इंकार करते हैं। सच तो यह है कि बेचैनी से बचने का कोई रास्ता नहीं है, हम जहाँ भी हो, यह हमें ढूँढ ही लेती है, लेकिन या तो हम अपनी स्वयं-निर्धारित सीमाओं को पार करने, सीमाओं को तोड़ने और वह बनने में असहज महसूस करेंगे जो हम बनने का सपना देखते हैं, या हम इसे तब महसूस करेंगे, जब हम बैठकर उन भयों पर विचार करेंगे, जिन्हें हमने यह साबित करने के लिए गढ़ा था कि हम खड़े होने और शुरुआत करने से क्यों इंकार करते हैं।

पहले तो ठीक होना मुश्किल होगा। इसका मतलब है अपने को ईमानदारी से देखना, शायद पहली बार। इसका मतलब है अपने कंफ़र्ट-ज़ोन से बाहर निकलना, ताकि आप उस व्यक्ति की ओर छलांग लगा सकें, जो आप बनना चाहते हैं। यह वह स्थिति नहीं है, जो आपको अधिक आरामदेह और निष्क्रिय बनाती है। यह तो आपको डराने वाली असुविधा से और अधिक प्रेरणा लेना सिखाती है, यह सिखाती है कि आप अपने शांत क्षणों से अधिक प्रेरित हों, बजाय इसके कि आप उनका उपयोग चिंता की ज़ंजीरों को गढ़ने के लिए करें।

उपचार से सब कुछ बदल जाएगा, लेकिन इसकी शुरुआत आपको उसको महसूस करने की तैयारी करनी होगी, जिसे महसूस करने से आप डरते हैं।

आइए, एक बात पर स्पष्ट रूप से समझ लें: ख़ुद का सर्वश्रेष्ठ संस्करण बनना आपकी स्वाभाविक विरासत है। आप इसी के लिए पैदा हुए हैं। उपचार का मतलब है बस उस बीमारी से मुक्ति पाना, जो सीमित विश्वास और भय है। ये आपको ऐसा करने से रोक रहे हैं।

उपचार का अर्थ यह नहीं है कि आप पहले जैसे हो जाएँ, क्योंकि वह व्यक्ति तूफ़ान आने से पहले उसे देखने में सक्षम नहीं था, और वह व्यक्ति यह नहीं जानता था कि इससे ख़ुद को कैसे बचाया जाए।

आपको एक बार फिर से भोला-भाला, थका हुआ या अधिक अनजान व्यक्ति नहीं बनना चाहिए। आपको अपनी आनंदमय नासमझी में वापस नहीं लौटना चाहिए, उस जीवन में, जहाँ आप विरोधाभासों, दर्द और जीवन से मिलने वाली अच्छाइयों और बुराइयों के प्रति सजग नहीं थे।

उपचार के बाद आपको बहुत कुछ अच्छा मिलता है, वह सब कुछ जिसका आपने अभी तक अनुभव नहीं किया था। किसी दर्दनाक स्थिति से गुज़रने के बाद आप ज़्यादा लचीले, अधिक आत्मनिर्भर और ज़्यादा सशक्त बनते हैं।

आप यह समझ जाते हैं कि आपको कोई नहीं बचा सकता, इसलिए आपको स्वयं को बचाने का कार्य शुरू करना होगा और यही आपके जीवन का संपूर्ण उद्देश्य है।

जब आप यह काम शुरू करते हैं, तो आपको अपनी आंतरिक शक्ति का पता चलता है। आपको एहसास होता है कि आपके पास शक्ति और प्रभाव है और आप अपने जीवन के लिए रणनीति बना सकते हैं और जीवन को नई दिशा की ओर ले जा सकते हैं। आपको एहसास होता है कि आप जो कर सकते हैं, उसके आधार पर आपका जीवन खड़ा कर सकते हैं। जिसे आप नियंत्रित नहीं कर सकते, उसका कोई अर्थ नहीं है।

जब आप ठीक हो जाते हैं, तो आप जहाँ आप टूटे हुए थे, उस जगह पर मज़बूत हो जाते हैं। जहाँ आप अहंकारी थे, वहाँ मानसिक रूप से स्थिर हो जाते हैं। लापरवाही की जगह ज़िम्मेदारी ले लेती है। आप अधिक संवेदनशील, सक्षम और सचेत हो जाते हैं। आप अधिक विचारशील हो जाते हैं, आप अधिक सहानुभूति से भर जाते हैं, आप अधिक सावधान और सजग हो जाते हैं।

सबसे ज़रूरी बात यह है कि यह सब करने के लिए आपको डरने की ज़रूरत नहीं है।

डर नहीं, कार्रवाई आपकी रक्षा करेगी। चिंता करने से आप सुरक्षित नहीं रहेंगे। तैयारी करने से आप सुरक्षित रहेंगे। बहुत ज़्यादा सोचने से नहीं, समझदारी से आपकी रक्षा होगी।

जब किसी दर्दनाक घटना के गुज़र जाने के बाद भी हम डर और दर्द को अपने पास रखे रहते हैं, तो हम इसका उपयोग एक तरह के सुरक्षा जाल के रूप में करते हैं। हम यह मान लेने की ग़लती करते हैं कि अगर हम लगातार ख़ुद को उन सभी भयानक बातों की याद दिलाते रहें, जिन्हें हम देख नहीं पा रहे हैं, तो हम उनसे बच सकते हैं। यह तरक़ीब काम तो

करती ही नहीं है, इसके विपरीत अगर कोई भयानक स्थिति आ भी जाती है, तो आप उससे कुशलतापूर्वक निपट नहीं पाएँगे।

अधिकांश समय, आप कोठरी में छिपे राक्षसों की चिंता करने में इतने व्यस्त रहेंगे कि समय के साथ आपको नष्ट कर देने वाली वास्तविक स्थितियों से निपटना ही भूल जाएँगे। इनमें आपका स्वास्थ्य, आपके रिश्ते, आपकी दीर्घकालिक दृष्टि, आपके वित्त और आपके विचार आदि शामिल हैं।

जब आप पूरी तरह से ठीक हो जाते हैं, तो आप असुविधा को बर्दाश्त नहीं करते हैं। जब कुछ ग़लत होता है, तो आप समझ जाते हैं कि यह ग़लत है और उसे ठीक करने के लिए कार्रवाई करते हैं, क्योंकि आपने देख चुके हैं कि कार्रवाई न करने का क्या नुक़सान होता है।

जब आप पूरी तरह से ठीक हो जाते हैं, तो आप आगे के बारे में सोचने और तर्कसंगत रूप से कारण और प्रभाव पर विचार करने में सक्षम होते हैं। आप समझते हैं कि आपके कार्यों से परिणाम मिलेंगे, और यदि आप अपने जीवन के परिणामों को बेहतर ढंग से नियंत्रित करना चाहते हैं, तो आपको अपनी आदतों को बेहतर ढंग से समायोजित करना होगा।

जब आप पूरी तरह से ठीक हो जाते हैं, तो आपको एहसास होता है कि आप जहाँ हैं, वहीं और उसी क्षण, उसका आनंद लेने में सक्षम होने से ज़्यादा ज़रूरी कुछ नहीं है। आपके वर्तमान में रहने और अपने जीवन का आनंद लेने के रास्ते में जो भी बाधाएँ हैं, ये वे चुनौतियाँ हैं, जिनका आपको सामना करना होगा।

क्योंकि जीवन गतिमान है और अस्थायी है। आपके पास अभी जो है, आप कल खो सकते हैं, और इसे इतनी मज़बूती से पकड़ना, इसे प्रतिरोध के साथ बाँधकर रखने का मतलब यह नहीं है कि यह सुरक्षित है। इसका मतलब है कि समय के साथ यह भी चला जाएगा, जैसा कि अन्य के साथ होता है। आपको एहसास होगा कि आपने वास्तव में इसका आनंद तो कभी लिया ही नहीं।

और उपचार? यह उस स्थिति तक पहुँचने के बारे में है, जहाँ आप अपने एक छोटे से जीवन की गुणवत्ता से ज़्यादा प्राथमिकता किसी भी चीज़ को नहीं देते हैं।

आगे बढ़ने का मतलब बदला लेना नहीं है

हो सकता है कि आपकी चमक दूसरों को नज़र न आए। हो सकता है कि ऊपरी तौर पर कोई बदलाव न दिखे।

प्रतिशोध और कम-बैक रिलेशनशिप की एक ऐसी दुनिया में, जो आपको यह समझाने की कोशिश करती है कि आपका अंतिम परिवर्तन आपके इंस्टाग्राम फ़ीड पर दिखना चाहिए, हमने वास्तव में ठीक होने का, सुधार करने का, अपने जीवन में आगे बढ़ने का वास्तविक मतलब खो दिया है।

असली आनंद आपके अतीत के लोगों को ग़लत साबित करने में नहीं है। यह अपने भविष्य के प्रति इतना संतुष्ट और आशावान महसूस करना है कि आप उनके बारे में सोचना ही बंद कर दें।

जब आप अपना जीवन बदलना चाहते हैं, ताकि यह अलग दिखे, और आपका मक़सद बस इतना ही होता है, तब भी आप उन लोगों की राय के इर्द-गिर्द ही घूमते रहते हैं, जो आपसे प्यार नहीं करते और आगे भी उनका ऐसा कोई इरादा नहीं होता है।

आप अंतर भी देख सकते हैं। जो लोग वास्तव में बदल गए हैं, उन्हें इस बात की चिंता नहीं है कि अब सबकुछ कैसा दिखाई देता है। उनका जीवन तो अब इस बात पर केंद्रित है कि अब कैसा *अनुभव* होता है और वे वास्तव में अब किस तरह का जीवन जी रहे हैं।

एक स्वाभाविक चमक ही प्रामाणिक होती है। यह सभी कवर-अप यानी छिपाने वाली बकवास को दूर हटा देती है और वास्तविक समस्याओं पर ध्यान लगा रही होती है। यह उपचार है। हमेशा के लिए बदलाव हो रहा होता है। ऐसा पहली बार हो रहा होता है, जब हम दूसरों की राय की बजाय अपने दिल की बात सुनते हैं।

कोई भी व्यक्ति बेहतर दिखने वाली छवि बना सकता है। कोई भी व्यक्ति तसवीर को एडिट कर सकता है, फ़िल्टर लगा सकता है और अपनी कहानी में समग्रता का आभास पैदा करने के लिए एक के बाद एक कई तसवीरें लगा सकता है। कोई भी व्यक्ति पैसे से सुंदरता ख़रीद सकता है, कोई भी व्यक्ति अगर वास्तव में कोशिश करे, तो बेहतर दिख सकता है,

कोई भी व्यक्ति आपको यह विश्वास दिला सकता है कि वह बहुत बेहतर काम कर रहा है।

लोग इसे साबित करने की कोशिश में शायद इसलिए इतने आमादा हैं, क्योंकि वे अभी भी अंदर से खोखले हैं।

अगर आप इस बारे में चिंतित न हों कि आप 10 साल पहले की तुलना में बड़े या छोटे या अच्छे या बेहतर दिखते हैं या नहीं, तो क्या होगा?

क्या होगा अगर आप इस बारे में अधिक फ़िक्र न करें कि आपको सम्मान दिया जाता है या नहीं, आपके वास्तविक संबंध हैं या नहीं, भावनात्मक स्वतंत्रता मिलती है या नहीं, मानसिक स्पष्टता है या नहीं, मनपसंद नौकरी है या नहीं, सम्मानजनक काम है या नहीं, एक संवेदनशील और अधिक सहानुभूतिपूर्ण स्वभाव है या नहीं?

अगर आपकी उपलब्धियों को आप फ़ोटोग्राफ़ के ज़रिये दिखा न सकें या उनको किसी पैमाने पर न रख सकें, आपके पास ऐसा कुछ नहीं हो जिसे आप कुछ पिक्सल और स्टेटस अपडेट के ज़रिए संप्रेषित कर सकें, तो क्या होगा? आज आप कैसा महसूस कर रहे हैं? कल से बेहतर? ज़्यादा परिपूर्ण, ज़्यादा आत्मविश्वास से भरे हुए?

सच तो यह है कि जीवन में पहले और बाद जैसा कुछ नहीं होता। हम हमेशा त्यागने और बनने की प्रक्रिया में रहते हैं। वह स्नैप-शॉट पल जिसका आप इंतज़ार कर रहे हैं, वह क्षण जब कोई व्यक्ति आपको पुनः देखने का साहस करता है और अंततः देखता है कि आप सफल हो रहे हैं...यह आपके लिए, और केवल आपके लिए ही एक खेल है।

कोई भी आपको उस तरह नहीं देख रहा है, जैसा आप सोचते हैं। कोई भी आपके बारे में उस तरह नहीं सोच रहा है, जैसा आप चाहते हैं। वे अपने आपको देख रहे हैं। वे ख़ुद के बारे में सोच रहे हैं।

वे ख़ुद को ही पढ़ रहे हैं।

यह दुखद नहीं है, यह मुक्तिदायक है। यह आपकी परम मुक्ति का सार होना चाहिए।

सच तो यह है कि आपको किसी और को नहीं, बल्कि स्वयं को बताना है कि आप ग़लत थे। शायद पहले लोगों ने आपको उतना नापसंद नहीं किया होगा, जितना आपको डर था।

यह समापन आपके लिए है। यह प्रगति आपके लिए है। यह परिवर्तन आपका है। यह आप बनाम आप हैं, आप ख़ुद से मिल रहे हैं, आप ख़ुद को पहली बार देख रहे हैं। आप वह बन रहे हैं, जो आप जानते हैं कि आप हो सकते हैं। यह आपके बारे में है कि आप आख़िरकार अपनी पूरी क्षमता के साथ जी रहे हैं।

लेकिन मुख्यतः, यह इस बात को जानना है कि आप पहले अपने सर्वश्रेष्ठ रूप में नहीं थे।

आपने वैसा व्यवहार नहीं किया, जैसा आप चाहते थे।

आपने वह नहीं किया, जो आपको करना चाहिए था।

आप वह नहीं हैं, जो आपने सोचा था।

जब भी हम किसी अन्य को ग़लत साबित करने के लिए बेताब होते हैं, तो हम वास्तव में अपनी निराशा को दूर करने की कोशिश कर रहे होते हैं कि हम अपनी अपेक्षाओं पर खरे नहीं उतरे।

इसलिए यह याद रखें: अगली बार जब आप दूसरों को प्रभावित करने के लिए कोई कहानी गढ़ रहे हों, तो ख़ुद से पूछें कि आपको उनकी स्वीकृति का इंतज़ार क्यों हैं।

इसका उत्तर लगभग हमेशा यही होता है कि आपने अपने आपको स्वीकार नहीं किया है।

6

एक नया भविष्य बनाना

अब जब आपने अपने पिछले अनुभवों को भुलाने का चुनौतीपूर्ण काम शुरू कर दिया है, तो आपको अपना ध्यान एक नए वर्तमान और भविष्य के निर्माण की ओर लगाना चाहिए। जब हम कुछ छोड़ते हैं, तो हम कुछ बेहतर बनाने के लिए अपनी स्लेट को साफ़ कर रहे होते हैं।

जो लोग अपने अतीत को भूलने की कोशिश करते हैं, लेकिन सफल नहीं होते, उनको एक सबसे बड़ा नुक़सान यह होता है कि उनका ध्यान सिर्फ़ अतीत पर ही रहता है। अब आप कल्पना करें कि आप कौन बनना चाहते हैं, अपने सबसे शक्तिशाली संस्करण से जुड़ें, अपनी दिनचर्या के ज़रिये अपने जीवन को डिज़ाइन करें और अस्तित्व के असली उद्देश्य को उजागर करें।

अपने उच्चतम संभावित भविष्य से मिलना

मनोचिकित्सा में एक लोकप्रिय टूल है, जिसे 'इनर चाइल्ड वर्क' कहा जाता है। यह अपने छोटे स्व की कल्पना करने और उससे फिर से जुड़ने की प्रक्रिया है। इस प्रक्रिया में, आप ख़ुद को मार्गदर्शन दे सकते हैं, यहाँ तक कि कुछ दर्दनाक घटनाओं पर वापस जाकर और अपने पास मौजूद ज्ञान के साथ उन पर फिर से काम कर सकते हैं।

लेकिन अधिकतर, अपने भीतर के बच्चे से फिर से जुड़ने की प्रक्रिया उन्हें आपसे संवाद करने देना है। यह वह तरीक़ा है, जिससे आप अपनी अंतर्निहित इच्छाओं, जुनून, भय और भावनाओं को फिर से खोज सकते हैं।

यह प्रक्रिया रिवर्स इंजीनियरिंग के समान है, जिसमें आप अपने जीवन के अंतिम लक्ष्यों को पहचानते हैं और फिर पीछे की ओर काम करते हैं, ताकि यह पता चल सके कि आपको वहाँ पहुँचने के लिए प्रत्येक दिन, सप्ताह, महीने और वर्ष में क्या-क्या करना होगा, हालाँकि, यह विपरीत तरीक़े से भी काम करता है। आप अपने उच्चतम संभावित भविष्य के स्व से जुड़ने के लिए विज़ुअलाइज़ेशन तकनीक का उपयोग कर सकते हैं।

चरण 1 : पहले डर का सामना करें

एक शांत जगह पर बैठकर डायरी लिखें। आप तब लिखें, जब आराम महसूस कर रहे हों और मार्गदर्शन लेने के लिए तैयार हों। अगर आप डर-डर के ऐसा करेंगे, तो आपको डर लगेगा।

इसके बाद, अपनी आँखें बंद करें और ध्यान करना शुरू करें। कुछ पल गहरी साँस लें और ख़ुद को केंद्रित करें। कल्पना करें कि आप एक प्रकाशवान कमरे में एक आरामदायक मेज़ पर बैठे हैं, जहाँ आप ख़ुश हैं और शांति महसूस कर रहे हैं।

फिर, अपने भविष्य के स्व को अपने साथ बैठने और बात करने के लिए आमंत्रित करें। आप किसी निश्चित उम्र का भी अनुरोध कर सकते हैं, लेकिन आम तौर पर उम्र आपको तब पता चलेगी, जब आप उसे देखेंगे।

ख़ासतौर पर अपने आप को सबसे बेहतरीन संभव संस्करण में बैठने के लिए कहें। अगर आपको पहली बार में कुछ डरावना दिखाई देता है, तो जान लें कि यह आपके मन में प्रकट होने वाला डर है कि क्या हो सकता है, न कि यह सच है कि क्या होगा।

जैसे ही आप इससे आगे निकल जाएँगे, तो आपको सलाह मिलने लग सकती है।

चरण 2 : ध्यान दें कि आपका भविष्य कैसा दिखता है

आप जो कल्पना करते हैं, उसके अलावा ध्यान दें कि आपका यह रूप आपको क्या बता रहा है, इसके अलावा, इस बात पर भी ध्यान दें कि वह

कैसा दिखता है, उसका व्यवहार कैसा है और उसके चेहरे के भाव क्या संदेश देते हैं।

अपने भविष्य के लिए स्वयं पर काम करने का उद्देश्य यह है कि आप अपने इस पहलू के साथ घुल-मिल सकें। आप अपने सबसे आदर्श रूप की स्पष्ट रूप से कल्पना करना चाहते हैं, ताकि आप जान सकें कि आपके अपने जीवन को कैसे विकसित करना है,स्थानांतरित होना और परिवर्तित करना है।

देखें कि आपका यह स्व क्या पहनता है, वह कैसा महसूस करता है, हर दिन क्या करता है। ये आपके ख़ुद के बनने की कुंजी होंगी।

चरण 3 : मार्गदर्शन माँगें

यदि आप अपने भविष्य के उत्तर पाने के लिए डरावने, बड़े-बड़े प्रश्नों की एक लंबी सूची लेकर इस प्रक्रिया में प्रवेश करते हैं, तो संभवतः आप खुले मन से प्रभावशाली मार्गदर्शन पाने की जगह किसी घबराहट में उलझ जाएँगे।

इसकी बजाय, जो कुछ भी यह व्यक्ति आपसे साझा करना चाहता है, उसका खुले दिल से स्वागत करें। संदेश सकारात्मक, उत्साहवर्धक, समर्थन करने वाले और मददगार होने चाहिए। *भले ही वे आपसे कुछ इस तरह कहें, जैसे कि आपको इस रिश्ते को छोड़ देना चाहिए*, लेकिन इसे इस तरह से किया जाना चाहिए कि यह इतना शांत और पुष्टि करने वाला हो कि आप आश्वस्त और शांतिपूर्ण महसूस करें।

चरण 4 : कल्पना करें कि वह आपको आपके नए जीवन की 'चाबियाँ' सौंप रहा है

अपने भविष्य के स्व का उपयोग करने का एक और प्रभावशाली अभ्यास यह है कि आप कल्पना करें कि आप 3, 5 या 7 साल पहले अपने साथ बैठे हैं। यह इतना क़रीब होना चाहिए कि आप इस व्यक्ति से जुड़ सकें, लेकिन पर्याप्त बदल चुके हों।

कल्पना करें कि आप उस जगह पर बैठे हैं, जहाँ आप अक्सर आते थे, या रहते थे। अब आप उसे तब से लेकर अब तक की ज़रूरी जानकारी देंगे।

आप उसे अपनी कार की चाबियाँ, अपने जॉब के लिए अपना ई-मेल अकाउंट, अपना बैंक अकाउंट, कोई पोशाक सौंप सकते हैं या कॅरियर, रिश्तों या दिन-प्रतिदिन की आदतों के संदर्भ में क्या करना है, इस पर निर्देश दे सकते हैं।

या फिर आप कल्पना कर सकते हैं कि आपका भविष्य आपको आपके वर्तमान जीवन के कुछ पहलू दिखा रहा है। कल्पना करें कि वह आपको उस घर की चाबियाँ दे रहा है, जिसमें आप रहते हैं, या आपकी शादी की अंगूठी, या कोई और चीज़ दे रहा है, जो आपके उच्चतम संभावित भविष्य के जीवन का हिस्सा है।

याद रखें, इस प्रक्रिया से आपको शांत, दृढ़ और अधिक आत्मविश्वासी महसूस होना चाहिए, न कि हतोत्साहित। डर एक भ्रम है, मन और गट की चाल है। आपके भविष्य का स्व आगे आकर आपको वह सब याद दिला सकता है, जो संभव है और आपको निश्चितता, स्पष्टता और शान और सम्मान के साथ जीने के लिए सशक्त बना सकता है।

अपने अतीत को क्वांटम क्षेत्र में मुक्त करना

जब कोई ऐसी घटना घटती है, जिससे आप डर जाते हैं और फिर आप उस डर से कभी उबर नहीं पाते, तो आप सदमे में आ जाते हैं।

आघात, सुरक्षा के बुनियादी स्रोत से अलग होने का अनुभव है। यह सबसे गंभीर रूप से तब होता है, जब हमारी देखभाल करने वाले नज़दीकी लोगों के प्रति हमारा लगाव कम हो जाता है, लेकिन वास्तव में ऐसे अनगिनत तरीक़े हैं, जिनसे दुनिया आपको आघात पहुँचा सकती है, और वह भी अलग-अलग स्तर पर।

आघात क्या है और यह कहाँ से आता है, इस बारे में बहुत सारे सिद्धांत हैं। कुछ लोगों का मानना है कि यह शारीरिक रूप से डीएनए के माध्यम से आगे बढ़ता है। अन्य लोग तर्क देते हैं कि यह सीखे गए पैटर्न और अवलोकन के माध्यम से मानसिक और भावनात्मक रूप से साझा किया जाता है। सबसे आम तौर पर, आघात को एक पारस्परिक अनुभव

माना जाता है, जिसमें हमें एक चुनौती दी गई थी और फिर हमारे पास इससे उबरने के लिए कौशल और मुक़ाबला करने के तंत्र का अभाव था।

इससे फ़र्क़ नहीं पड़ता कि कहाँ से आया है, अगर आपको किसी तरह का स्थायी आघात लगा है, तो आपको पता चल जाएगा, क्योंकि आप इसे महसूस करेंगे। आप इसे अपने शरीर में महसूस करेंगे। आप चिंता, तनाव, भय, आतंक, उदासी या अपराध-बोध महसूस करेंगे। यह इधर से उधर हो जाएगा। इसका कोई स्पष्ट, सीधा कारण नहीं होगा। आप कुछ बातों पर ज़रूरत से ज़्यादा प्रतिक्रिया करेंगे और जब कोई समस्या हल हो जाए, तब भी आप घबरा जाएँगे। यह आघात का संकेत है।

आघात आपके दिमाग़ में नहीं, आपके शरीर में है।

आघात पर क़ाबू पाने के लिए आपको इस महत्त्वपूर्ण बात को जानना चाहिए: आघात एक स्वीकार्य, शारीरिक समस्या है। आप इन भावनाओं, ऊर्जाओं और पैटर्न का सेलुलर स्तर पर संचय करते हैं। शुक्र है, हम पानी की लहरों की मदद से तलहटी की समस्या का पता लगा सकते हैं। आप अपने शरीर का उपयोग ख़ुद को ठीक करने के लिए कर सकते हैं।

सबसे पहले इस दर्दनाक अनुभव का कारण तलाशें

जब आप अंदर तक महसूस करते हैं, तो आपको पता चलता है कि खिंचाव या तनाव कहाँ पर है। हमारा शरीर हमारी सुरक्षा के लिए कठोर हो जाता है। जब हमारा पैर टूटता है, तो हमारी धज्जियाँ (फ़ेशिया) ढलवाँ लोहे की तरह कड़ी हो जाती हैं, ताकि हम ख़ुद को फिर से उस तरह से न मोड़ें। इसी तरह, जब हमारा दिल टूटता है, तो हमारी भावनाएँ इतनी कठोर हो जाती हैं कि हम फिर उस तरह से महसूस नहीं करते।

बेशक, आख़िरकार, हमें चलते ही रहना होगा। हमें प्यार करना होगा। हमें फिर से जीवन का अनुभव करना होगा। हमें धीरे-धीरे अपने उन हिस्सों को नरम करना होगा, जो हमारी रक्षा करने की कोशिश कर रहे हैं, ताकि हम आगे बढ़ सकें।

आघात को ठीक करना सिर्फ़ उसका मनोविश्लेषण करना नहीं, शारीरिक रूप से उससे निपटने की प्रक्रिया है। अगली बार जब आप अपने आपको किसी उत्तेजना पर अति-प्रतिक्रिया करते हुए महसूस करें, तो आप देखेंगे कि आपका शरीर तनावग्रस्त होने लगा है और 'लड़ो या भागो' की प्रतिक्रिया पैदा कर रहा है। इसे ठीक करने के लिए आपको अपने आप को गहरी, सुखदायक साँस लेने के लिए मजबूर करना होगा, जब तक कि आपके शरीर तनावग्रस्त हिस्सा फिर से आराम की स्थिति में न पहुँच जाए।

आपको अलग-अलग उपायों से अपने आपको शांत करना होगा: ध्यान लगा सकते हैं, गहरी साँसें ले सकते हैं, पर्याप्त पानी पीकर, पर्याप्त नींद लेकर, अरोमाथेरैपी या साउंड थेरैपी का उपयोग कर सकते हैं या जो भी उपाय आपके लिए कारगर हो, उसे अपना सकते हैं।

आपको अपने मस्तिष्क और शरीर को घबराहट/ उत्तरजीविता की स्थिति से शारीरिक रूप से बाहर निकालने के लिए अवश्य प्रयास करना होगा।

दूसरा, सुरक्षा की भावना को पुनः स्थापित करें।

आप सदमे में हैं इसलिए हैं, क्योंकि किसी परिस्थिति ने आपको डरा दिया है और आपको यक़ीन है कि यह अभी भी 'सज़ा देने के लिए प्रतिबद्ध' है। ऐसा तब होता है, जब हम किसी मुश्किल का सामना इसलिए नहीं करते या उससे उबर नहीं पाते, क्योंकि हम मान लेते हैं कि ख़तरा अनिश्चित काल तक बना रहेगा।

आघात उपचार का मनोवैज्ञानिक पहलू यह है कि आपको उस संबंध को सचमुच में उसी तरह से बहाल करना होगा, जिस तरह से वह टूटा था।

अगर आप रिश्तों को लेकर सदमे में हैं, तो आपको स्वस्थ रिश्ते बनाने होंगे। अगर आप पैसे को लेकर सदमे में हैं, तो आपको पैसे की स्थिति अच्छी करनी होगी। अगर आप यात्रा को लेकर सदमे में हैं, तो आपको फिर से यात्रा करनी होगी।

हमारे पास इन स्थितियों से हमेशा के लिए बचे रहने का कोई समाधान नहीं होता है। दरअसल, हम अक्सर पाते हैं कि हमारे डर के नीचे वे चीज़ें होती हैं, जिन्हें हम सबसे ज़्यादा चाहते हैं।

तीसरा, विचारों और भावनाओं को सच मानना बंद करें

और आख़िर में, आघात से उबरने के लिए आपको मानसिक सोच-विचार की उलझन से बचना होगा। आप यह दिखावा न करें कि आप आगे क्या होने वाला है, उसकी भविष्यवाणी कर सकते हैं, या कि आप दूसरे लोगों के इरादों को जानते हैं, या कि आप जो महसूस करते हैं और सोचते हैं, वह पूरी तरह से सही और वास्तविकता है।

इस तरह की सोच ही किसी उत्तेजित करने वाली भावना को एक परास्त करने वाले चक्र में बदल देती है। आप एक डरावनी बात को पकड़ लेते हैं और उसे भविष्यवाणी में बदल देते हैं।

आप भविष्यवक्ता नहीं हैं। आप नहीं जानते कि आगे क्या होने वाला है, लेकिन आप यह चुन सकते हैं कि वर्तमान में, अभी क्या करना है । लगभग हमेशा, जिस बात या स्थिति को लेकर आप सबसे ज़्यादा घबराते हैं, वह ऐसी होती है, जिसके बारे में आपको नहीं पता होता कि वैसा होना निश्चित है। यह आमतौर पर एक धारणा, एक अनुमान या एक डर होता है जो एक भयावह संभावित वास्तविकता में बदल जाता है।

आप सोच सकते हैं कि अधिकतर दुखी-पीड़ित लोगों को आघात से गुज़रना पड़ा है, लेकिन यह सच नहीं है। हर कोई किसी न किसी तरह से आघातग्रस्त होता है, लेकिन हम इसका जवाब कैसे देते हैं, हम आख़िरकार इसको पार करके कैसे आगे बढ़ते हैं और आत्म-नियंत्रण कैसे विकसित करते हैं, यही हमारे जीवन की दिशा तय करता है।

स्वयं का सबसे शक्तिशाली संस्करण बनना

क्या आप अपने आप का सबसे शक्तिशाली संस्करण बन रहे हैं?

अगर आपको इस बारे में सोचने के लिए ठहरना पड़ जाए, तो जवाब शायद नहीं होगा।

हर किसी के व्यक्तित्व के अलग-अलग पहलू होते हैं और हम जिस परिस्थिति में रहते हैं, उसके आधार पर अपने व्यक्तित्व का उपयोग करते हुए काम करते हैं। यह एक सामाजिक अनुकूलन उपकरण है: आप अपने

दोस्तों के साथ उस तरह व्यवहार नहीं करते, जिस तरह आप अपने माता-पिता के साथ करते हैं। समय, काल और परिस्थिति के अनुसार व्यवहार करना उत्तम मनोवैज्ञानिक कार्य का संकेत है।

हम अपने वर्तमान जीवन की आवश्यकता वाले ख़ुद के संस्करणों से परिचित हैं। हम जानते हैं कि हमें काम पर, घर पर या प्यार में कौन होना चाहिए, लेकिन हम अक्सर उस व्यक्ति से अपरिचित होते हैं, जो हमें अपने जीवन को आगे बढ़ाने के लिए चाहिए।

हम अपने उन संस्करणों यानी स्वरूपों से परिचित हैं जिनकी हमारे वर्तमान जीवन को आवश्यकता है। हम जानते हैं कि हमें कामकाज के दौरान, घर पर या प्यार में किस तरह का व्यक्ति होना चाहिए। लेकिन हम अक्सर उस व्यक्ति से अनजान होते हैं जो हमें अपने जीवन को आगे बढ़ाने के लिए चाहिए।

'इनर चाइल्ड वर्क' यानी अपने भीतर के बचपन पर कार्य करते समय आप अपने युवा स्व की कल्पना करते हैं और उसे संबोधित करते हैं, अक्सर एक विशिष्ट उम्र तक यह इस बात पर निर्भर करता है कि आपका कौन-सा संस्करण आघातग्रस्त था। आप उस छोटे स्व से संवाद करते हैं, उससे सीखते हैं, उसकी रक्षा करते हैं, या उसे वह मार्गदर्शन देते हैं, जिसकी उन्हें युवा होने पर आवश्यकता थी।

यह लोगों के लिए बहुत ही उपचारात्मक साबित होता है, ज़्यादातर इसलिए, क्योंकि हम अपने पिछले स्व से विकसित नहीं होते हैं, हम बस आगे बढ़ जाते हैं।

हालाँकि, यह अभ्यास विपरीत तरीक़े से भी काम कर सकता है। आप अपने भविष्य के स्व की भी कल्पना कर सकते हैं और उससे जुड़ सकते हैं - आपका वह संस्करण, जिसमें आप विकसित हो रहे हैं, या वह व्यक्ति, जिसे आप जानते हैं कि यही बनने के लिए पैदा हुए हैं।

आज मेरा सबसे शक्तिशाली स्व क्या करेगा?

अपने सबसे शक्तिशाली स्व बनने का पहला क़दम उस व्यक्ति की कल्पना करना है। अपने आप को अपने वर्तमान संदर्भ से बाहर न निकालें। अपने

आपसे पूछना शुरू करें : मेरा सबसे शक्तिशाली संस्करण इस समय क्या करेगा? वह आज के दिन क्या करेगा? वह इस चुनौती का कैसे जवाब देगा? वह आगे कैसे बढ़ेगा? वह किस ढंग से सोचेगा? वह क्या महसूस करेगा?

आपका शक्तिशाली स्व आपके जीवन का सीईओ होना चाहिए। यह वह व्यक्ति है, जो प्रबंधकीय निर्णय लेता है, बाक़ी तमाम कामों को नियंत्रित करता है। यह प्रधान संपादक है, यह परिवार का मुखिया है। आप अपने शक्तिशाली स्व के लिए काम कर रहे हैं।

जब आपको अपने शक्तिशाली स्व की स्पष्ट छवि मिल जाती है, तो आपको यह मूल्यांकन करना होगा कि आपकी कौन-सी आदतें, गुण और व्यवहार आपको उस व्यक्ति को पूरी तरह से अपनाने से रोक रहे हैं।

अपनी कमज़ोरियों के प्रति सचेत रहें

शक्तिशाली लोग भ्रम में नहीं जीते। उन्हें यह नहीं लगता कि वे हर समय हर बात में परिपूर्ण हैं। शक्तिशाली लोग अपनी ताक़त और कमज़ोरियों के बारे में बहुत जागरूक होते हैं। यही बात उन्हें मानसिक रूप से मज़बूत बनाती है।

शक्तिशाली लोग बिज़नेस में अक्सर उन कार्यों को आउट-सोर्स करते हैं, जिनमें वे कम कुशल होते हैं। शक्तिशाली लोगों को अपनी सीमाएँ मालूम रहती हैं और वे यह भी जानते हैं कि उनके ट्रिगर क्या हो सकते हैं। इससे उन्हें अपने जीवन में अधिक आसानी से आगे बढ़ने और अपनी ग़लतियों को सुधारने के लिए समय और सहूलियत मिलती है।

अपने आप से यह कहने की क्षमता, "मुझे पता है कि मुझे इसके कारण बहुत संघर्ष करना पड़ता है, इसलिए मैं इसको समय दूँगा और इसे ठीक करने पर काम करूँगा।" यह वह शक्तिशाली काम है, जिसे आपको करना चाहिए।

नापसंद किए जाने के लिए तैयार रहें

शक्तिशाली लोग वे नहीं होते, जिन्हें सबसे ज़्यादा पसंद किया जाता है।

ये लोग दूसरों की स्वीकृति पाने की होड़ में भी शामिल नहीं होते हैं, और यही कुंजी है।

वास्तव में शक्तिशाली व्यक्ति बनने के लिए आपको नापसंद किए जाने के लिए तैयार रहना चाहिए। इसका मतलब यह नहीं है कि आप कोई दुर्भावनापूर्ण व्यवहार करें, बल्कि इसका मतलब यह है कि आप चाहे जो भी करें, दूसरे लोग आपको आँकेंगे ही। शक्तिशाली लोग यह जानते हैं। जीवन में ऐसा कोई रास्ता नहीं है, जिस पर आप चलें और उसमें लोगों की बाधा न हो, और इसलिए यह ज़रूरी है कि आप न केवल नापसंद किए जाने से सहज रहें, बल्कि आप इसकी उम्मीद भी करें और फिर भी अपना काम करते रहें।

उद्देश्यपूर्ण कार्य करें

शक्तिशाली और उद्देश्यपूर्ण होना एक ही बात है।

वास्तव में शक्तिशाली व्यक्ति बनने के लिए आपको इस बारे में पूरा, अडिग विश्वास होना चाहिए कि आप क्या बनाना चाहते हैं। ऐसा करने के लिए आपको 'इस पल में जीने' की मानसिकता से हटकर 'विरासत के लिए जीने' की मानसिकता अपनानी होगी। आपका उद्देश्य गतिशील और विकसित होने वाला है। ज़्यादातर समय, यह इस दुविधा में रहता है कि आप किस काम में रुचि रखते हैं, आप किस काम में अच्छे हैं और दुनिया को किसकी ज़रूरत है। अपनी आंतरिक शक्ति को खोजने के लिए ज़रूरी है कि आप जो रचना करना चाहते हैं और उसमें सफल होना चाहते हैं, उसके बारे में स्पष्ट दृष्टि रखें। आप उस सपने के बारे में दृढ़ता से महसूस नहीं कर पाएँगे, जो मूलतः आपका हिस्सा नहीं है।

अपने भीतर काम करें

यह शायद सबसे ज़रूरी काम है और फिर भी इसे सबसे अधिक अनदेखा किया जाता है, क्योंकि इसमें आराम नहीं है।

अपने भीतर काम करने का मतलब यह मूल्यांकन करना है कि किसी बात या स्थिति ने आपको परेशान किया है और क्यों, आपका जीवन आपको क्या दिखाने की कोशिश कर रहा है और इन अनुभवों से सीख लेकर आप कैसे आगे बढ़ सकते हैं। वास्तव में शक्तिशाली लोग अपने

साथ हुई घटनाओं को स्वीकारते हैं, आत्मसात कर लेते हैं, पचा लेते हैं। वे इसका उपयोग सीखने, ख़ुद को विकसित करने के अवसर के रूप में करते हैं। यदि आप वास्तव में शक्तिशाली बनना चाहते हैं, तो इस प्रकार का आंतरिक मानसिक और भावनात्मक काम अनिवार्य है।

शक्तिशाली लोग बहुत आक्रामक नहीं होते, आक्रामकता आम तौर पर आत्म-रक्षा तंत्र है। शक्तिशाली लोग वे होते हैं, जो छोटी-छोटी गड़बड़ियों से ज़्यादा परेशान नहीं होते और बड़ी परेशानियों को पूरी तरह से समझने और उनसे निपटने के लिए तैयार रहते हैं।

निश्चित ही यह बुनियादी बात है। इसके बाद आपको अपने जीवन को सरल बनाने, अपनी महत्वाकांक्षाओं की चर्चा कम से कम करने और अपनी उपलब्धियों को पूरा होने के बाद ही उजागर करने पर काम करना होगा। धीरे-धीरे स्वास्थ्य में सुधार करें। यह मानकर चलें कि हर कोई और हर स्थिति आपको कुछ न कुछ सिखाती है। असुरक्षा या भावनात्मक कमज़ोरी के साथ सहज हो जाएँ, क्योंकि यह स्थिति आपके जीवन के लगभग हर महत्त्वपूर्ण हिस्से से पहले चली आती है, और अपनी दिनचर्या को समझ-बूझकर डिज़ाइन करें।

आपको हर तरह से अपने शक्तिशाली स्व के रूप में सोचना चाहिए। यदि आप दुनिया और अपने जीवन को उस लेंस के माध्यम से देखना सीख लेते हैं, तो आप एक ऐसा जीवन बना सकते हैं, जो आपके उस पक्ष के इरादों को दर्शाता है। यह पहले से ही मौजूद है, आपको बस यह जानना है कि इसका उपयोग कैसे किया जाए।

अपनी भावनाओं को स्वीकार करना सीखें

अगर हम थेरैपी में, राजनीति में, रिश्तों में, बच्चों को पढ़ाने में, किसी को समझाने-बुझाने में, शांति बनाए रखने में, दोस्त बनाने में, संबंध बढ़ाने में और प्रगति करने में प्रभावी होना चाहते हैं, तो हमें सबसे पहले एक तकनीक अपनानी होगी।

यह एक छोटा-सा रहस्य है, और इसके लिए बहुत कम प्रयास करना होगा, लेकिन यह लोगों को आपके वश में कर देता है। इससे वे आपको

पूरे मन से सुनते हैं, आपकी कही बात को ठीक से सुनते हैं, और अपनाने के लिए तैयार होते हैं। यह तकनीक उपचार की तरह काम करती है, यह मन को बदलने वाली है, लेकिन सबसे ज़रूरी बात यह है कि यह प्रगति की बढ़ने वाला पहला क़दम है। यह भावनात्मक स्वीकार्यता है।

किसी की भावनाओं को मान्य करने या स्वीकार करने का मतलब यह नहीं है कि आप उनसे सहमत हैं। इसका मतलब यह नहीं है कि आप उन्हें सही मान लें। इसका मतलब यह नहीं है कि वे भावनाएँ ही पूरी तरह ठीक और सकारात्मक हैं, इसका मतलब यह भी नहीं है कि वे तर्कसंगत हैं। भावनाओं को मान्य करने का मतलब यह नहीं है कि आप उन पर सही होने का ठप्पा लगा दें, इसका मतलब है कि आप किसी को याद दिलाते हैं कि इस तरह से महसूस करना इंसान की फ़ितरत है, अक्सर वे इस बात को समझ नहीं पाते हैं।

कितनी बार हमें ऐसा साथी चाहिए होता है जो रणनीति बनाना बंद कर दे और कहे कि *हाँ, यह तो वाक़ई बहुत परेशान करने वाला काम है?*

हमारे कंधों से कितना बड़ा बोझ उतर जाता है, जब हम सोचते हैं: हाँ, मैं वास्तव में इस समय तनावग्रस्त हूँ, *और मैं तनावग्रस्त होने का हक़दार हूँ?*

जब हम किसी दूसरे व्यक्ति की कहानी स्क्रीन पर देखते हैं, जो हमारी जैसी ही होती है, चाहे वह कितनी भी विनाशकारी क्यों न हो, तो हम कितना हल्का महसूस करते हैं?

जब हम अपने आपको दुखी, नाराज़ और बिना कारण क्रोधित होने देते हैं, तो हम कितना बेहतर महसूस करते हैं?

जब हम ऐसा महसूस करते हैं, तो कुछ अविश्वसनीय होता है। हमें अब दूसरों पर गुस्सा उतारने की ज़रूरत नहीं होती है, क्योंकि अब हम इससे बाहर निकलने के लिए उनकी स्वीकार्यता पर निर्भर नहीं हैं। हम दुखी, नाराज़ और क्रोधित हो सकते हैं और किसी अन्य को चोट पहुँचाए बिना अपना काम ख़ुद निपटा सकते हैं।

जब लोग रो रहे होते हैं या अपने आपको ज़ाहिर कर रहे होते हैं, तो वे सिर्फ़ मदद नहीं माँग रहे होते हैं। वे अक्सर सिर्फ़ किसी से यह पुष्टि करने

के लिए कह रहे होते हैं कि जिस तरह से वे महसूस कर रहे हैं, वैसा महसूस करना ग़लत नहीं है। और अगर उन्हें परिस्थितियों को बढ़ा-चढ़ाकर बताना पड़े, ताकि आप वास्तव में उनके बोझ और दबाव को महसूस कर सकें, तो वे ऐसा करेंगे। वे किसी और से यह सुनने के लिए कुछ भी करेंगे: *आप जिस स्थिति से गुज़र रहे हैं, उसके लिए मुझे बहुत खेद है।* ऐसा इसलिए नहीं है, क्योंकि वे अक्षम या मूर्ख हैं। ऐसा इसलिए है, क्योंकि एक ऐसी दुनिया में जो हमें अपनी भावनाओं को ठीक से संसाधित करना नहीं सिखाती है, हमें अक्सर अपने अनुपयुक्त मुक़ाबला तंत्र पर ही निर्भर रहना पड़ता है।

जब हम अपनी भावनाओं को मान्य नहीं कर पाते, तो हम दूसरों को ऐसा करने के लिए मजबूर करने की अंतहीन कोशिश में लग जाते हैं, लेकिन इससे लाभ नहीं होता। हमें कभी भी वह नहीं मिलता, जिसकी हमें ज़रूरत होती है।

ऐसा लगता है कि इसमें ध्यान, पुष्टि, प्रशंसा की आवश्यकता जुड़ी है, लेकिन यह नाटकीय, नकारात्मक और हमारे जीवन में जो ग़लत है, उस पर असंगत रूप से ध्यान केंद्रित करने जैसा भी लगता है। जब कोई व्यक्ति किसी साधारण बात को लेकर शिकायत कर रहा होता है और ऐसा लगता है कि वास्तविक स्थिति की अपेक्षा ज़्यादा शिकायत कर रहे हैं, तो वे किसी छोटी सी समस्या के बारे में आपकी मदद लेने की कोशिश नहीं कर रहे होते हैं। वे अपनी भावनाओं को मान्य कराने की कोशिश कर रहे होते हैं।

यह भी आत्म-विनाशकारी व्यवहार का एक सामान्य कारण है। कभी-कभी, जब हमारे भीतर बहुत अधिक दुख होता है, तब न तो हम आराम करते हैं और न ही अपने जीवन और रिश्तों का आनंद लेते हैं। हम 'मौज़-मस्ती' सिर्फ़ नहीं कर पाते, क्योंकि ऐसा करना विश्वासघात जैसा लगता है। यह अपमानजनक लगता है। हमें लगता है कि कोई हमारी भावनाओं को मान्यता दे, लेकिन हम यह भी नहीं जानते कि क्यों।

यह प्रभावी क्यों है?

अपनी भावनाओं को अपने शरीर की वाहिकाओं से बहते हुए पानी की तरह समझें। आपके विचार तय करते हैं कि वाहिकाएँ साफ़ हैं या नहीं। वाहिकाएँ साफ़ होंगी, तो पानी की गुणवत्ता भी अच्छी होगी।

अगर आपको अचानक ऐसा महसूस होता है कि आपको पानी पसंद नहीं है और आपको इस तरह के पानी की उम्मीद नहीं थी। मान लीजिए कि अचानक पानी का बहाव आ गया है, तो एक सामान्य-सी बात है कि आप उस वॉल्व को बंद करना चाहेंगे और पानी को शरीर में गुज़रने नहीं देंगे, हालाँकि, पानी के बहाव को रोकने से पानी दूर नहीं होता है। इसकी बजाय, यह आपके शरीर के उन हिस्सों पर बहुत ज़्यादा दबाव डालने लगता है और उन्हें गंभीर नुक़सान पहुँचाना शुरू कर देता है, जहाँ अब पानी का बहाव नहीं हो रहा है। इसका आपके पूरे जीवन पर असर पड़ना शुरू हो जाता है।

कभी-कभी पानी धीरे-धीरे ख़ुद ही इधर-उधर फैल जाता है। कभी-कभी, यह फट पड़ता है और हमें भावनात्मक टूटन का अनुभव होता है। आख़िरकार, जब वह सारा पानी बाहर आ जाता है और हम शोक मनाते हैं, रोते हैं और टूट जाते हैं, इस समय हम रीसेट होने की प्रक्रिया से गुज़र रहे होते हैं। यह सकारात्मक विघटन है: हम निराश हो जाते हैं, लेकिन साथ ही, जब यह दौर समाप्त हो जाता है, तो बेहतर महसूस करते हैं।

उस विस्फोट के दौरान, जब आपने अपने आपको इसे महसूस करने की अनुमति दी, तो आपकी भावनाएँ मान्य हो गईं, क्योंकि आपके पास कोई और विकल्प नहीं था। यही हम थेरैपी के दौरान करते हैं। यही हम तब करते हैं, जब हम अपनी भावनाओं को बाहर निकालते हैं। यही तब होता है, जब हम भावनाओं और विचारों की सफ़ाई का अनुभव करते हैं। किसी दुखद फ़िल्म को देखते हुए हमें जिस प्रकार का आनंद होता है, वह हमें एक ऐसी दुनिया में दुखी होने की अनुमति देता है, जो अन्यथा संभव नहीं हो पाता।

लेकिन एक स्वस्थ और आसान तरीक़ा यह सीखना है कि उस क्षण में अपनी भावनाओं को कैसे संसाधित किया जाए।

'अपनी भावनाओं को मान्य करना' एक बड़ी बात लगती है, लेकिन इसका वास्तव में एक यही मतलब है: बस उन भावनाओं को महसूस करना।

जब आप अतीत के आघात से उबर रहे होते हैं, तो अक्सर इस प्रक्रिया का एक बड़ा हिस्सा अपने आपको किसी भावना की पूरी अभिव्यक्ति का अनुभव करने की अनुमति दे रहा होता है। आपने शायद अतीत में ऐसा किया हो। किसी ऐसे रिश्तेदार के निधन के बारे में सोचें, जिसे आप प्यार

करते थे, लेकिन उससे बहुत ज़्यादा जुड़े नहीं थे। जब आपको उनकी मृत्यु के बारे में पता चला, तो आप निःस्संदेह दुखी हुए होंगे, लेकिन आप उनके अंतिम संस्कार में शामिल नहीं हुए, एक घंटे तक रोए और फिर आपका जीवन उसी तरह से चलने लगा, जैसे कुछ हुआ ही न हो।

इसकी बजाय, शायद आपने उस समय दुख का अनुभव किया, और फिर शायद अगले दिन, और फिर शायद एक हफ़्ते बाद भी। दुख की लहरें अलग-अलग तीव्रता में आईं और चली गईं। जब आपने उनका प्रतिरोध नहीं किया, तो आप रोए और दुखी हुए, या शायद झपकी ली, गर्म पानी से स्नान किया, या काम से एक दिन की छुट्टी ले ली।

और फिर, आपके बहुत ज़्यादा प्रयास के बिना ही वह दुखद भावना टल गई और आप बेहतर महसूस करने लगे।

जैसे ही हम किसी भावना को स्वीकार कर लेते हैं, तो वह अक्सर अपने आप ही दूर हो जाती है। यदि कोई कार्रवाई करने का रास्ता नहीं है। अगर हमें बस इसे स्वीकार ही करना है, तो हमें बस उस क्षण में बने रहना होगा।

हम इसे स्वाभाविक रूप से नहीं करते हैं, क्योंकि ज़ाहिर है कि हर बार जब हम किसी बात या स्थिति से परेशान होते हैं, तो अपनी डेस्क पर फूट-फूट कर रो नहीं सकते। पानी का वॉल्व तब तक बंद करके रखना बिल्कुल ठीक होता है, जब तक कि हम घर जाकर बाद में इसे बाहर निकाल सकें। यह नियंत्रित करना सही है कि हम कब और कहाँ प्रक्रिया करते हैं, और वास्तव में, यह बेहतर होता है, जब हम इसे अधिक स्थिर और सुरक्षित स्थान पर करना सीख लेते हैं।

यह हर दिन थोड़ा-समय निकालकर 'जंक जर्नल' लिखने जैसा लग सकता है, अकेले समय बिताना, जहाँ हम बिना कोई राय बनाए, और उन्हें बदलने की कोशिश किए बिना, बस अपने अनुभव को महसूस कर सकते हैं। यह सोने से पहले ख़ुद को रोने देने जितना सरल हो सकता है। हम अक्सर इसे कमज़ोरी की निशानी मानते हैं, जबकि वास्तव में खुलकर रोने की क्षमता मानसिक और भावनात्मक शक्ति का एक बड़ा संकेत है। जब हम अपने जीवन की टूटी-बिगड़ी स्थिति पर रो नहीं पाते हैं, तो हम एक बड़ी समस्या में होते हैं।

किसी अन्य की भावनाओं को मान्य करना परानुभूति का शानदार काम है। इसमें बातचीत की शुरुआत इस तरह से होती है: ''ऐसा महसूस करना ठीक है,'' क्योंकि जब किसी से कहते हैं कि ऐसा महसूस करना कितना ग़लत है, तो वे चुप हो जाते हैं। वे चुप इसलिए हो जाते हैं, क्योंकि उन्हें शर्म आती है। उन्हें तो पहले से ही मालूम रहता है कि जिस तरह से वे महसूस करते हैं, वह सही नहीं है। यदि आप किसी के बचाव तंत्र के स्तर को बढ़ाकर या उसे और भी ज़्यादा भयभीत करके और दबाव बनाकर बातचीत शुरू करते हैं, तो आप स्थिति को और भी बदतर बना देते हैं।

इसके विपरीत, आप उन्हें यह याद दिलाकर उनका बोझ हल्का कर सकते हैं कि उनकी स्थिति में कोई भी व्यक्ति शायद वैसा ही महसूस कर रहा होता, जैसा वे अभी कर रहे हैं। यह बहुत संभव है कि उनके भीतर सशक्त और विह्वल करने वाली भावनाएँ हो सकती हैं, लेकिन उनका यह मतलब नहीं है कि जीवन पूरी तरह से बर्बाद हो गया है और जब विनाशकारी स्थितियाँ हमारे सामने होती हैं, तो बर्बाद महसूस करना ग़लत नहीं है। हम यह अच्छे से जानते हैं, क्योंकि जब हम दुखी होने का प्रतिरोध करना बंद कर देते हैं और दुखी होते हैं, तो हमें एहसास होता है कि यह दुख हमेशा के लिए नहीं रहेगा। हम देखते हैं कि कभी-कभी बड़ी समस्या यह नहीं होती कि हम तबाह हो गए हैं, बल्कि यह होती है कि जो हमारे सामने है, उसे स्वीकार करने से इंकार कर रह रहे हैं। इसके कारण हम इतना अधिक दुख पैदा कर लेते हैं, जितना तो हम तब भी नहीं कर पाते, जब हमें वास्तव में रोने की ज़रूरत होती है।

दूसरे लोगों को मान्यता देकर हम अपने आपको मान्यता देना सीखते हैं। और जब हम ख़ुद को मान्यता देना सीख जाते हैं, तो हम और मज़बूत हो जाते हैं। हम देखते हैं कि हमारी भावनाएँ अब ख़तरा नहीं हैं, बल्कि हमें सूचित करती हैं। वे हमें दिखाती हैं कि हमें किस चीज़ की परवाह है, हम किस चीज़ का आनंद लेना चाहते हैं और हम किस चीज़ की रक्षा करना चाहते हैं। वे हमें याद दिलाती हैं कि जीवन क्षण-भंगुर है, चुनौतीपूर्ण है और ख़ूबसूरत भी है। जब हम अँधकार को स्वीकार करने के लिए तैयार होते हैं, तभी हम प्रकाश पाते हैं।

स्वयं के सिद्धांतों को अपनाना

अगर आप थका-हारा हुआ महसूस करते हैं, या आपको पता नहीं है कि आप अपने जीवन को किस ओर ले जाना चाहते हैं, या इससे भी बदतर, आपको डर है कि आपने जो कुछ भी बनाया है, वह सब ढह सकता है, तो आपको और प्रेरणा की ज़रूरत नहीं है। आपको और सकारात्मक सोच-विचार की ज़रूरत नहीं है।

जब आपके सामने धन संबंधी समस्या होती है, तो आपको धन संबंधी सिद्धांतों की आवश्यकता होती है।

जब आपके पास रिश्तों से जुड़ी समस्याएँ होती हैं, तो आपको रिश्तों से जुड़े सिद्धांतों की ज़रूरत होती है।

जब आपके पास काम से जुड़ी समस्याएँ होती हैं, तो आपको काम से जुड़े सिद्धांत चाहिए।

जब आपके पास जीवन संबंधी समस्याएँ होती हैं, तो आपको जीवन से जुड़े सिद्धांतों की ज़रूरत होती है।

ज़्यादा धन से धन संबंधी समस्याएँ हल नहीं होतीं। तरह-तरह के रिश्ते रिश्तों की समस्याओं को हल नहीं करते। कोई नया काम पकड़ लेना आपके काम की समस्याओं को हल नहीं कर सकता। आपका भावी जीवन आपकी जीवन समस्याओं को हल नहीं करेगा।

ऐसा इसलिए है, क्योंकि पैसा आपको पैसे के साथ व्यवहार करना नहीं सिखाता। प्यार आपको ख़ुद से प्यार करना नहीं सिखाता है। रिश्ते आपको रिश्ते निभाना नहीं सिखाते हैं। काम आपको अपनी नौकरी में अच्छा नहीं बनाता है या काम/जीवन संतुलन के योग्य नहीं बनाता है।

जब तक आप बदलाव नहीं लाते और ख़ुद को उस बदलाव के अनुरूप ढाल नहीं लेते, तब तक समस्याएँ आपको एक मज़बूत इंसान नहीं बनातीं। यहाँ परिवर्तनशील आप ही हैं। सामान्य बात यह है कि आप दुनिया के बारे में अपने बुनियादी नज़रिए को बदलते हैं या नहीं और इस दुनिया के भीतर किस तरह से बर्ताव करते हैं।

साफ़-साफ़ समझ लें: 500 हज़ार डॉलर कमाने वाला व्यक्ति भी उतना ही क़र्ज़ में डूबा और संघर्षरत हो सकता है, जितना कि 50 हज़ार

डॉलर कमाने वाला, और वास्तव में, ऐसा हमारी सोच से बहुत अधिक बार होता है। जो लोग कम पैसा कमाते हैं, उन्हें यह सीखने की ज़रूरत होती है कि इसे बेहतर तरीक़े से कैसे मैनेज किया जाए, और जो लोग ज़्यादा कमाते हैं, वे सोचते हैं कि वे जिस मात्रा में अर्जित कर रहे हैं, उसके कारण वे सिद्धांतों से दूर रह सकते हैं।

आप अपने सपनों के रिश्ते को उतनी ही तेज़ी से बिगाड़ सकते हैं, जितनी तेज़ी से आप रिश्ता बनाते हैं, क्योंकि आप दूसरों के साथ जिस तरह से संबंध बनाते हैं, वह आपका अपना मुद्दा है, रिश्ता इस पर निर्भर नहीं करता कि आप ऐसे किसी सर्वोत्तम व्यक्ति से मिलते हैं या नहीं, जो आपको कभी उत्तेजित या परेशान नहीं करता और आपके साथ बिना शर्त सम्मान के साथ सकारात्मक संबंध रखता है।

अगर आपको नहीं मालूम कि अपने समय का सही तरीक़े से इस्तेमाल कैसे किया जाए, अपने कार्यस्थल पर दूसरों से कैसे संबंध बनाएँ या अपने कॅरियर को आगे कैसे बढ़ाएँ, तो आप अपनी आदर्श नौकरी, अपने बेहतरीन घंटों और अपने शानदार वेतन से भी उतने ही नाख़ुश रह सकते हैं। जो लोग 'अपने सपनों को जी रहे हैं' और 'अपने जुनून का पीछा कर रहे हैं' वे भी उतने ही नाख़ुश हो सकते हैं, जितने वे लोग, जो ऐसा नहीं करते।

अगर आपके जीवन में कोई सिद्धांत नहीं हैं, तो आपकी ज़िंदगी बेहतर नहीं होने वाली है। समस्याएँ आपका पीछा करती रहेंगी और जैसे-जैसे ज़िंदगी बढ़ेगी, समस्याएँ भी बढ़ती जाएँगी।

जीवन में हमारे साथ जो कुछ अच्छा होता है, वह मैग्नीफ़ायर की तरह होता है। वह हमें दिखाता है कि हमें किस ओर प्रगति करनी है। सच्चा प्यार हमें अपने आपको दिखाता है। पैसा हमें ख़ुद को दिखाता है। सपनों की नौकरी हमें ख़ुद को दिखाती है। अच्छा, बुरा, सब कुछ, जिसे तुरंत बदलने की सख़्त ज़रूरत है।

अगर आपके जीवन में अभी कोई सिद्धांत नहीं हैं, तो आगे भी नहीं होंगे। अगर आपके जीवन में अपनी क्षमता में रहकर किफ़ायत से पैसे ख़र्च करने का सिद्धांत नहीं है, तो जब आपके पास अधिक पैसा होगा, तो भी आप ऐसा नहीं कर पाएँगे। यदि आपके पास रिश्तों को लेकर आत्म-बोध के लिए दूसरों पर निर्भर न रहने का सिद्धांत नहीं है, तो जब आप 'सही

व्यक्ति' से मिलेंगे, तो आपकी समस्या चमत्कारिक ढंग से ग़ायब नहीं हो जाएगी, आप उस रिश्ते को भी बर्बाद ही करेंगे।

सिद्धांत क्या है?

सिद्धांत एक बुनियादी सच्चाई है, जिसका उपयोग आप अपने जीवन की नींव बनाने के लिए कर सकते हैं। सिद्धांत कोई धारणा, विश्वास या मत नहीं है। सिद्धांत कारण और प्रभाव से जुड़ा होता है।

सिद्धांत व्यक्तिगत दिशा-निर्देश हो सकते हैं।

धन संबंधी सिद्धांतों के कुछ उदाहरण देखिए: ऊपरी लागत कम रखें, क़र्ज़ से बाहर निकलें और उससे दूर रहें, अपनी चादर से बाहर पैर न पसारें, या आड़े वक़्त के लिए बचत करें।

कई वित्तीय विशेषज्ञ वित्तीय स्वास्थ्य की शुरुआत के रूप में ऋण चुकाने को प्राथमिकता देने की वक़ालत करते हैं। ऐसा इसलिए है, क्योंकि एक दिन का अर्जित ब्याज शायद आपको उतना प्रभावित न करे, लेकिन 20 साल में यह आपको हज़ारों डॉलर या उससे भी ज़्यादा का नुक़सान पहुँचा सकता है।

इसी तरह, निवेश में एक दिन की ब्याज दर से कोई बड़ा अंतर नहीं आएगा, लेकिन 20 साल में बहुत ज़्यादा अंतर पड़ेगा।

सिद्धांत आपको अल्पकालिक जीवनयापन से दीर्घकालिक समृद्धि की ओर ले जाते हैं।

हमारे जीवन में ज़्यादातर स्थितियाँ सिद्धांतों द्वारा संचालित होती हैं। स्टीफ़न कवी इसे बहुत अच्छे से समझाते हैं: सिद्धांत गुरुत्वाकर्षण की तरह एक प्राकृतिक नियम होता है। यह मूल्य यानी वैल्यू से अलग है। मूल्य व्यक्तिपरक होते हैं, सिद्धांत वस्तुनिष्ठ होते हैं। स्टीफ़न कहते हैं, "हम अपने कार्यों को नियंत्रित करते हैं, लेकिन उन कार्यों से होने वाले परिणाम सिद्धांतों द्वारा नियंत्रित होते हैं।"

इसका मतलब यह है कि अगर हम हर दिन अच्छा खाना खाने के सिद्धांत के प्रति प्रतिबद्ध हैं, तो हम निश्चित रूप से बेहतर या सुधरे हुए स्वास्थ्य का लाभ उठाएँगे। अगर हम कई सालों तक हर दिन एक वाक्य

लिखते हैं, तो हम आगे चलकर निश्चित ही कुछ बड़ा लिख पाएँगे। अगर हम हर महीने अपने क़र्ज़ का एक हिस्सा चुकाने के लिए प्रतिबद्ध हैं, तो हम निश्चित रूप से अपनी शेष राशि चुका देंगे। अगर हम लगातार और समझदारी से निवेश करते हैं, तो हमें अंततः लाभ मिलेगा।

हमारे जीवन सिद्धांतों द्वारा संचालित होते हैं, जैसा कि बेंजामिन हार्डी कहते हैं : ''ज़्यादातर लोग कॉलेज में रहते हुए परीक्षाओं की तैयारी करते हैं, लेकिन अगर आप किसान हैं, तो किसी विद्यार्थी की तरह खेती की तैयारी कर सकते हैं? क्या आप वसंत ऋतु में पौधे लगाना भूलकर पूरी गर्मियों में आराम करने के बाद फिर फिर पतझड़ के मौसम में कड़ी मेहनत कर सकते हैं? बिलकुल नहीं। एक खेती-किसानी सिद्धांतों द्वारा संचालित एक प्राकृतिक प्रणाली है।''

इसी तरह आप भी सिद्धांतों से संचालित होते हैं।

''फसल नियमानुसार मिलती है। आप जो बोते हैं, आपको वही फसल काटनी होती है। इसके अलावा, समय के साथ आप जो लगातार बोते रहते हैं, उससे अंततः चक्रवृद्धि दर से या लगातार फसल मिलती रहती है। आप अक्सर अपने कार्यों के परिणामों को तुरंत अनुभव नहीं करते हैं, इससे आपको धोखा लग सकता है। यदि आप एक सिगरेट पीते हैं, तो संभवतः आपको कैंसर नहीं होगा। यदि आप एक दिन में कॉफ़ी पर केवल 10 डॉलर ख़र्च करते हैं, तो शायद इसका आपके वित्तीय जीवन पर कोई प्रभाव नहीं पड़ेगा, हालाँकि, समय के साथ, इन आदतों के बहुत बड़े परिणाम होते हैं। पता चलता है कि 50 वर्षों में प्रतिदिन 10 डॉलर 5 प्रतिशत चक्रवृद्धि ब्याज की दर से 816,000 डॉलर हो जाते हैं।''

जब आप कोई निवेश करते हैं, तो आप उस दिन रिटर्न की उम्मीद नहीं करते हैं। उसी तरह, आप यह जानकर संतुष्टि के साथ सो सकते हैं कि आपने अपने सिद्धांतों का पालन करके अपने भविष्य को सँवार दिया है।

छोटी-छोटी आदतों को बार-बार करते रहने से समय के साथ वे बड़ी बन जाती हैं।

यहाँ प्रेरणा अप्रभावी क्यों है?

प्रेरणा भ्रामक हो सकती है। बड़े सपनों के लिए यदि रणनीतिक योजनाएँ न बनाई गईं, तो उनकी विफलता तय मानिए।

प्रेरणा भ्रामक हो सकती है। यदि रणनीतिक योजनाएँ न बनाई जाएँ तो बड़े सपनों का विफल होना तय है।

प्रेरणा का मतलब है कि आप किसी एक भावना को लेकर उस पर विस्तार से सोचते हैं। आप अपने मन को भटकने देते हैं, आप सुंदर चित्रों को जोड़ते हैं और एक छवि बनाते हैं कि आप अपने जीवन में कैसा महसूस करना चाहते हैं।

सिद्धांत उबाऊ होते हैं। वे प्रेरणादायी नहीं होते। वे प्रकृति के नियम होते हैं।

सिद्धांत तुरंत संतुष्टि नहीं देते। वे हमें तुरंत बेहतर भी महसूस नहीं कराते।

यही कारण है कि हम अक्सर प्रेरणा की तलाश करते हैं, लेकिन इसे अप्रभावी पाते हैं, क्योंकि हम अपने दिल और दिमाग़ को एक अस्पष्ट विचार पर केंद्रित कर लेते हैं कि हम क्या चाहते हैं। हम यह मूल्यांकन ही नहीं करते कि हम अपने लक्ष्य तक पहुँचने के लिए लगने वाले प्रयास और परिश्रम के लिए तैयार भी हैं या नहीं।

जब हम उन सपनों को पूरा करने के लिए आवश्यक सिद्धांतों के साथ प्रेरणा को नहीं जोड़ते हैं, तो हम पहले से कहीं अधिक हताश और निराश हो जाते हैं।

मैं स्वयं के सिद्धांत कैसे बनाऊँ?

कोई भी व्यक्ति उत्कृष्ट सिद्धांतों के साथ पैदा नहीं होता, ये सीखने पड़ते हैं।

जीवन में कई अलग-अलग सिद्धांत होते हैं, और कुछ एक-दूसरे के विरोधाभासी हो सकते हैं। इसलिए अपने जीवन और लक्ष्यों के अनुकूल अपने सिद्धांत बनाना-अपनाना ज़रूरी है।

ऐसे शुरू करें:

- आप किस बात को महत्त्व देते हैं? आप वास्तव में किस बात की परवाह करते हैं?
- आप अपने जीवन में किन भावनाओं का अनुभव करना चाहते हैं?
- किस बात से आपको बेचैनी या चिंता होती है?

उत्तर कुछ इस प्रकार हो सकता है:

मैं रिश्तों को महत्त्व देता हूँ, और इसलिए सिद्धांत रूप से, मैं अवसर मिलने पर उन्हें प्राथमिकता देने जा रहा हूँ। वैकल्पिक रूप से, सिद्धांत: मैं ईमानदार और सकारात्मक रिश्तों को महत्त्व देता हूँ, इसलिए मैं अब डेटिंग जैसी अनिश्चितता में नहीं रहने वाला, जब तक कोई व्यक्ति उचित समय के भीतर हमारे रिश्ते के प्रति प्रतिबद्धता नहीं जताता, मैं उनकी हिचकिचाहट को 'नहीं' मानूँगा।

शायद आप वित्तीय आज़ादी को महत्त्व देते हैं, और इसीलिए सिद्धांतत: अपना अतिरिक्त नक़द ऋण चुकाने या बचत या निवेश करने में लगाने जा रहे हैं। शायद आप यात्रा और आज़ादी को महत्त्व देते हैं, और इसलिए सिद्धांत रूप से, आप अपना काम करना शुरू करने जा रहे हैं और हमेशा घर बैठकर या लोकेशन से काम करने या अपना शेड्यूल बनाने को प्राथमिकता देंगे। जब आप अपने सिद्धांतों के बारे में स्पष्ट होते हैं, तो आप अपने जीवन को एक वास्तविक, स्वस्थ स्थान से आकार दे सकते हैं। आप उन लक्ष्यों को हासिल करने के लिए काम करना शुरू कर सकते हैं, जो आप जो काम करते हैं और जो अनुभव नहीं करना चाहते हैं, उसका समर्थन करते हैं। इससे आपका जीवन शांत और ख़ुशहाल बन सकेगा।

एक अच्छा जीवन अंदर से बाहर की ओर निर्मित होता है और यह स्व-आचरण और प्राथमिकता की नींव पर आधारित होता है। यह विज़न बोर्ड जितना स्वप्निल नहीं होता, लेकिन यह बहुत अधिक प्रभावी होता है।

अपना सच्चा उद्देश्य खोजना

जब आप ऐसी दुनिया में रहते हैं, जो लगातार आपको अपने दिल की बात मानने, अपने अंतर्मन पर भरोसा करने, अपनी नौकरी छोड़ने और वह करने के लिए कहती है, जो आपको पसंद है, तो यह निराशाजनक बात हो सकती है, जब आपको पता न हो कि शुरुआत कहाँ से करें। जब आप यह सोचना शुरू करते हैं कि आपको नहीं पता कि अपने जीवन में क्या करना है, तो आपका वास्तव में मतलब यह है कि आप अभी तक नहीं जानते कि आप कौन हैं।

अपने उद्देश्य का अर्थ यह नहीं है कि आप यह समझ लें कि आपका जीवन मठ में रहने के लिए बना है या किसी ख़ास पेशे या लक्ष्य के लिए समर्पित करने के लिए। आपका उद्देश्य कोई एक नौकरी करना नहीं है, किसी एक रिश्ते को निभाना नहीं है, कोई एक कॅरियर क्षेत्र चुनना भी नहीं है। सबसे महत्त्वपूर्ण बात यह है कि आपका उद्देश्य बस यहाँ मौजूद रहना है। आपके अस्तित्व ने दुनिया को इस तरह से बदल दिया है कि यह आपके लिए अदृश्य है। आपके बिना, कुछ भी वैसा नहीं होगा, जैसा कि अभी है। यह समझना ज़रूरी है, क्योंकि अगर आप यह मानने लगते हैं कि जीवित रहने का आपका पूरा उद्देश्य सिर्फ़ एक ख़ास तरह की नौकरी या घर पर निभाई जाने वाली भूमिका है, तो जब आप नौकरी छोड़ देंगे या रिटायर हो जाएँगे, या जब बच्चे बड़े हो जाएँगे और अभिभावक नहीं रहेंगे, तो क्या होगा?

आप निराश हो जाएँगे, क्योंकि आप सोचेंगे कि आपके अस्तित्व का यही एकमात्र कारण था, जो कि ग़लत सोच है।

आज आपका उद्देश्य शायद बुरे दौर से गुज़र रहे किसी व्यक्ति को मुस्कराने का मौक़ा देना रहा होगा। इस दशक में आपका उद्देश्य शायद वह नौकरी पाना हो, जो आप अभी कर रहे हैं। जब आपको मालूम होता है कि आप अपने आस-पास की दुनिया को प्रभावित कर रहे हैं, तो आपको कुछ ऐसा एहसास होने लगता है: सार्थक जीवन जीने के लिए सबसे महत्त्वपूर्ण काम, जो आप कर सकते हैं, वह है अपने ऊपर काम करना। सचेत होकर अपना सबसे ख़ुशहाल, दयालु और सबसे विनम्र संस्करण बनना।

अपने उद्देश्य को जानने का यह मतलब भी नहीं है कि आपका जीवन अब आसान हो जाएगा या आपको हमेशा पता रहेगा कि क्या करना है। सच कहें तो, जब आप ईमानदारी से अपने रास्ते पर चल रहे होंगे, तो भविष्य स्पष्ट नहीं होगा, क्योंकि अगर यह स्पष्ट है, तो आप वास्तव में किसी अन्य के ब्लूप्रिंट पर चल रहे हैं।

इन सब बातों के बावजूद, जब ज़्यादातर लोग अपने उद्देश्य के बारे में सोचते हैं, तो वे अक्सर अपने जीवन के कामकाज और अपनी नौकरी का ज़िक्र करते हैं। आपका कॅरियर आपका उद्देश्य नहीं है। इसके सहारे आप अपने जीवन को बेहतर बनाने के लिए हर दिन, अपने दिन का ज़्यादातर हिस्सा बिताएँगे। इसीलिए यह पता लगाना कि आप किस प्रकार दुनिया की सर्वोत्तम सेवा कर सकते हैं, हमें लंबे दिनों और कठिन क्षणों को सहने योग्य बनाता है।

आपके जीवन का उद्देश्य वह बिंदु है, जहाँ आपकी योग्यताएँ, रुचियाँ और बाज़ार एक दूसरे से जुड़ते हैं।

आप अपने भविष्य का ब्लूप्रिंट हैं। आप जो कुछ भी हैं, जो कुछ भी आपने अनुभव किया है, जिस भी काम में आप अच्छे हैं, जिन भी परिस्थितियों में आपने ख़ुद को पाया है, जो कुछ भी आपको पसंद है, वह सब निरुद्देश्य नहीं है, यह इस बात का प्रतिबिंब है कि आप कौन हैं और इस बात का संकेत है कि आप यहाँ क्या करने आए हैं।

हालाँकि, आत्म-जागरूक बनना उतना आसान नहीं है, जितना लगता है। आप अभी भी सोच रहे होंगे कि आप पक्के तौर पर कह नहीं सकते कि आप किस काम में कुशल हैं, या आपके भीतर इसके प्रति जुनून है या उसके प्रति। इसमें कुछ भी ग़लत नहीं है, क्योंकि आपके उद्देश्य के लिए यह ज़रूरी नहीं है कि आप किसी मामले में सर्वश्रेष्ठ हों।

यह ऐसी स्थिति नहीं है, जिसमें आप, और सिर्फ़ आप ही किसी और से ज़्यादा सफल हो सकते हैं। ये वे स्थितियाँ हैं, जो स्वाभाविक रूप से आपको बुलाती हैं, सहजता से आप से बाहर निकलती हैं, और आप में कुछ ख़ास भावनाएँ जगाती हैं। आप यहाँ उन पर काम करने के लिए मौजूद हैं। आप उन्हें बदलने के लिए यहाँ हैं। आपका अंतिम उद्देश्य ख़ुद का आदर्श संस्करण बनना है। बाक़ी सब कुछ वहीं से प्रवाहित होता है।

पता लगाना कि आप अपने जीवन में क्या करना चाहते हैं

यदि आप जानना चाहते हैं कि वास्तव में आपका उद्देश्य क्या है, तो आपको स्वयं से कुछ प्रश्न पूछने चाहिए:

क्या और किसके लिए कष्ट सहना उचित है?

यहाँ तक कि अपनी आजीविका के लिए आप जो करना पसंद करते हैं, उसे करने का मतलब यह नहीं है कि आपका हर दिन आसानी से बीतेगा। हर काम के साथ कुछ चुनौतियाँ भी आती हैं, इसलिए सवाल यह है कि आप किसके लिए काम करने को तैयार हैं? आप किसके लिए कष्ट सहने को तैयार हैं?

अपनी आँखें बंद करें और अपने सर्वोत्तम संस्करण की कल्पना करें। वह कैसा व्यक्ति है?

आपका सर्वोत्तम संभव संस्करण, यानी सबसे अधिक स्नेही, दयालु, उत्पादक और आत्म-जागरूक संस्करण। यह वही है, जो आप वास्तव में हैं। बाक़ी सब कुछ आपके द्वारा विकसित किए गए और अन्य लोगों से सीखे गए मुक़ाबला तंत्र का सह-उत्पाद यानी बाय-प्रोडक्ट है।

यदि सोशल मीडिया न होता, तो आप अपने जीवन में क्या करते?

अगर आपको पता हो कि आप दिखावा नहीं कर पाएँगे, लोगों को प्रभावित नहीं कर पाएँगे, या यहाँ तक कि अपने जीवन में जो करना चाहते हैं, उसे किसी के साथ साझा भी नहीं कर पाएँगे, तो इससे आपकी महत्वाकांक्षाएँ किस तरह बदलेंगी? यह आपके कार्य को इस कारण से अलग करता है, क्योंकि आप जो कर रहे हैं, वह इसलिए करना चाहते हैं कि दूसरे लोग इसके बारे में क्या कहेंगे।

आपके लिए सबसे स्वाभाविक क्या है?

आप जिस काम को सर्वोत्तम ढंग से कर सकते हैं, आपको सबसे पहले उसी को करते हुए आगे बढ़ना चाहिए, क्योंकि यही वह रास्ता है, जिस पर आप सबसे ज़्यादा सहजता से आगे बढ़ पाएँगे।

हमारी आदर्श दिनचर्या कैसी होनी चाहिए?

एलिवेटर स्पीच (किसी विचार, उत्पाद या कंपनी का संक्षिप्त विवरण) के बारे में भूल जाइए। फ़ैंसी टाइटल रखने या लिंक्डइन पर लोगों को प्रभावित करने के बारे में भूल जाइए। इस बारे में सोचें कि आप दिन-प्रतिदिन क्या करना चाहते हैं। बहुत से लोग किसी नौकरी को यह सोचकर करना शुरू करते हैं, इससे उन्हें ख़ुशी मिलेगी, लेकिन बाद में उन्हें एहसास होता है कि उन्हें केवल उस नौकरी का विचार पसंद है, न कि दिन-प्रतिदिन की वास्तविकता।

आप अपनी विरासत क्या बनाना चाहते हैं?

अपने रिज़्यूमे में अपनी ख़ूबियों को जोड़ने की चिंता करने के बजाय, अपने सद्गुणों पर ध्यान दें। आप किस रूप में याद किए जाना चाहते हैं? आप अपनी कैसी पहचान बनाना चाहते हैं?

हालाँकि अपने व्यक्तित्व के सभी गुणों और अपनी प्रतिभाओं पर विचार करना बहुत अच्छा है, लेकिन यहाँ अपने उद्देश्य को खोजने का एक और भी महत्त्वपूर्ण हिस्सा है: इसे अक्सर कष्ट से गुज़रकर पाया जाता है। अधिकतर लोगों को अपने उद्देश्य की जानकारी इसलिए नहीं होती कि उन्हें यह स्पष्ट रूप से पता होता है कि उनकी प्रतिभाएँ क्या हैं और वे उनका सर्वोत्तम उपयोग कैसे कर सकते हैं, बल्कि इसलिए होती है क्योंकि किसी बिंदु पर वे स्वयं को पराजित, थका हुआ, क्षीण और असहाय पाते हैं।

कठिनाइयों और चुनौतियों का सामना करते हुए हम यह महसूस करना शुरू करते हैं कि हमारे लिए वास्तव में क्या मायने रखता है। इससे एक ऐसी ज्वाला प्रज्ज्वलित होती है, जो कार्य और प्रतिबद्धता के माध्यम से एक परिवर्तनकारी अग्नि बन जाती है।

अगर आप दुनिया के कई सफलतम लोगों की कहानियाँ पढ़ें-सुनें, तो पाएँगे कि उनकी शुरुआत अकल्पनीय कठिनाइयों से हुई है। अप्रत्याशित परिस्थितियों का सामना करते हुए, ये लोग कार्रवाई करने के लिए मजबूर हुए। आराम और आत्मसंतुष्टि जैसा कोई विकल्प नहीं है। उन्होंने समझ लिया कि उन्हें अपने जीवन का नायक और अपने भविष्य का निर्माता स्वयं ही बनना होगा।

आपके जीवन के अंत में, आपका उद्देश्य इस बात से परिभाषित नहीं होगा कि आपने किस तरह का संघर्ष किया, आप किन परिस्थितियों में थे या आपको क्या करना चाहिए था, बल्कि इस बात से होगा कि आपने विपरीत परिस्थितियों का सामना करते हुए किस प्रकार प्रतिक्रिया दी, आप अपने जीवन में लोगों के प्रति क्या किया और आपने प्रत्येक दिन ऐसा क्या किया, जिसने धीरे-धीरे, अपने अनूठे तरीक़े से मानवता की दिशा बदल दी।

7

आत्म-विनाश से आत्म-नियंत्रण तक

आत्म-विनाश से आत्म-नियंत्रण की ओर बढ़ना भले ही एक असाधारण परिवर्तन की तरह लगता है, लेकिन वास्तव में यह स्वाभाविक रूप से यह समझने जैसा है कि आप ही अपने जीवन को पीछे धकेलने के लिए ज़िम्मेदार थे, और इसीलिए आप ही इसे आगे बढ़ाने में सक्षम हैं।

अपनी भावनाओं को नियंत्रित करना बनाम उन्हें दबाना

बौद्ध धर्मावलंबियों का मानना है कि मन को नियंत्रित करना आत्म-ज्ञान का मार्ग है। आत्म-ज्ञान से उनका तात्पर्य है, सहज और सच्चा सुख।

यह विचार सिद्धांत रूप में सरल है, लेकिन व्यवहार में जटिल: मन के बारे में अपनी समझ की खोज-बीन करके और उसे एक निश्चित तरीक़े से व्यवहार करने के लिए प्रशिक्षित करके, हम अपने आप को शुद्ध करते हैं, ताकि हम अपनी मूल प्रकृति का अनुभव कर सकें। और यही उनके मुताबिक़ आनंद है।

यदि आप कभी ध्यान कक्षा में बैठे हों, तो आपको पता होगा कि मन पर नियंत्रण करने का पहला सिद्धांत, जैसा आप सोचते हैं, उस के विपरीत है यानी इसमें छोड़ना, जाने देना होता है।

मन पर वास्तविक नियंत्रण पाने के लिए बौद्ध जन अनासक्ति का अभ्यास करते हैं, जिसमें वे शांत भाव से बैठते हैं, व्यवस्थित ढंग से साँस

लेते हैं और विचारों को उभरने देते हैं, उन्हें इकट्ठा होने देते हैं और फिर गुज़र जाने देते हैं।

उनका मानना यह है कि मन को नियंत्रित करना वास्तव में मन के सामने आत्मसमर्पण करना है, जिसमें मन को अपनी इच्छानुसार व्यवहार करने की अनुमति देना और उसके प्रति अपनी प्रतिक्रिया को नियंत्रित करना शामिल है।

कैसे जानें कि आप अपनी भावनाओं को दबा रहे हैं, या उन्हें नियंत्रित कर रहे हैं?

भावनाओं को दबाना एक विनियमन रणनीति(रेगुलेशन स्ट्रेटेजी) है, जिसका उपयोग लोग तब करते हैं, जब उनके पास अपनी भावनाओं से निपटने के लिए पर्याप्त तंत्र नहीं होते हैं।

इसका पैटर्न अक्सर इस तरह होता है: व्यक्ति किसी स्थिति या अनुभव के प्रति अपनी वास्तविक प्रतिक्रिया को नकारता है या उसकी अनदेखी करता है, वह मानता है कि यदि वह इसकी अनदेखी करता रहेगा तो यह अनुभव अपने आप दूर चला जाएगा, वह पाता है कि उसका दिन-प्रतिदिन का जीवन बेचैनी से बाधित हो रहा है, और एक दिन, यह सब सहनशक्ति से पार हो जाता है और भावनात्मक आवेग इतना प्रबल हो जाता है कि उसे नियंत्रित करना कठिन हो जाता है।

थेरैपी का उद्देश्य आम तौर पर मरीज़ों को उनकी भावनाओं को दबाने से रोकने में मदद करना होता है। उन्हें उन भावनाओं को पहचानने के लिए प्रोत्साहित किया जाता है, लेकिन साथ ही यह चुनने के लिए भी प्रेरित किया जाता है कि वे उन पर कैसी प्रतिक्रिया करनी है।

उपचार प्रक्रिया में भावनाओं को दबाने और उन पर नियंत्रण के बीच एक महीन अंतर दिखाई दे सकता है।

जब कोई व्यक्ति ट्रैफ़िक में आपको कट मारकर आगे बढ़ता है और आप अपनी कार की खिड़की से अपना सिर बाहर निकालकर चिल्लाने का विकल्प नहीं चुनते हैं, तो क्या आप अपनी भावनाओं को दबा रहे हैं, या उन्हें नियंत्रित कर रहे हैं? यदि आपका साथी कोई और मूर्खतापूर्ण

बात कहता है और आप उस पर प्रतिक्रिया नहीं देते हैं, तो आप अपनी भावनाओं को दबा रहे हैं, या नियंत्रित कर रहे हैं? यदि आपका सहकर्मी किसी प्रोजेक्ट को लेकर लगातार आपको परेशान करता है और आप उसे भला-बुरा न कहने का विकल्प चुनते हैं, तो आप अपनी भावनाओं को दबा रहे हैं या नियंत्रित कर रहे हैं?

भावनाओं को दबाना अचेतन, नियंत्रण करना सचेतन है।

दबी हुई भावनाएँ अचेतन पूर्वाग्रहों की तरह ही काम करती हैं। इस तरह के पूर्वाग्रहों में से एक है पुष्टिकरण पूर्वाग्रह, जिसमें आपका मस्तिष्क उत्तेजनाओं के माध्यम से आपका ध्यान उन तथ्यों या अनुभवों की ओर आकर्षित करता है, जो आपकी पहले से बनी हुई धारणाओं का समर्थन करते हैं, हालाँकि आप पूर्वाग्रह को लेकर सचेत नहीं होते, फिर भी यह आपको प्रभावित करता है।

दूसरी ओर, अपनी भावनाओं को नियंत्रित करने में आपको अपनी भावनाओं के प्रति अधिक सचेत होना पड़ता है। आप जानते हैं कि आप क्रोधित, दुखी या व्यथित हैं, लेकिन आप स्वयं निर्धारित करते हैं कि इनका क्या करना है। इस दौरान आप अपनी भावनाओं को नहीं, वास्तव में अपने व्यवहार को नियंत्रित कर रहे होते हैं।

जब आप अपनी भावनाओं को दबाते हैं, तो आपको पता नहीं चलता कि आप कैसा महसूस कर रहे हैं और आपका व्यवहार आपे से बाहर हो जाता है।

जब आप अपनी भावनाओं को नियंत्रित करते हैं, तो आपको पता होता है कि आप कैसा महसूस कर रहे हैं, और आपका व्यवहार आपके नियंत्रण में लगता है।

इसका उत्तर यह है कि जब आप ट्रैफ़िक में हों, या किसी बहस में शामिल हों, या किसी चुनौतीपूर्ण सह-कर्मी के साथ निपट रहे हों, तो आपको इस बात का एहसास होना चाहिए कि आप कैसा महसूस कर रहे हैं, लेकिन फिर भी आपको अपनी प्रतिक्रिया पर नियंत्रण रखना चाहिए। भावनाएँ अस्थायी होती हैं, लेकिन व्यवहार स्थायी होते हैं। किस तरह से कार्य करना है, इसकी ज़िम्मेदारी पूरी तरह आप पर है।

हम अक्सर सोचते हैं कि शारीरिक शक्ति का पैमाना यह है कि हम कितना वज़न उठा सकते हैं, हम कितनी दूर तक दौड़ सकते हैं, या हमारी मांसपेशियाँ कितनी उभारदार हैं। वास्तव में, शारीरिक शक्ति इस बात का पैमाना है कि शरीर अपने आपको कितनी कुशलता से चलाता है, यह दिन-प्रतिदिन के कार्यों को प्रभावी ढंग से करने में कितना सक्षम है और कभी-कभी आने वाली चुनौतियों का सामना करने में कितना सक्षम है।

मानसिक स्वास्थ्य के साथ भी बिलकुल ऐसी ही स्थिति है। यह इस बात का पैमाना नहीं है कि हम कितने ख़ुश दिखते हैं, स्थितियाँ कितनी सही ढंग से चल रही हैं, या हम बिना शर्त किस हद तक 'सकारात्मक' हो सकते हैं, बल्कि यह है कि हम दिन-प्रतिदिन के जीवन और कभी-कभार आने वाली चुनौतियों से इतनी सहजता और समझदारी से निपट लेते हैं कि हम ख़ुद को दबाते नहीं हैं या पीछे नहीं हटते।

एमी मॉरिन ने कुछ ऐसी बातें बताईं, जो मानसिक रूप से मज़बूत लोग नहीं करते। उनकी आदतों और व्यवहारों को पहचानना ज़रूरी है, लेकिन अगर आप अभी तक उस स्थिति में नहीं पहुँच पाए हैं, तो क्या होगा? अगर आप मानसिक रूप से मज़बूत व्यक्ति बनना चाहते हैं, तो बस यहीं से शुरुआत करें।

अपने आप पर फिर से भरोसा करना सीखें

भीतरी शांति उस गहन आत्म-बोध से जुड़े होने की स्थिति है कि सब कुछ ठीक है और हमेशा ठीक रहेगा। अपनी 'आंतरिक शांति' खोजने की अवधारणा सदियों से आध्यात्मिक और तात्विक प्रथाओं का हिस्सा रही है और लोकप्रिय मनोविज्ञान के विकास के साथ हाल ही में यह मुख्यधारा में शामिल हो गई है।

ऐल्बर्ट कैमस ने एक बार कहा था, "सर्दियों के बीच में मैंने पाया कि मेरे भीतर एक अजेय ग्रीष्म ऋतु थी।"

यह आंतरिक शांति का सार प्रस्तुत करता है: यह समझ कि आपके आस-पास चाहे जो भी हो रहा हो, आपके भीतर संपूर्ण ज्ञान और शांति

के लिए एक स्थान सुरक्षित है। न केवल आप उस स्थान पर वापस लौटने में सक्षम हैं, बल्कि आपके लिए वहाँ से अपना *पूरा जीवन जीना* भी संभव है। चुनौती यह है कि आप इससे कैसे जुड़ें और अपने मन के प्रति अपनी प्रतिक्रिया देने के तरीक़े को कैसे बदलें, क्योंकि यह मन ही हमेशा एक विकट स्थिति से दूसरी सबसे बुरी स्थिति की ओर कूदता-फाँदता रहता है।

क्या आप जानते हैं कि जब लोग किसी बात को 'भीतर से' जानने का संदर्भ देते हैं, तो वे ऐसी बातें कहते हैं: ''मैं चिंतित तो हूँ, लेकिन मुझे भीतर से पता है कि सब ठीक हो जाएगा।'' या, ''मैं उस पर गुस्सा हूँ, लेकिन भीतर से मुझे पता है कि वह मुझसे प्यार करता है।'' आपको क्या लगता है कि वे किसका संदर्भ दे रहे हैं? यह भीतर कहाँ है? वे अपने भीतर उस जगह के बारे में बात कर रहे हैं, जिसमें अनंत ज्ञान, बेहतर समझ और जो कुछ हो रहा है उसके बारे में अधिक व्यावहारिक दृष्टिकोण समाया है। यह उन तनावों या भय से डिगता नहीं है, जो मन आपको देना चाहता है।

आंतरिक शांति पाने की प्रक्रिया का एक बड़ा हिस्सा उस 'गहराई' तक पहुँचने में सक्षम होना है, जहाँ से आप जानते हैं और महसूस करते हैं कि अंततः सब कुछ ठीक हो जाएगा।

ध्यान में एक और रूपक है, जिसमें आंतरिक शांति की तुलना झील या किसी जल-राशि के बड़े हिस्से को स्थिर करने से की जाती है। आपके विचार और कार्य जल के पत्थरों की तरह हैं, वे एक लहर जैसा प्रभाव पैदा करते हैं। ध्यान का उद्देश्य अपने आपको इतना शांत करना है कि जल अपनी स्वाभाविक स्थिरता में वापस आ जाए। आपको पानी को स्थिर करने के लिए *ज़बरदस्ती* करने की ज़रूरत नहीं है। जब आप इसे बाधित करना बंद कर देते हैं, तो यह अपने आप स्थिर हो जाता है।

यही बात आंतरिक शांति पाने के लिए भी लागू होती है। इसे आपको बनाना नहीं है, बल्कि वापस पाना है।

संतुलित लक्ष्य बनाना

अपनी आंतरिक शांति की खोज का सबसे महत्त्वपूर्ण हिस्सा यह है कि आप अपनी 'ख़ुशी' की इच्छा से अदली-बदली करते हैं।

दुर्भाग्य से ख़ुशी अस्थिर होती है। यह आपको कुछ उपलब्धियों, वस्तुओं या विशिष्ट परिस्थितियों से जुड़ने के लिए प्रेरित कर सकती है। यह आपको दूसरे लोगों की राय या किसी ख़ास तरीक़े के जीवन पर निर्भर कर सकती है। जब आपका लक्ष्य ख़ुशी है, तो आप हमेशा इसके पीछे-पीछे एक दुख भी पाएँगे – संतुलन और द्वंद्व इसी तरह काम करते हैं। बहरहाल, आंतरिक शांति का क्या?

यह तराज़ू में संतुलन साधने की तरह है। जब यह आपका लक्ष्य है, तो हारने का प्रश्न ही नहीं।

यह ज़्यादातर लोगों के लिए कठिन होता है, और अक्सर, लोग अपने लिए तनाव की स्थितियाँ बनाते रहेंगे, समस्याएँ खड़ी करते रहेंगे और ड्रामा करना जारी रखेंगे, क्योंकि उनका अहम अभी भी इस सोच के साथ मज़बूती से जुड़ा हुआ है कि उन्हें अच्छा महसूस करने के लिए किसी बाहरी चीज़ की ज़रूरत है। यह उस व्यक्ति की निशानी है, जिसे अभी तक आंतरिक शांति नहीं मिली है: ऐसे लोग अक्सर संतुष्टि, अपनापन या योग्यता की तलाश में पागलों की तरह बाहर भटकते रहते हैं।

तो वास्तव में, ऐसा नहीं है कि ख़ुशी अनैतिक है और इसकी आपको आकांक्षा नहीं करनी चाहिए, या यह कि आपको ख़ुशी को महसूस नहीं करना चाहिए। वास्तविकता यह है कि आंतरिक शांति ही सच्ची खुशी है, और बाक़ी सब कुछ सिर्फ़ अपने आपको बहलाने का एक झूठा तरीक़ा है कि आप 'ठीक' हैं।

इस बारे में इस तरह से सोचें: आपको ख़ुशी कैसे मिलेगी, इस बारे में आप आम तौर पर क्या सोचते हैं? पैसा, रिश्ता, पदोन्नति से?

जब आप ये सब हासिल कर लेते हैं, तो क्या होता है?

सभी मनुष्य लगातार एक ही उत्तर देते हैं: आप अपनी मूल स्थिति पर वापस लौट आते हैं। ऐसा इसलिए है, क्योंकि इस तरह से पाई हुई ख़ुशी वास्तविक नहीं होती। जिस दिन भी आप पूरी तरह से शांत होते हैं, तभी आपको आश्चर्य, अपनी उपस्थिति और ख़ुशी का वास्तविक एहसास होता है।

कौन-सी बात हमें सबसे पहले आंतरिक शांति से दूर करती है?

जब हम इस बात पर चर्चा करते हैं कि हमें अपनी आंतरिक शांति के स्थान पर 'वापस पहुँचना' है, तो यह सवाल उठता है कि आख़िर हम पहले इससे क्यों दूर हो गए थे। यह महत्त्वपूर्ण है, क्योंकि यह समझना कि हम इसे क्यों खो देते हैं, इसे पुनः पाने की बुनियाद है।

बड़े होते हुए हम अपने परिवेश के अनुकूल ढल जाते हैं। हम अपने आस-पास के लोगों की मान्यताओं और विचारों को अपना लेते हैं। हम अपने व्यक्तित्व को बदलते हैं, ताकि हम सुरक्षित हो जाएँ, हमें लगता है कि दुनिया हमें नुक़सान नहीं पहुँचा सकती। जब हम बच्चे होते हैं, तो हम सबसे अधिक संवेदनशील होते हैं, और इस दौरान हम जो कुछ सीखते हैं, वह जीवनभर की चुनौतियों का आसानी से सामना करने का उपाय बन सकता है।

अगर हमें बचपन से ही अपने आंतरिक शांति से जुड़ने की शिक्षा नहीं दी जाती है, तो हम सहज रूप से अपने दिमाग़ की आवाज़ पर भरोसा करना शुरू कर देंगे। वास्तव में हम यहीं पर भटक जाते हैं, क्योंकि हर दिन हमारे मन में आने वाले विचार काफ़ी हद तक उसका उत्पाद होते हैं, जिसे बौद्ध जन 'मंकी माइंड' कहते हैं, या जैसा कि एक न्यूरोलॉजिस्ट इसे बेहतर ढंग से समझा सकता है–अलग-अलग रिसेप्टर्स के सक्रिय होने और उन बातों के साथ जुड़ाव बनाने की प्रक्रिया, जिनका वास्तविकता से संबंध हो भी सकता है, और नहीं भी।

जब हम अपने विचारों पर भरोसा करना शुरू करते हैं, तो हम उन्हें अपनी भावनाओं तक पहुँचा देते हैं। यह एक चक्र बन जाता है और अंततः अधिकतर वे लोग इसके जाल में फँस जाते हैं, जो इस बात से अवगत नहीं होते हैं कि चल क्या रहा है। उनके मन में एक अजीब या डरावना विचार आता है, उसके बाद एक मज़बूत भावना बनती है, और इन दोनों का संयोजन स्थिति को वास्तविक महसूस कराता है जबकि वास्तव में यह आपकी तंत्रिका प्रक्रिया की ग़लतफ़हमी है।

बेशक, इसका मतलब यह नहीं है कि हमारे विचार निरर्थक हैं। इसका मतलब सिर्फ इतना है कि ये विचार हमेशा वास्तविकता को नहीं दिखाते हैं और उनका इस्तेमाल सिर्फ़ सुझाव के रूप में करना चाहिए।

लोगों को आंतरिक शांति आसानी से क्यों नहीं मिल पाती?

इसका जवाब है कि वे शांति पा सकते हैं, लेकिन ज़्यादातर लोगों को यह नहीं बताया जाता कि इसके लिए करना क्या है। इसके अलावा, ज़्यादातर लोग वास्तव में अपनी भावनाओं को व्यक्त करने से बहुत डरते हैं, क्योंकि उनका भीतर का बच्चा बहुत ज़्यादा सदमे में होता है।

हर किसी के अंदर एक 'बच्चा' होता है, यह आपका वह हिस्सा है, जो बेहद मासूम और पवित्र होता है, और यह कभी, कहीं नहीं जाता। यह आपकी ज़िम्मेदारी है कि समय के साथ अपने भीतर के इस बच्चे का पालन-पोषण करना सीखें, जो ईमानदारी से आपको आपकी आंतरिक शांति से दूर धकेलने वाला होगा। वही नखरे दिखाएगा और आपको बताएगा कि स्थितियाँ बिगड़ रही हैं और आप मरने वाले हैं और आपको तो बस अब हार मान लेनी चाहिए।

जिस तरह से आप अब अपने वर्तमान सजग और सचेत जीवन को उस बच्चे के हाथों में नहीं सौंपना चाहेंगे, ठीक उसी तरह आप हमेशा यह नहीं जान सकते कि आपके भीतर के बच्चे को किस बात से डर लगता है। हालाँकि, आप उसके साथ काम करना, उसे ठीक करना और उसे सुरक्षित महसूस कराना सीख सकते हैं... जिस तरह से कोई भी अच्छे माता-पिता करते हैं।

स्टीफ़न डायमंड इसे इस तरह समझाते हैं: "शुरू में, भीतर का बच्चा वास्तविक होता है। शाब्दिक रूप से नहीं। न ही शारीरिक रूप से, लेकिन लाक्षणिक रूप से, रूपकात्मक रूप से वास्तविक होता है। यह, सामान्य जटिलताओं की तरह एक मनोवैज्ञानिक या अनुभव संबंधी वास्तविकता है, और असाधारण रूप से शक्तिशाली है।" उनका तर्क है कि मानसिक विकार और विनाशकारी व्यवहार पैटर्न आम तौर पर हमारे अचेतन भागों से कमोबेश संबंधित होते हैं और अक्सर शुरुआती जीवन में अपनाए जाते हैं।

अपनी शांति खोजना

आंतरिक शांति पाने या खोजने का अर्थ हमेशा कमल की मुद्रा में नहीं बैठना होता है। शांति से आशय आपके असहजता के साथ रहने और अलग तरीक़े से विकल्प चुनने का असहज निर्णय लेने की क्षमता है।

जैसा कि गेल ब्रेनर समझाती हैं, ''आंतरिक युद्ध प्रतिरोध द्वारा क़ायम रहता है यानी, हम जिस तरह महसूस करते हैं, वैसा महसूस नहीं करना चाहते, लोग जो कर रहे हैं, वैसा नहीं करना चाहते, घटनाएँ जिस तरह घटित हो रही हैं, वे नहीं चाहते कि वैसी हों। प्रतिरोध हमारे व्यक्तिगत इतिहास को फिर से लिखना चाहता है और यह सुनिश्चित करना चाहता है कि हमारी योजनाएँ पूरी हों।'' उनका तर्क है कि आंतरिक शांति ही एकमात्र ऐसी शांति है, जो मौजूद है, क्योंकि हमारे नियंत्रण में कुछ भी नहीं है।

अपने मन की शांति पाने का एक और अद्भुत उपाय यह है कि आप ख़ुद को लगातार याद दिलाते रहें कि आपकी चिंताएँ आपके दिमाग़ की ज़रूरत का एक हिस्सा हैं, जो जीवित रहने के लिए संभावित ख़तरों को पहचानने के लिए ज़रूरी हैं, और सच्ची ख़ुशी इस पल में रहना है। इस बात पर अगर विश्वास करना मुश्किल है, तो नीचे दी गई बातों की एक सूची बनाएँ :

- आप अपने जीवन में जिस किसी बात को लेकर बहुत चिंतित हैं, उसे लिखें। जितना हो सके उतने साल पीछे जाएँ और जितना हो सके, उतना विस्तार से लिखें।
- हर उस मुश्किल परिस्थिति के बारे में लिखें, जिसके बारे में आप दावे के साथ कहते थे कि आप कभी उससे नहीं निकल पाएँगे या उससे कभी उबर नहीं पाएँगे।
- जब-जब आपने वाक़ई ख़ुशी और शांति महसूस की हो, उसके बारे में लिखें।

गारंटी है कि पहले बिंदु पर प्रतिक्रिया देते हुए आपके चेहरे पर मुस्कराहट आ जाएगी, क्योंकि वे स्थितियाँ आपको याद दिलाएँगी कि आप अपने जीवन में लगातार चिंतित रहे हैं, और ज़्यादातर चिंताएँ निराधार थीं।

दूसरे बिंदु के प्रति भी आपकी प्रतिक्रिया राहत देने वाली होगी, क्योंकि इससे आपको समझ में आएगा कि आपके जीवन में कितने ही ऐसे दर्द थे, जिन्हें आप असहनीय मानते थे और कैसे, पीछे मुड़कर देखने पर आप वास्तव में उनके बारे में अब कभी नहीं सोचते हैं।

अंत में, अंतिम बिंदु पर आपके उत्तर आपको याद दिलाएँगे कि आपकी ख़ुशी कभी भी बाहरी परिस्थितितयों के सही होने से नहीं आई है, बल्कि आपके वर्तमान में रहने, सच्चे बने रहने तथा स्वयं से और वर्तमान क्षण से जुड़े रहने से आई है।

चिंता से दूर रहना

जिस प्रकार वर्तमान क्षण से बचने में मदद करने वाले पदार्थों या व्यवहारों का आदी हो जाना आसान है, उसी तरह लोग चिंता का उपयोग ख़ुद को महत्त्वपूर्ण स्थितियों से विचलित करने के लिए करते हैं। चिंता को वे मुक़ाबला करने के तरीक़े के रूप में इस्तेमाल करते हैं।

समय के साथ, आप अपने को यह समझा लेते हैं कि चिंता करना यानी सुरक्षत रहना है। आपको लगता है कि बार-बार अपने दिमाग़ में ख़राब स्थितियों के बारे में सोचने से आप उनसे बेहतर तरीक़े से निपटने के लिए तैयार हो जाएँगे। यह पूरी तरह से ग़लत है। आप न केवल मनगढ़ंत स्थितियों की कल्पना करके अपनी ऊर्जा बर्बाद कर रहे हैं, बल्कि जब आप पहले से ही इनमें से किसी भी भय या विचार के प्रति अतिसंवेदनशील हो जाते हैं, तो ऐसी परिस्थितियाँ आपके टाल-मटोल करने वाले रवैये और अतिसंवेदनशीलता के कारण ही तैयार कर लेते हैं।

आपको यह याद रखना होगा कि 'मंकी माइंड' के बारे में जानने योग्य सभी बातों के अलावा, आपका दिमाग़ लगातार ऐसी स्थितियों और अनुभवों की तलाश करना चाहता है, जो ख़ुद को पुष्ट करें। अगर आपको लगता है कि कुछ अच्छा होगा, तो ऐसा ही होगा। हो सकता है कि यह बिलकुल वैसा न हो, जैसा आपने सोचा था, लेकिन नतीजा बिलकुल वैसा ही होगा, जैसा आप उम्मीद करते हैं।

अपनी आंतरिक शांति को पाना यानी अपनी गूढ़ बुद्धि से जुड़ना है। इसे आपको बनाना, उचित ठहराना, कल्पना करना या पाना नहीं है। यह तो हमेशा से आपके भीतर है, यह हमेशा एक विकल्प है, और यह हमेशा एक चुनाव है। आपको बस इसे चुनना है।

आपकी भावनाएँ हमेशा तथ्य नहीं होतीं

इन सबमें सबसे चुनौतीपूर्ण हिस्सा उस स्थिति तक पहुँचना है, जहाँ आप यह समझ सकें कि कौन-सी भावनाएँ सहज और सूचनात्मक हैं और कौन-सी भय और अहंकार से निकली हैं।

एक ऐसी दुनिया में, जो आपको लगातार यह बताती रहती है कि आपकी अंतरात्मा सब कुछ जानती है और आपकी भावनाएँ वास्तविक हैं, और यदि आप काफ़ी गहराई तक पहुँचते हैं, तो आप ज्ञान के एक स्रोत को खोज लेंगे, जो आपको मार्गदर्शन कर सकता है... तो, यह मान लेना बहुत आसान हो सकता है कि हमारी हर भावना और विचार न केवल वास्तविक है, बल्कि किसी न किसी तरह से यह भविष्यवाणी भी कर रहा है कि आगे क्या होने वाला है।

आपकी भावनाएँ भविष्यवाणियाँ नहीं हैं। वे भाग्य बताने वाले तंत्र नहीं हैं। वे केवल आपको आपकी वर्तमान मनःस्थिति बताती हैं। यह एक दुःस्वप्न जैसा है: राक्षस वास्तविक नहीं हैं, लेकिन वह आपके सचेत जीवन में किसी ऐस स्थिति का रूपक हो सकता है, जिसको लेकर आप चिंतित हैं।

बहुत से लोग यह अंतर नहीं कर पाते हैं कि उनका डर सही है या उनकी शांतिपूर्ण भावना और यही उनके लिए बाधा होती है।

याद रखें: शांति की भावना ही आपको सत्य से अवगत कराती है। आपकी भावनाएँ यह बताने के लिए नहीं हैं कि क्या होने वाला है। वे केवल आपको यह बताती हैं कि आप ऊर्जावान और मानसिक रूप से कहाँ मौजूद हैं और आपको अपने आस-पास होने वाली घटनाओं पर कैसे प्रतिक्रिया देनी चाहिए। डर आपको डराकर छोटा बने रहने और सुरक्षित रहने के लिए मजबूर कर रहा है। डर नश्वर, सीमित होता है। शांति की भावना आपको यह याद दिलाने की कोशिश करती है कि सब कुछ ठीक हो जाएगा, क्योंकि यह हमेशा ठीक ही रहा है और चाहे कुछ भी हो हमेशा ठीक ही रहेगा।

मानसिक रूप से मज़बूत बनना

चाहे आप कोई भी हों या जीवन में आपका उद्देश्य कुछ भी हो, आपके भीतर छिपी सभी संभावनाओं को साकार करना सुनिश्चित करने के लिए मानसिक शक्ति एक महत्त्वपूर्ण घटक होती है।

मानसिक शक्ति एक निश्चित गुण नहीं है। यह ऐसा कुछ नहीं है, जो हमारे पास स्वाभाविक रूप से हो या न हो। विडंबना यह है कि अगर आप जीवन में कई चुनौतियों का सामना नहीं कर रहे हैं, तो इसे पाना आसान नहीं है। वास्तव में, अक्सर जो लोग कठिनतम परिस्थितियों से जूझ रहे होते हैं, उन्हें मानसिक शक्ति को उच्चतम स्तर तक विकसित करने के लिए मजबूर होना पड़ता है।

मानसिक रूप से मज़बूत होना एक प्रक्रिया है, और यह एक अभ्यास है। आप यहीं से शुरुआत कर सकते हैं।

योजना बनाएँ, क्योंकि योजनाएँ समस्याओं का समाधान करती हैं

मानसिक रूप से मज़बूत लोग योजना बनाने वाले होते हैं।

वे आगे की सोचते हैं। वे तैयारी करते हैं। वे वही करते हैं, जो दीर्घकालिक परिणाम के लिए सर्वोत्तम होता है।

आप सोच सकते हैं कि ऐसा करके वे वर्तमान क्षण से अलग हो जाते हैं, लेकिन सच इसके विपरीत है। चिंता आपको इस पल से दूर देती है। बहुत ज़्यादा सोच-विचार करना आपको वर्तमान क्षण से अलग कर देता है। आप लगातार अपनी चिंता से यदि कटे रहते हैं, तो ऐसा इसलिए होता है, क्योंकि आपके पास आपको डराने वाली स्थिति से निपटने के लिए कोई योजना नहीं होती।

किसी ऐसी स्थिति के बारे में सोचें, जिससे आपको डर नहीं लगता। क्या आप जानते हैं कि आप उससे क्यों नहीं डरते? क्योंकि आपके पास एक योजना है कि अगर ऐसा होता है, तो आप क्या करेंगे। इसलिए आप उसे जाने देकर वर्तमान में रह सकते हैं। चाहे वह आर्थिक रूप से स्वस्थ होना हो, अपने रिश्तों को बेहतर बनाना हो, थैरेपी लेना हो, नई नौकरी

पाना हो या कोई नया कॅरियर चुनना या कोई सपना पूरा करना होः अगर आपके पास कोई योजना नहीं है, तो आपकी समस्याएँ बनी रहेंगी।

साधारण बने रहें, हर कोई आपके बारे में नहीं सोच रहा

ऐसा लगता है, जैसे हर कोई आपके बारे में सोच रहा है, आपको आँक रहा है, आपका मूल्यांकन कर रहा है और जीवन में आपकी स्थिति निर्धारित कर रहा है, लेकिन ऐसा नहीं है।

सोशल मीडिया ने हम सभी की तुलना अपने ही घेरे में मौजूद छोटी-छोटी हस्तियों से कर दी हैः हम इस बात से आश्वस्त हो जाते हैं कि हमारे आस-पास के सभी लोग हमारे जीवन की छोटी-छोटी बातों को लेकर बड़ी चिंता करते हैं।

कुछ दशकों में आप इस दुनिया से गुज़र जाएँगे। आपका घर किसी नए परिवार को बेच दिया जाएगा। आपकी नौकरी कोई और ले लेगा। आपके बच्चे बड़े हो जाएँगे। आपकी ज़िम्मेदारी पूरी हो जाएगी। जीवन आपको आपको निराश नहीं करेगा, आपको आज़ाद कर देगा।

कोई भी आपके बारे में उस तरह से नहीं सोच रहा है, जैसा आपको लगता है कि वे आपके बारे में सोच रहे हैं। ज़्यादातर लोग अपने बारे में ही सोच रहे हैं। स्वेटपैंट में किराना ख़रीदते समय आपको संकोच होता, तो कृपया जान लें कि कोई इस बात की परवाह नहीं कर रहा है और कोई भी आपको नहीं देख रहा है। जब आप अपनी उपलब्धियों या उनकी कमी को लेकर चिंतित होते हैं, तो कृपया जान लें कि ज़्यादातर लोगों को इसकी परवाह नहीं है और कोई भी नहीं इस पर विचार नहीं कर रहा है। यही बात जीवन के हर पहलू के लिए सच है।

कोई भी आपका मूल्यांकन उस तरह से नहीं कर सकता, जिस तरह से आप स्वयं का करते हैं। ज़्यादातर लोग आपके सामने सिर्फ़ दिखावा करते हैं। यह सोचना बंद करें कि आप वह सूरज हैं, जिसके इर्द-गिर्द ग्रह-नक्षत्र घूमते हैं। दुनिया में सिर्फ़ आप भर नहीं हैं। आपकी ज़िंदगी भी सिर्फ़ आप तक सीमित नहीं है। जितना ज़्यादा आप अपने स्पॉटलाइट कॉम्प्लेक्स को एक किनारे रख पाएँगे, उतना ही आप आराम से रह पाएँगे।

मदद माँगें, आपको हर काम जानने की ज़रूरत नहीं

हम एक विशिष्ट तरह के समाज में रहते हैं।

लोग स्कूल जाते हैं, वे किसी एक काम में बहुत कुशल बनने के लिए ट्रेनिंग लेते हैं। अप्रेंटिस बनते हैं, फिर वे अपने इस कौशल के बदले दूसरों की विशेषज्ञता ख़रीदते हैं।

आपसे सब कुछ जानने की अपेक्षा नहीं की जाती है।

आपसे फ़ाइनैंशियल एक्सपर्ट होने की अपेक्षा नहीं की जाती है, इसीलिए आप अपने करों का भुगतान करने या निवेश संबंधी सलाह के लिए किसी को नियुक्त कर सकते हैं।

आपको मास्टर शेफ़ बनने की ज़रूरत नहीं है, इसलिए आप कुक-बुक ख़रीद सकते हैं या अपनी माँ से मदद माँग सकते हैं। आपको विश्व-स्तरीय प्रशिक्षक बनने की ज़रूरत नहीं है, इसलिए आप किसी से अपॉइंटमेंट लेकर सीख सकते हैं। आपको मानसिक स्वास्थ्य और न्यूरोसाइकोलॉजी की जटिलताओं को समझने की ज़रूरत नहीं है, इसलिए आप मनोचिकित्सक से मिलकर स्वस्थ होना सीख सकते हैं।

आपको सब कुछ जानने की ज़रूरत नहीं है। आपको हर चीज़ में कुशल होने की ज़रूरत नहीं है। यही कारण है कि आपके आस-पास ऐसे लोग हैं, जिन्हें आप काम पर रख सकते हैं या उनसे सीख सकते हैं। ख़ुद को थोड़ा आराम दें और उस पर ध्यान केंद्रित करें, जिसमें आप कुशल हैं। बाक़ी सब कुछ आउटसोर्स करें।

जो आप नहीं जानते, उसे जानें और मिथ्या द्वैतवादी सोच से बचें

लोगों में चिंता बनी रहती है। इसका मुख्य कारण यह होता है कि वे अपनी दीर्घकालिक सोच में 'या तो स्थिति होगी या वह' की संभावना रखते हैं, जिसे मिथ्या द्वैतवाद के तौर पर जाना जाता है।

यह एक संज्ञानात्मक विकृति है, जिसमें आप एक या दो ध्रुवीकृत परिणामों के पक्ष में संभावनाओं के एक पूरे क्षेत्र को त्याग देते हैं, जिनमें से कोई भी परिणाम संभावित या उचित नहीं होता है।

अगर मेरी नौकरी चली जाती है, तो मैं विफल कहलाऊँगा। झूठ।

अगर यह रिश्ता टूट हो जाता है, तो मुझे फिर कभी प्यार नहीं मिलेगा। झूठ।

अगर यह ख़तरनाक बात हो जाती है, तो मैं आगे नहीं बढ़ पाऊँगा। झूठ।

चिंता तर्कसंबंधी चूक के कारण होती है, जहाँ आपके तर्क कौशल में कमी रह जाती है। आप किसी एक घटना से एक असंभाव्य निष्कर्ष पर पहुँच जाते हैं, और क्योंकि यह आपको दृढ़ता से महसूस कराता है, आप इसे सच मान लेते हैं। अंततः, आप दुविधा में पड़कर में सोचना शुरू कर देते हैं, ये विचार न केवल अप्रभावी होते हैं, बल्कि आपको इतना डरा देते हैं कि आप वास्तव में अपने जीवन को सँभालने में असमर्थ हो जाते हैं।

मानसिक रूप से कमज़ोर होने की कोशिश करना बंद करें, क्योंकि यह संज्ञानात्मक विकृति है

हमारा सबसे बुनियादी मानवीय भय अज्ञात से है, इसलिए हम अपने जीवन में कुछ परिणामों की भविष्यवाणी करने के लिए मानसिक व्यायाम करते हैं।

हालाँकि, यह विचार कि आपकी भावनाएँ पूर्वाभास हैं, या आप 'बस जान जाते हैं' कि भविष्य में क्या होगा, या आपका भाग्य पहले से लिख दिया गया है, आदि आपको मानसिक रूप से कमज़ोर बनाता है। जब आपको गाड़ी चलाने की आवश्यकता होती है, तो यह आपको यात्री सीट पर बैठा देता है।

जब आप मानसिक चिंतन में लगे होते हैं, तो आप अनुमान लगा रहे होते हैं। आप किसी एक भावना या अनुभव को लेकर अपने जीवन के बारे में दीर्घकालिक भविष्यवाणी कर रहे होते हैं। यह ग़लत तो है ही, यह अक्सर एक स्व-पूर्ति वाली भविष्यवाणी बन जाती है।

जो आप नहीं जान सकते, उसके बारे में भविष्यवाणी करना बंद करें और जो आप जान सकते हैं, उसे बनाने में अपनी ऊर्जा लगाना शुरू करें। इससे आप और आपका जीवन बेहतर होगा।

परिणामों की ज़िम्मेदारी लें, बेशक, सभी परिणामों की

आपके जीवन की भव्य योजना में वही परिणाम वास्तव में मायने रखते हैं, जो लगभग पूरी तरह से आपके नियंत्रण में हैं। यह दिखावा करना आसान है कि इतनी बड़ी व्यवस्था का आप तो एक अंश मात्र हैं, यह विचार कम डरावना भी है, लेकिन ऐसा नहीं है।

अगर आप वास्तव में अपनी ऊर्जा को उत्पादक बनने, अपने स्वास्थ्य और तंदुरुस्ती का ख़याल रखने, अपने रिश्तों और आत्म-जागरूकता को बेहतर बनाने में लगाते हैं, तो आपका जीवन बिलकुल अलग तरह का होगा। इनमें से हर एक स्थिति को बदलना या कम से कम बड़े पैमाने पर प्रभावित करना आपके बस में है।

जटिल भावनाओं को संसाधित करके बेहतर महसूस करना सीखें

आपको हर समय ख़ुश नहीं रहना है। हर समय ख़ुशी महसूस करने की कोशिश करना समाधान नहीं, समस्या है।

मानसिक रूप से सशक्त होने के लिए यह आवश्यक है कि आप जटिल भावनाओं जैसे कि दुख, क्रोध, उदासी, चिंता या भय को नियंत्रित करने की क्षमता विकसित करें, हर समय सकारात्मक बने रहने की क्षमता बढ़ाएँ।

जब आप नहीं जानते कि इन भावनाओं को अपने अंदर से कैसे गुज़रने दें, उन्हें कैसे समझें, उनसे कैसे सीखें, या उन्हें अपने भीतर कैसे आने दें, तो आप उलझ जाते हैं। आप उन्हें दबा देते हैं, और फिर आपके आस-पास की हर चीज़ एक ट्रिगर बन जाती है, जो बाढ़ के दौरान बाँध के दरवाज़े खोलने की धमकी देती है।

आपको लग सकता है कि इसका अर्थ अपना दुख-दर्द ज़ाहिर नहीं होने देना है, लेकिन ऐसा नहीं है। इसका मतलब दुखी होने पर रोने, अन्याय के सामने गुस्सा जताने और समस्या आने पर समाधान निकालने के लिए दृढ़ संकल्प होना है। तत्काल प्रतिक्रिया देने के बजाय जवाबदेही के साथ उत्तर देना ही हमारी मानसिक शक्ति को दर्शाता है।

जो हुआ उसे भूल जाइए, इस बात पर ध्यान दीजिए कि आप इसे ठीक कैसे करेंगे

इस बात पर विचार करें कि ग़लती कहाँ हुई, जो ग़लत हो गया, उससे सीखें और यह सोचें कि आप भविष्य में इसकी भरपाई कैसे करेंगे, या परिणाम को कैसे बदलेंगे।

उसके बाद इसे भूल जाएँ।

आप केवल तभी तक अतीत को पकड़े रह सकते हैं, जब आपने अतीत से पूरी तरह से सबक़ नहीं सीखा हो। जब आप सीख लेते हैं, तो आप उन सबक़ों को वर्तमान में लागू कर सकते हैं और वह कर सकते हैं, जिसका अनुभव आप तब करना चाहते थे।

जो कुछ अभी हो रहा है, या जो आप भविष्य में चाहते हैं, उससे अधिक जो कुछ हुआ है, उस पर ध्यान केंद्रित करना, आपको पूरी तरह से अटकाए रखता है। अगर आपको लगता है कि आप वाक़ई विफल हो गए हैं, तो यह और भी ज़रूरी हो जाता है कि आप आगे बढ़ें और वह अनुभव बनाएँ, जो आप अभी चाहते हैं।

आपका जीवन समाप्त नहीं हुआ है। आप हमेशा के लिए विफल नहीं हुए हैं, लेकिन अगर आप बीती बातों को भुलाकर फिर से कोशिश नहीं करेंगे, तो आप ज़रूर विफल होंगे।

खुलकर बात करें, चीज़ें अक्सर आपके दिमाग़ में ज़्यादा जटिल होती हैं

अगर आप वाक़ई अपने विचारों, भावनाओं और डर में उलझा हुए महसूस करते हैं, तो किसी से बात करें। यह कोई मानसिक स्वास्थ्य विशेषज्ञ हो सकता है या कोई भरोसेमंद दोस्त। अगर आस-पास कोई नहीं है, तो अपने आपसे ही बात करें। अपने विचारों को ऐसे बोलें, जैसे आपके सामने कोई है और आप उससे बात कर रहे हैं।

कभी-कभी, हमें जीवन की जटिलताओं को सुलझाने के लिए एक निष्पक्ष व्यक्ति की आवश्यकता होती है। समस्या को अपने दिमाग़ और दिल में दबाकर रखे रहने से अक्सर यह और भी बदतर हो जाती है। खुलकर

कहने से समस्या सरल हो जाती है, भावनाएँ बाहर निकलती हैं और आपको आगे बढ़ने में मदद मिलती है।

अपने आपको समय दें, आपको सब कुछ तुरंत जानने की ज़रूरत नहीं है

प्रगति आम तौर पर व्यापक या संपूर्ण नहीं होती। यह प्रक्रिया मानसिक रूप से धीरे-धीरे होती है। यह छोटी-छोटी क्रियाओं और छोटे क़दमों से होती है, क्योंकि जब हम आगे बढ़ रहे होते हैं, तो हम वास्तव में अपने कंफ़र्ट ज़ोन का विस्तार और पुनर्गठन कर रहे होते हैं। हम जीवन के एक नए तरीक़े को अपना रहे होते हैं, और अगर हम अपने सिस्टम को बहुत तेज़ी से और बहुत ज़्यादा बदलाव करके चौंकाते हैं, तो हम अक्सर उसी स्थिति में लौट जाते हैं, जिसे हम पहले से जानते थे।

अपने जीवन को बदलने का सबसे प्रभावी और स्वस्थ तरीक़ा धीरे-धीरे आगे बढ़ना है। अगर आपको तुरंत संतुष्टि चाहिए, तो हर दिन छोटे-छोटे क़दम उठाने का लक्ष्य बनाएँ। समय के साथ आपकी गति बढ़ेगी और एहसास होगा कि आप मीलों आगे बढ़ गए हैं।

ट्रिगर्स को संकेत समझें,आपके घाव आपका ध्यान चाहते हैं

ट्रिगर बेतरतीब या असंगत नहीं होते, वे आपको दिखाते हैं कि आपको सबसे अधिक चोट कहाँ लगी है या आप कहाँ प्रगति के लिए तैयार हैं।

अगर हम इन ट्रिगर्स को ऐसे संकेतों के रूप में देख सकें, जो हमें अपने जीवन के किसी ऐसे हिस्से की ओर ध्यान केंद्रित करने में मदद कर रहे हैं, जिसे उपचार, देखभाल और प्रगति की आवश्यकता है, तो हम इन ट्रिगर्स को सहायक मानने लगेंगे, हानिकारक नहीं।

आप अपनी समस्याओं को नज़रअंदाज़ नहीं कर सकते। आप अपने घावों को नज़रअंदाज़ नहीं कर सकते। ये ऐसे मुद्दे हैं, जिन पर आपको विचार करना होगा, प्रक्रिया करनी होगी, उनसे सीखना होगा और अपने व्यवहार को उसके अनुसार ढालना होगा। इससे आप न केवल मानसिक रूप से मज़बूत बनेंगे, बल्कि आपको समग्र रूप से बेहतर जीवन भी मिलेगा।

अपनी बेचैनी का सम्मान करें, यह आपको कुछ बताना चाहती है

जीवन आपको जो सबसे बड़ा उपहार देता है, वह है असुविधा या बेचैनी। बेचैनी आपको सज़ा नहीं देना चाहती! यह आपको यह दिखाने की कोशिश करती है कि आप कहाँ अधिक सक्षम हैं, बेहतर के हक़दार हैं, बदलने में सक्षम हैं, या आपके पास अभी जो है, आप उससे कहीं अधिक पाने के लिए बने हैं। लगभग हर मामले में, यह आपको केवल यह सूचित कर रही है कि आपके लिए आगे और भी बहुत कुछ है, और यह आपको उसे पाने के लिए प्रेरित कर रही है।

मानसिक रूप से सशक्त होने के लिए अपनी इस बेचैनी को शांत करने की कोशिश करने की बजाय आप सुनें, सीखें और अपना रास्ता बदलना शुरू करें।

यदि आप अपने जीवन को एक फ़ीड-बैक तंत्र के रूप में देखना शुरू कर सकें, जो आपको यह दर्शाता है कि आप कौन हैं, जिसका अंतिम लक्ष्य बेहतर और अधिक परिपूर्ण जीवन जीने में आपकी मदद करना है, तो अचानक आपको एहसास होगा कि यह दुनिया कभी भी आपके रास्ता रोककर नहीं खड़ी थी, बाधा बनकर तो आपका अपना दिमाग़ ही खड़ा था।

अपने जीवन का सच्चा आनंद कैसे उठाएँ

अगर आपसे पूछा जाए, तो बहुत से लोग निःस्संदेह इस बात से सहमत होंगे कि जीवन का उद्देश्य इसका आनंद लेना है, जबकि, बहुत से लोग वर्तमान को जीने और वास्तव में अपने जीवन का अनुभव करने के लिए संघर्ष करते हैं। इसके लिए कारण अलग-अलग हो सकते हैं और इसमें अवास्तविक अपेक्षाओं से लेकर अच्छा महसूस करने की बहुत अधिक कोशिश करना तक सब कुछ शामिल हो सकता है। (अंततः, यह कुछ ऐसा है, जिसे आपको करना ही होता है।)

जब आप संघर्ष कर रहे होते हैं, तो लोगों द्वारा दी गई सबसे अपमानजनक और मुश्किल सलाह यदि कोई हो सकती है, तो वह है 'बस आराम करें' या 'बस जीवन का आनंद लें।' जब आप अपने अस्तित्व को

बचाने के मोड में होते हैं, तो आराम से बैठकर परिस्थिति के साथ समझौता करने के बारे में आप कभी नहीं सोचेंगे कि जैसा चल रहा है, वैसा चलने दें। यह अपने जीवन का फिर से आनंद लेना सीखने का सबसे महत्त्वपूर्ण हिस्सा है: जब आप आघात और दर्द सह रहे होते हैं, तो आप अपने आपको ख़ुश रहने के लिए मजबूर नहीं कर सकते। सबसे पहले आपको तटस्थ होना होगा।

जब आप संघर्ष कर रहे होते हैं और अच्छा महसूस करने की कोशिश करते हैं, तो आप वास्तव में अपनी भावनाओं की विपरीत स्थिति को और बढ़ा रहे होते हैं। आप कुछ अलग महसूस करने की कोशिश करने की बजाय 'बुरी' भावना को दबा रहे होते हैं। विडंबना यह है कि भावनात्मक रूप से संघर्ष करने वाले कई लोगों का स्वभाव मूलतः जीवन का आनंद लेने का होता है।

ख़ुश रहने की कोशिश न करें

ख़ुशी कोई ऐसी चीज़ नहीं है, जिसके पीछे आप भाग सकें। इसे महसूस करना होता है। यह संभवतः कई लोगों के लिए आश्चर्य की बात होगी, क्योंकि दुनिया सकारात्मक मनोविज्ञान से लेकर प्रेरक *पिंटरेस्ट* बोर्ड तक हर चीज़ के बारे में हठी है, लेकिन ख़ुशी कोई ऐसी चीज़ नहीं है, जिसके लिए आप अपने आपको प्रशिक्षित कर सकें।

ख़ुशी आपकी स्वाभाविक अवस्था है। इसका मतलब है कि अगर आप अपनी अन्य भावनाओं को स्वाभाविक रूप से आने देंगे, महसूस करेंगे, संसाधित करेंगे और उनका प्रतिरोध नहीं करेंगे, तो आप ख़ुद ही ख़ुशी की स्थिति में पहुँच जाएँगे। आप अपनी ना-ख़ुशी यानी अप्रसन्नता का जितना कम प्रतिरोध करेंगे, आप उतने ही ख़ुश रहेंगे। अक्सर ज़बरदस्ती एक ख़ास तरह से महसूस करने की कोशिश करना ही हमें विफल करता है।

वर्तमान में आइए

एक कहावत है कि अगर आप चिंतित हैं, तो इसलिए क्योंकि आप भविष्य में जी रहे हैं और अगर आप उदास हैं, तो इसलिए क्योंकि आप अतीत में

जी रहे हैं। जब आप वर्तमान में जी रहे होते हैं, तो आपको पता चलता है कि अतीत और भविष्य दोनों ही अनंत, शाश्वत 'इस क्षण' में मौजूदा भ्रम हैं और वास्तव में वे ऐसे तरीक़े हैं, जिनकी मदद से आप बचने का रास्ता तलाशते हैं।

ख़ुशी पाने का एकमात्र स्थान वर्तमान है, क्योंकि यही वह स्थान है, जो वास्तव में मौजूद है। भविष्य में क्या हो सकता है या क्या होगा, इस पर ध्यान केंद्रित करके ख़ुशी खोजने की कोशिश करना वास्तव में ख़ुद को अलग करने की प्रक्रिया है। वर्तमान में आपके सामने जो चुनौती है, उसे स्वीकार करके, उसका अधिकतम उपयोग करने पर ध्यान केंद्रित करके आज तक पहुँचने का अभ्यास करें।

वर्तमान में जीने और अपने भविष्य की चिंता करने के बीच एक बढ़िया संतुलन होना चाहिए।

दबदबा बनाने की कोशिश करना बंद करें

हूगा पर लिखी अपनी किताब में, जो कि आराम और ख़ुशहाली की डेनिश कला है और कई लोग देश की उच्च ख़ुशी दरों के लिए इसे ही श्रेय देते हैं, माइक वाइकिंग बताते हैं कि दूसरों के साथ जुड़ना सिर्फ़ उनके साथ समय बिताना नहीं है, इसका मतलब है किसी पर हावी होने, उसे प्रभावित करने या उसमें भावनात्मक प्रतिक्रिया पैदा करने की कोशिश न करना। ख़ुद को साबित करने की कोशिश न करके आप बहुत अधिक ख़ुशी पाते हैं।

जो लोग रिश्तों में अपना प्रभुत्व स्थापित करना चाहते हैं, इसकी ज़रूरत महसूस करते हैं, वे हमेशा काल्पनिक मुद्दों पर बहस करते रहते हैं, छुट्टियों या ज़रूरी कार्यक्रमों में ड्रामा करते हैं, या फिर जिन लोगों से उन्हें सबसे ज़्यादा प्यार और लगाव होना चाहिए, उन्हीं के साथ उनका व्यवहार सबसे बुरा होता है।

ज़्यादा ख़ुशी पाने के लिए आपको अपने आस-पास के लोगों के बराबर समझना होगा। जब आप स्वयं को अपने परिचितों से लगातार सीखने की स्थिति में देखते-रखते हैं, तो आप इस डर से मुक्त हो जाते हैं कि आप उनसे 'कमतर' हैं।

छोटी-छोटी ख़ुशियाँ मिल जाएँ, तो उनका आनंद उठाएँ

जब हम जीवन का 'आनंद' लेने के बारे में सोचते हैं, तो हमारे दिमाग़ में बहुत बड़ी और अभिभूत करने वाली चीज़ें आती हैं। हम सोचते हैं कि ख़ुश तभी हुआ जा सकता है, जब छुट्टियाँ मिलें या बड़ा-सा बोनस मिल जाए।

जबकि, वास्तव में इससे ख़ुशी नहीं मिल सकती, क्योंकि आपने शर्त जोड़ दी है। सच्ची ख़ुशी जीवन में छोटी-छोटी ख़ुशियों स्वीकारना है: गर्मियों की सुबह का सूर्योदय, आपकी कॉफ़ी का प्याला, या एक अद्भुत किताब। आपको अपनी बड़ी उपलब्धियों पर तो आभारी रहना ही चाहिए, लेकिन हर दिन मिलने वाली छोटी-छोटी संतुष्टियों के प्रति भी कृतज्ञ होना चाहिए।

ज़्यादातर लोग ख़ुशी के बारे में बहुत ज़्यादा सोचते हैं। वे मानते हैं कि असली ख़ुशी का अनुभव करने के लिए उनका जीवन सही ढंग से चलना ज़रूरी है। ऐसा नहीं है। असली आनंद वह है, जहाँ आप हैं और जैसे हैं, वहीं ख़ुश रहना।

अपने सकारात्मक रिश्तों को सँभालकर रखें

चाहे आप अंतर्मुखी हों या बहिर्मुखी, आपके रिश्तों की गुणवत्ता आपके जीवन के अनुभवों की गुणवत्ता निर्धारित करती है। बहुत सारे शोध इस बात का समर्थन करते हैं कि हम उन लोगों की तरह बन जाते हैं, जिनके साथ हम समय बिताते हैं और हमारी ख़ुशी सीधे तौर पर हमारे रिश्तों की संख्या से नहीं, बल्कि उनकी गुणवत्ता से जुड़ी होती है, अकेले रहना आपके स्वास्थ्य के लिए उतना ही जोखिम भरा है, जितना कि धूम्रपान करना।

हालाँकि, ज़्यादातर लोग इसका मतलब यह निकालते हैं कि उन्हें सिर्फ़ अपने आस-पास ही दोस्त बनाने चाहिए और अपने जैविक परिवार के क़रीब रहना चाहिए, भले ही वे उन्हें नापसंद करते हों। यह बात पूरी तरह से ग़लत है। मजबूरी में निभाने वाले रिश्तों से ख़ुशी नहीं मिलती, यह इस बात पर निर्भर करती है कि आप उन लोगों के साथ रिश्ते बनाएँ और सहेजें, जिन्हें आप वाक़ई पसंद करते हैं और जो आपके जीवन को बेहतर बनाने में मदद करते हैं।

जब आप किसी ऐसे व्यक्ति से मिलें, जिसके साथ आपका वास्तव में जुड़ाव हो, तो यह सुनिश्चित करें कि आप उस व्यक्ति से मिलते-जुलते रहें और अपनी दोस्ती को स्वस्थ बनाए रखें।

जितना संभव हो कुछ नया सीखते रहें

जब आप जीवन को इस तरह से देखते हैं, जैसे कि आप पहले से ही सब कुछ जानते हैं, तो मान लीजिए कि आप अपने आपको नए और बेहतर अनुभवों की संभावनाओं से दूर कर रहे हैं। यदि आपको लगता है कि आप जानते हैं, तो जब आप कुछ नया करने की कोशिश करेंगे, फिर क्या होगा, या यदि आप सोचते हैं कि आप जानते हैं कि आप जिन जगहों पर नहीं गए हैं, वे कैसी होंगी... तो हो सकता है कि आप कुछ बेमिसाल और हैरत में डालने वाले अनुभवों से चूक जाएँ।

जीवन को ऐसा माध्यम समझें, जो आपको लगातार सिखा सकता है। आपका दर्द आपको सिखाता है कि आपको क्या अच्छा नहीं लगता और आपको क्या नहीं करना चाहिए। आपकी प्रसन्नता आपको सिखाती है कि क्या सही है। जीवन की हर परिस्थिति आपकी शिक्षक बन सकती है, और जितना अधिक आप अपने जीवन के अनुभवों और अपने आपको बदलेंगे, उतना ही बेहतर आप (और वे,यानी आपके अनुभव) बनेंगे।

चुनौतीपूर्ण समय को परिवर्तन के अवसर मानें

ख़ुशमिज़ाज लोग हरदम ख़ुश नहीं रहते। सच कहें तो, असल में जो ख़ुश लोग होते हैं, वे अधिक शांतचित्त होते हैं, वे जो कुछ भी अनुभव करते हैं, उसकी बहुत ज़्यादा ख़ुशी नहीं मनाते। ऐसा इसलिए है, क्योंकि ख़ुश लोग स्वाभाविक रूप से प्रशिक्षित और परिवर्तनशील होते हैं। वे किसी बात को लेकर अड़ते नहीं है। वे समझते हैं कि जीवन में प्रगति अनिवार्य है, प्रगति थमने से असुविधा पैदा होने लगती है।

जीवन की सच्ची प्रकृति निरंतर गतिशीलता और लगातार प्रगति करते रहना है। यदि आप जीवन की गति के साथ नहीं चलते हैं, तो जीवन आपको बदलने के लिए मजबूर कर देगा, क्योंकि तब आप जहाँ हैं, वहाँ

रहना लगातार कम, और कम आरामदायक होता जाएगा। ऐसा नहीं होगा कि आप सभी प्रकार के दर्द या कष्टों से बचे रहें, लेकिन आप अपनी आंतरिक प्रगति पर ध्यान केंद्रित करके बहुत-सी पीड़ा से बच सकते हैं।

सजग रहें कि आप अपनी ऊर्जा कहाँ लगा रहे हैं

निश्चित रूप से, अधिकतर लोगों को यह पता होता है कि अगर वे मनपसंद नौकरी नहीं करते हैं या नापसंद रिश्तों में बने रहते हैं, तो उन्हें अच्छा और स्वस्थ महसूस नहीं होगा, हालाँकि, बहुत से लोग यह नहीं समझते हैं कि हम अपने जीवन की गुणवत्ता को बनाने-बढ़ाने वाले अनेक महत्त्वपूर्ण पहलुओं पर लगातार अपनी ऊर्जा लगाते हैं।

नापसंद नौकरियाँ और ठहरे हुए रिश्ते समस्याएँ नहीं हैं, वे तो बस लक्षण हैं, और इन सबकी जड़ में वह है, जहाँ आप अपना दिमाग़ लगाते हैं। जब आप अपनी ऊर्जा कुछ ख़ास विचारों पर लगाते हैं, तो उनसे संतुष्टि मिलती है। विकल्प ही आपके जीवन को निर्धारित और परिभाषित करते हैं। और, जब आपके जीवन की गुणवत्ता की बात आती है, तो आपको इस बात के प्रति बेहद सावधान रहना होगा कि आप सोचते क्या हैं। फिर जल्दी ही आप इसे महसूस करने लगेंगे, फिर मानने लगेंगे, और फिर वैसा ही व्यवहार करने लगेंगे और निश्चित रूप से, उसी के अनुसार जीने लगेंगे।

कुछ भी न करने का समय तय करें

ख़ुशी जितनी निष्क्रिय है, उतनी ही सक्रिय उद्यम भी है। हर दिन संतुष्टि महसूस करना पूरी तरह से एक सचेत विकल्प है (आपकी जानकारी के लिए, यह संयोग से नहीं होने वाला है) वास्तव में अच्छा महसूस करने के साथ विडंबना यह है कि इसे आप ज़बरदस्ती नहीं कर सकते हैं, इसे आपको अनुमति देनी होगी।

ख़ुशी आपके शेड्यूल को पूरी तरह से व्यस्त नहीं करना चाहती,ताकि आप अपने जीवन के हर पल का जितना संभव हो सके, उतना आनंद उठा सकें। ख़ुशी का मतलब यह भी है कि आप रोज़मर्रा के पलों की नीरसता को अपनाने के लिए भी समय निकालें। यह आराम से बैठकर किताब पढ़ना,

अपने प्रियजन के साथ डिनर पर बात करना, या बस हर दिन छोटी-छोटी बातों का मज़ा लेना है। यह समय अपने आप नहीं निकलेगा, इसके लिए आपको योजना बनानी होगी।

खेलने का समय तय करें

जब हम बच्चे थे, तो हम सिर्फ़ कल्पनाएँ करते थे और खेलते थे। हमारा जीवन हमारा कैनवास था, और हम स्वाभाविक रूप से समझते थे कि हम किसी भी बात पर विश्वास कर सकते हैं और उस कल्पना को जीते हुए पूरा दिन बिता सकते हैं।

वयस्कता के साथ भी यह लागू होता है, लेकिन कुछ दशकों के बाद, दुनिया आपके भीतर के इस जादू को समाप्त कर देती है। अगर आप वाक़ई जीवन का आनंद लेना चाहते हैं, तो जो आपको बचपन में पसंद था, आपको वह सब करने के लिए समय निकालना होगा। पेंटिंग करें, रेत में खेलें, अपने पसंदीदा खेल खेलें और इसके लिए रचनात्मक बनना होगा।

अगर यह सब बचकाना लगता है, तो अच्छी बात है। इसका मतलब है कि आप अपने भीतर के उस बच्चे के साथ सामंजस्य बैठाने के लिए तैयार हैं, जो हमेशा से ही आपके साथ रहा है। जीवन का आनंद लेने के लिए इसे बहुत सरल, साथ ही साथ हरसंभव परिवर्तनकारी तरीक़ों से भी जीना होगा। इसका एक हिस्सा तो बस अपने आप को प्रकट होने देना है और आप जो हैं और जैसे हैं, वैसे ही बने रहना है।

स्वयं का स्वामी बनें

जब आप अपने जीवन के अंत तक पहुँचेंगे, तो आप अपने पहाड़ों को यानी बाधाओं को वैसा ही देखना शुरू करेंगे, जैसा वे वास्तव में थे। *उपहार के रूप में।* जब आप अपने जीवन को पीछे मुड़कर देखेंगे, तो आपको कठिनाइयाँ याद नहीं आएँगी। आप उन्हें तब संकेतकों, प्रगति के अवसरों और सब कुछ बदलने से ठीक पहले के पुनरुत्थान के दिनों के रूप में देखेंगे।

स्वयं का स्वामी बनने के लिए सबसे पहले आपको अपने जीवन की ज़िम्मेदारी लेनी होगी। इसमें वह भी शामिल है, जो आपके नियंत्रण से बाहर

है। एक सच्चा मास्टर जानता है कि परिणाम वह निर्धारित नहीं करता, जो होता है, बल्कि जिस तरह से प्रतिक्रिया व्यक्त की जाती है, उससे परिणाम निर्धारित होता है।

हर कोई वहाँ नहीं पहुँच पाता। ज़्यादातर लोग यह समझ ही नहीं पाते कि अपने जीवन में वे स्वयं ही कठिनाइयों की लहरें पैदा कर रहे हैं और अब उन पर सवार होकर पार उतरना भी उनकी ही ज़िम्मेदारी है। ज़्यादातर लोग अपने विचारों और भावनाओं के कुहासे में खोए हुए अपने दिन बिताते हैं, उनमें उस कुहासे को छाँटने की क्षमता बहुत कम होती है।

महारत हासिल करना यह एहसास करना है कि हममें वे सटीक और विशिष्ट गुण मौजूद हैं, जिनकी ज़रूरत हमें अपने सामने खड़े पहाड़ों को पार करने के लिए है, और वास्तव में, ऐसा करना हमारे जीवन का अंतिम आह्वान है। हम न केवल सक्षम हैं, यह हमारी नियति है, ऐसा होना ही है।

महारत का मतलब है आख़िरकार यह समझना कि आपने जो वर्षों तक बेचैनी या परेशानी झेली, वह कोई ऐसी यातना नहीं थी, जिससे आपको बस गुज़रना था। यह आपकी अंतरात्मा जो आपको बता रही थी कि आप और अधिक करने में सक्षम हैं, बेहतर पाने के हक़दार हैं, और अपने सपनों के व्यक्ति में रुपांतरित होने के लिए बने हैं।

आपको इसका दावा करना चाहिए। आपको इसे बनाना चाहिए। आपकी अपनी उपचार प्रक्रिया समूह पर एक अदृश्य प्रभाव पैदा करेगी। अगर हम दुनिया को बदलना चाहते हैं, तो हमें स्वयं को बदलना होगा। अगर हम अपने जीवन को बदलना चाहते हैं, तो हमें स्वयं को बदलना होगा। अगर हम अपने सामने खड़े विशाल पहाड़ों पर चढ़कर उन्हें पार करना चाहते हैं, तो हमें अपने उस रास्ते पर चलने के तरीक़े बदलने होंगे।

जब आप इन सभी पहाड़ों के शिखर पर पहुँचेंगे, तब आप पीछे मुड़कर देखेंगे, तो जानेंगे कि आपका हर क़दम सार्थक था, वह चाहे किसी भी रूप में हो। आप उस दर्द के लिए बहुत आभारी होंगे, जिसने आपको अपनी यात्रा शुरू करने के लिए प्रेरित किया, क्योंकि वास्तव में, यह आपको चोट पहुँचाने की उतनी कोशिश नहीं कर रहा था, जितना कि यह आपको आपकी ग़लती समझाना चाहता था। आपकी क्षमता का दोहन न हो पाना जोखिम था। आपका जीवन ग़लत लोगों के साथ बीत रहा था,

आप ग़लत तरीक़े से काम कर रहे थे और फिर यह सोच रहे थे कि आप कभी भी ठीक क्यों नहीं महसूस करते।

आपका जीवन बस अभी शुरू हो रहा है।

एक दिन, जो पहाड़ आपके सामने था, वह आपसे इतना पीछे छूट जाएगा कि मुश्किल से दिखाई दे पाएगा, लेकिन उस पर चढ़ना सीखते हुए आप किस तरह के इंसान बन जाते हैं? यह बात हमेशा आपके साथ रहेगी।

पहाड़ का यही उद्देश्य है।

लेखिका का परिचय

ब्रियाना वीस्ट इस कृति के साथ ही *101 एसेज़ दैट विल चेंज द वे यू थिंक* और *वेन यू आर रेडी, दिस इज़ हाउ यू हील* जैसी अंतरराष्ट्रीय बेस्टसेलिंग किताबों की भी लेखिका हैं। ब्रियाना कई साल से ऑनलाइन लेखन से जुड़ी हैं, जिसमें उन्होंने स्वस्थ होने और जागृति की अपनी यात्रा की अंतर्दृष्टि को साझा किया है। अब उनकी किताबें दुनियाभर की चौदह से अधिक भाषाओं में अनूदित की जा रही हैं। फ़ोर्ब्स, यूएसए टुडे, द हफ़िंगटन पोस्ट के अलावा थॉट कैटलॉग (जिसमें वह फ़िलहाल पार्टनर हैं) में उनकी रचनाएँ प्रकाशित होती रही हैं। सॉल्ट वॉटर और सेरेमनी उनके दो कविता संग्रह हैं। उनके जीवन का मक़सद भीतरी वृत्तांत को फिर से तैयार करने में लोगों की मदद करना है, ताकि वह अधिक सामंजस्यपूर्ण, सच्चा और प्रयोजनयुक्त हो और उससे उनकी वास्तविक क्षमता को सक्रिय करने में मदद मिल सके। वह अपने जीवनसाथी के साथ अमेरिका में रहती हैं।

briannawiest.com

instagram.com/briannawiest

facebook.com/briannawiestauthor

pinterest.com/briannawiestwords

अनुवादक के बारे में

यामिनी रामपल्लीवार

इन दिनों नागपुर, महाराष्ट्र में कार्यरत।

एक ज़िम्मेदार, संवेदनशील और प्रतिबद्ध हिंदी पत्रकार।

'पुनःकथन' की परंपरा का निर्वाह करते हुए एक हिंदी अनुवादक के रूप में मौलिक पहचान बनाने के लिए प्रयासरत।

संतुलित, जानकारीपरक और दिलचस्प सामग्री के लेखन-पठन में रुचि।